다이내믹 코리아를 찾아서

경북대학교 기초교육원
복현모둠강좌 No. 7

다이내믹 코리아를 찾아서

찍은날 2011년 6월 24일 · **펴낸날** 2011년 6월 30일

저자 김규종 최종렬 박홍규 주보돈 이세동 김성택 김창우
박현수 전현수 이득재 김태일 이정태 조현미

편자 김규종

펴낸이 함인석 · **펴낸곳** 경북대학교출판부 · **출판등록** 1973년 10월 10일 ㉣97호

주소 대구광역시 북구 대학로 80번지 · **전화** 053-950-6741~3 · **팩스** 053-953-4692

이메일 press@knu.ac.kr · **홈페이지** http://knupress.com

정가 15,000원 · ISBN 978-89-7180-313-4 93900

※파본은 바꾸어 드립니다.

다이내믹 코리아를 찾아서

김규종 최종렬 박홍규 주보돈 이세동
김성택 김창우 박현수 전현수 이득재
김태일 이정태 조현미 공저

김규종 편

서문

'다이내믹 코리아'는 언제부턴가 21세기 대한민국을 규정하는 용어로 자리 잡았다. '역동적인 대한민국'이란 뜻으로, 여러 가지 해석이 가능한 흥미로운 용어다. 한편으로 생각하면, 한국에서는 사회변화가 상상하기 어려울 정도로 신속하고 다채롭게 발생한다. 달리 생각해보면, 사람들의 심지가 굳지 못해서 쉽게 끓어오르고 이내 식어버린다는 뜻도 이 말에 담겨 있다. 그럼에도 불구하고, '역동성'의 핵심은 힘과 움직임이다. 마냥 앞으로 치고 나가는 파괴력과 진취적인 기상이 역력하게 느껴진다. 반면에 차분하고 진중한 자세는 완전 결석이다. 무엇인가 깊이 있게 숙고하고 반성하는 것과 한국 사회와 한국인은 거리가 멀단 얘기다.

사실, 현대 이전의 역사를 살펴보면, 우리나라는 지금의 이런 모습과는 다른 면을 간직하고 있다. 중국과 달리, 우리나라는 수백 년의 장구한 역사를 지닌 왕조들이 서서히 교체되었다. 일제 치하의 식민지를 경험하기 전에도 519년 사직의 조선왕조가 고색창연하게 버티고 있었다. 이토록 기나긴 세월을 겪으면서 유지돼온 왕조를 다른 지역에서 찾기란 어려운 노릇이다. 천년 왕국 신라는 그렇다 치더라도 700년 사직의 고구려와 백제는 물론이려니와 가장 짧은 생존기간을 과시한(?) 고려도 474년 세월을 견뎌냈다. 그렇게 이 땅의 왕국은 느릿하게 세월을 비껴가면서 느림의 미학을 온몸으로 구현해냈던 것이다.

하지만 제국주의가 세계를 집어삼키는 시대의 변화와 속도를 통찰하지 못한 조선의 왕실과 지배집단은 그 느림으로 인한 몰락과 파멸의 쓰디쓴 고초를 감내해야만 했다. 그 결과로 맞이하게 된 40년 세월에 걸친 우울한 종살이. 그리고 느닷없이 찾아온 3년의 해방공간. 하지만 자본주의와 사회주의 진영으로 갈린 세계사 재편 과정에서 우리는 남북 분단의 질곡으로 내던져졌다. 거기서 발원하는 허다한 비극과 수치와 불안과 공포와 분열과 절망과 죽음과 냉소와 쓸쓸함은 아직도 가시지 않았다. 해방과 분단, 그리고 한국전쟁이 60년을 넘어섰건만, 분단의 질곡은 현재진행형이다. 세계화라는 이름으로 날로 좁아져가는 지구촌과 달리 남과 북의 철조망은 오늘도 견고하기만 하다. 시간은 자꾸만 흐르고 또 흘러가는데…….

『다이내믹 코리아를 찾아서』는 이런 문제의식을 가지고 출발한다. 60여 년을 생존해온 대한민국의 과거를 성찰하고, 현재를 살펴보면서 다가올 미래를 기획하려는 의도로 집필된 서책이 『다이내믹 코리아를 찾아서』다.

불과 60여 년의 짧은 역사를 가진 나라가 겪어야 했던 숱한 역사적 전변을 생각해보라. 3년에 걸친 동족상잔, 이승만의 철권통치와 4·19 혁명, 박정희가 주도한 5·16 군사쿠데타와 굴욕적인 한일수교, 폭력적인 3선 개헌과 시대착오적인 10월 유신, 박정희 암살과 1980년 서울의 봄, 5·18 광주항쟁과 살인적인 군부독재, 드디어 맞이한 1987년 평화대행진과 직선쟁취, 그해 7월부터 9월까지 전국을 휩쓴 노동자 대투쟁, 1993년 문민정부 수립과 우루과이 라운드 체제 편입, 1997년 국제통화기금 사태와 평화적 정권 교체, 2002년 월드컵과 미선이·효순이 사건, 이라크 파병과 한미자유무역협정, 외국인 100만 시대, 미국산 쇠고기 수입 반대와 촛불시위, 궤멸적인 4대강사업에 이르기까지.

한국인은 기억력이 희미하다고들 흔히 말한다. 아무리 커다란 사건이라도 40일을 넘기지 못한다고 한다. 그래서 어떤 죽을죄를 지었든, 일단 한 고비를 넘기면 그 다음에는 일사천리 무사통과라는 것이다. 숨죽여 기다려온, 예정된 망각의 시간과 수순이 찾아오기 때문이다. 이 책은 우리의 희미한 기억력과 흐릿한

의식에 호소하는 서책이다. 가능하면 우리의 지난날을 온전하게 기억하고, 명징하게 분석하고 이해하여, 다가올 날을 예비하려는 것이 이 책의 출간 목적이다. 이제, 그 하나하나의 글에 담긴 본령을 생각해보자.

경북대 김규종 교수의 글 「아메리칸 드림과 유러피언 드림, 그리고 코리안 드림」은 서책 전체를 아우르고자 기획되었다. 지난 세기까지 세계의 용광로이자 심장으로 작용한 아메리카의 제국주의화와 9·11 이후 급속한 몰락의 길을 걷고 있는 세계 제국 아메리카. 에스파냐 철학자 오르테가 이 가세트의 저서 『대중의 반역』에 나타난 통합유럽의 이상이 실현된 '유럽연합'을 염두에 두고 글이 집필되었다. 유럽과 미국의 지배가 오백 년 넘게 지속되면서 그 대안을 찾아야 한다는 당위적인 명제가 그의 고뇌 속에 들어있음은 불문가지의 일이다. 따라서 이 글은 이제 그 생명을 다한 '아메리칸 드림'의 실체를 비판적으로 분석하고, 새로운 형태의 국가 공동체를 지향하는 유럽연합을 들여다보는 것에서 출발한다. 거기서 나아가 중국과 동남아에서 한국으로 이입되는 사람들의 '코리안 드림'을 살펴봄으로써 21세기 세계 속의 대한민국과 한국인을 생각해보는 것이 이 글의 핵심적인 주제다.

계명대 최종렬 교수의 글 「유럽적 보편주의와 보편적 보편주의」는 유럽에 기초한 '보편주의'를 축으로 기획되었다. 뉴욕 주립대 석좌교수인 임마누엘 월러스틴의 저서 『유럽적 보편주의』를 염두에 두고 집필된 글이다. 이른바 '신대륙의 발견' 이후 500년 이상 세계를 지배해온 유럽과 그 아류 미국의 지배 이데올로기를 비판적으로 성찰한 서책이 『유럽적 보편주의』다. 21세기를 맞이하여 유럽과 미국의 지배전략에 대항하여 세계가 하나라는 통합적인 사유와 세계의 모든 나라가 나름대로 자유롭고 독립적인 개체라는 자유와 자율적인 사유를 고려하여 기획된 것이 최 교수의 글이다. 글의 부제인 '다문화주의와 보편주의'가 명시하는 것처럼, 21세기 대한민국을 살아가면서 우리가 피부로 느끼는 '지금'과 '여기'를 주목한다. 결혼이든 이민이든 외국인 100만 시대를 맞이하여 한국인들이 보다 열린 자세로 변화된 세상을 인식하고, 단일민족 신화에서 자유로워져야 한다는 점이 강조된다.

영남대 박홍규 교수의 글 「오리엔탈리즘에 대한 비판적 성찰」은 '오리엔탈리즘'에 대한 비판적인 관점을 소개한다. 에드워드 사이드의 『오리엔탈리즘』의 번역자이기도 한 박 교수는 제국주의와 오리엔탈리즘 모두를 반대하지만 세계화와 산업화를 수용한다. 21세기 세계가 당면한 산업화에 기초한 세계화의 필연성을 받아들여야 한다고 그는 주장한다. 문제는 그것을 수용하면서 우리가 보여주어야 할 보편주의의 틀이 크고 넓어야 한다는 것이다. 여기서도 핵심적인 명제로 등장하는 것은 세계화에 따른 '다문화주의'다. 우리 민족과 우리나라만을 강조하는 폐쇄적인 국가주의와 민족주의 담론을 벗어나 확장되고 열려있는 세계의식과 실천이 21세기 세계를 살아가는 데 무엇보다도 필수적인 요소라고 박 교수는 주장한다.

「동서 문명의 교류–신라까지 연장」이라는 글의 주인공은 경북대 주보돈 교수다. 이 글은 동서양의 역사를 대립과 항쟁의 역사 혹은 '선진 서양, 후진 동양' 하는 방식의 이분법적인 역사의식을 탈피하여 집필되었다. 기본적으로 '깐수' 정수일 선생의 『고대문명 교류사』에서 포착 가능한 '교류사'의 관점으로 기획된 글이다. 정수일 선생은 인류문명 6,000년의 역사를 교류사의 장쾌한 관점으로 바라보는 역사학자다. 그러므로 그가 보기에 500년 남짓한 서양우위의 기간은 너무나도 짧은, 앞으로 얼마든지 변화무쌍한 것으로 보인다. 이런 사유에 기초하여 주 교수는 '문명충돌론'의 함정과 속임수를 비판하고, '문명공존론'을 내세운다.

이런 관점에 의지하면서 그는 동서양문명의 가교 구실을 했던 '실크로드'를 포착하고, 그것의 궁극적인 연장선을 신라에서 바라본다. 그것의 마지막 도달지점은 다문화주의와 개방성이며, 21세기 세계화 시대에 우리가 추구할 덕목도 그것이라고 그는 강조한다.

이상과 같은 대강(大綱)을 염두에 두면서, 이제부터 글은 각론의 성격을 가진다.

경북대 이세동 교수의 글 「사서(四書)와 오경(五經)」은 유교와 한문을 매개로 고대 동양사회를 이해하기 위한 것이다. 〈시경〉, 〈서경〉, 〈역경〉, 〈춘추〉, 〈예기〉의 다섯 서책을 오경이라 하고, 〈논어〉, 〈맹자〉, 〈중용〉, 〈대학〉을 사서라 한다. 이 교수에 따르면, 전자는 머리로 후자는 가슴으로 읽어야 한다고 한다. 전자는 앎의 폭을 넓혀주고, 후자는 감동으로 세계관을 확립시켜주기 때문이라는 것이 그의 생각이다. 우리가 일반적으로 말하는 〈사서삼경〉은 조선시대와 연결되지만, 동아시아 전체와 결부하여 사유할 경우에는 〈사서오경〉이 적절하다고 한다. 오경이 대개 공자와 직·간접적으로 관련된다면, 사서는 주희 이후에 확립되었다고 이 교수는 지적한다. 글의 말미에서 그는 〈사서오경〉의 첫머리에 나오는 문장을 예시하면서 그것에 담긴 깊은 의미를 설명한다. —여러분은 혹시 그 유명한 〈논어〉라도 읽어보았는가?!

「신화와 상징 – 그리스신화와 현대문명」이라는 경북대 김성택 교수의 글은 우리에게 익숙한 그리스신화와 관련한 글이다. 오늘날 대한민국의 소년소녀들 가운데 그리스신화를 모르거나 무관심한 경우는 찾아보기 어렵다. 웬만한 가정집에도 그리스·로마신화를 다룬 서책들이 몇 권씩 굴러다닌다. 『삼국사기』나 『삼국유사』에 나타나있는 개국신화나 설화는 전혀 몰라도 그리스와 로마신화는 줄줄이 꿰고 다닌다. 김 교수는 이런 그리스신화에 내재한 보다 근원적인 의미를 '현대문명'이라는 용어를 가지고 들여다본다. 서구문화를 우리 문화의 일부로 이해하면서 그는 동양과 서양을 구분하는 틀을 이미 낡아빠진 유물이라고 당당하게 선언한다. 다양하고 다원적인 문화가 지구 전체에 공존하는 21세기임을 강조하면서 그는 신화를 통한 세계화 내지 지구화를 언명한다.

'사서오경'과 '그리스신화'로 동서양의 고대를 살펴본 다음에는, 서양의 연극과 우리의 마당극을 비교하는 자리를 마련했다.

경북대 김창우 교수의 글 「셰익스피어, 브레히트, 한국의 탈춤」은 그런 의도로 기획되었다. 서양연극의 중핵에 자리하고 있는 셰익스피어 연극을 어떻게 이해할 것인지를 서두에 두고 그와는 전혀 다른 연극을 생산했던 브레히트의 극작 활동을 살핀다. 이른바 '낯설게 하기 효과(Verfremdungseffekt)'에 기초한 브레히트의 연극론을 깊이 있게 통찰한다. 그것은 20세기의 변화된 세계상을 연극무대 위에서 가장 적극적으로 수용하고 전파하려는 브레히트의 일관된 지향이었다. 이런 관점을 가지고 그는 우리의 마당극을 살피고 있다. 세상과 소통하면서, 불의한 세상을 뒤엎고 인간 중심의 대동 세상을 꿈꾸었던 마당극의 세계를 독자 제현에게 설파한다.

영남대 박현수 교수의 「일제 강점기 민중생활」은 여러 모로 흥미로운 글이다. 이것은 1910년 경술국치 이후 꼬박 45년 동안 일제의 종살이를 경험한 식민지 조선 사람들이 어떻게 살았을까 하는 문제의식을 가지고 집필된 글이다. 원근법이 회화의 표현기법만이 아니라, 우리가 역사를 인식하는 방식이라면서 박 교수는 '역사의 원근법'을 주장한다. 우리가 살아가고 있는 시간과 공간이 그에 합당한 대우를 받아야 한다고 말하면서 그는 우리들의 구체적인 생활과 결부한 사회역사를 전면에 내세우고자 한다. 따라서 구술전기의 수집과 해석은 물론, 일제 강점기의 문헌자료에도 관심을 보인다. 이런 관점에서 벽초 홍명희의 『임꺽정』에 담긴 사료적인 가치에도 주목한다. 결국, 시대와 역사와 함께하는 민중생활과 역사의 촘촘한 만남이야말로 새롭게 태동할 역사 서술 방식임을 박 교수는 분명히 한다.

「통일문제의 역사적 재조명」은 오늘날 우리가 망각하고 있는 남북 분단 문제를 염두에 두고 집필되었다. 6·25 한국전쟁 이후 60년 가까운 세월이 흐르면서 나날이 고착화되고 있는 남북 분단을 극복하고자 기획된 글이기도 하다. 경북대 전현수 교수는 통일의 의미에서 시작하여 통일의 당위성과 필요성을 살핌으로써 문제의 실마리를 풀어간다. 통일 이전에 무슨 문제가 있었는지를 냉철한 역사학자의 관점으로 제시한다. 분단의 단초에서 시작하여 남북전쟁과 그 이후에 전개된 여러 가지 사변을 통시적인 시간대에 충실하게 따라간다. 그리하여 21세기 현 시점을 살아가면서 결코 놓쳐서는 안 될, 시대의 당위적인 명제로 전 교수는 통일을 전면에 위치시킨다. 언젠가 도달해야 할 우리의 당면 명제인 통일을 깊이 있게 사유하고 실천하는 계기로 활용될 수 있는 글이기도 하다.

대구가톨릭대 이득재 교수의 글 「장자연 사건과 재벌 세습의 문제」는 충분히 논쟁적이다. 한국사회의 치명적인 질환인 '성 상납 문제'와 '재벌 세습'을 정면으로 다루고 있기 때문이다. 2009년 3월 7일, "저는 나약한 신인 배우입니다. 이 고통에서 벗어나고 싶어요."라는 글을 남기고 자살한 장자연. 이 글에서는 왜 전도유망한 여배우가 자살이라는 극단적인 선택을 해야만 했는지를 추적한다. 재벌 언론사 사주 등을 비롯한 유력 인사들에게 성을 매개로 살아가야 했던 젊은 여배우의 비극적인 자살을 통해 한국사회의 야만성과 후진성을 폭로하는 글이다. 다른 한편으로 이 교수는 '또 하나의 가족'이란 신화를 만들어가면서 한국 사회에서 유일적인 '불법, 무법, 초법, 탈법, 편법'의 달인 '삼성'을 낱낱이 고발한다. 삼성의 세습이 북한의 정권세습과 마찬가지라고 말하면서 그는 남한에서 자행되고 있는 종교집단, 재벌, 학원 등의 세습 문제를 집중적으로 거론하면서 한국사회의 암적인 종양 제거를 강력히 촉구한다.

2008년 5월, 서울 청계광장에 몇몇 여중생들이 '미친 소 반대'라는 피켓을 들고 등장했다. 연령 30개월에 이르는 미국 소를 수입하겠다는 정부 방침에 정면으로 이의를 제기한 사건이었다. 영남대 김태일 교수는 「'촛불'을 어떻게 볼 것인가」에서 이 문제를 거론한다. 무기력과 한탄으로 허우적거리던 한국 사회에 신선한 청량제처럼 등장한 촛불소녀들! "몇 명의 여중생으로 시작된 저항운동은 청소년, 청년 학생들이 함께하고, 젊은 엄마들이 나서고, 퇴근길 화이트칼라 노동자들이 뛰어들고, 종교계와 교육계 그리고 문화예술계 등 각계 각층의 시민들이 참여하여, 순식간에 거대한 물결을 이루었다."라고 김 교수는 회고한다. 그는 촛불시위를 대의민주주의의 한계를 극복하기 위한 대안이자 생활정치를 의제로 내세운 새로운 정치세력의 등장이라고 그것의 의미를 설명한다. 촛불시위로 대표되는 광장민주주의와 대의민주주의가 서로 조화롭게 상생함으로써 시대의 얽히고설킨 문제를 풀어야 한다고 그는 말한다.

「지역통합」을 집필한 경북대 이정태 교수는 21세기 세계를 이해하는 핵심적인 용어를 '통합'에서 바라본다. 이 교수는 지역통합의 정의와 그것을 인도하는 유인요소, 그리고 그것들을 뒷받침하는 이론을 먼저 제시한다. 이런 사전 정지작업을 마치고 구체적으로 '유럽연합'과 '동남아국가연합'과 '상하이협력기구'를 순차적으로 살핀다. 이 교수의 설명에 따르면, 1950년대 이후 세계적으로 50개 가까운 지역통합기구들이 명멸해갔는데, 그것은 얼마나 많은 사람과 지역과 국가가 통합기구를 원했는지를 입증하는 좋은 본보기다. "지역통합은 유사한 생활습관을 가진 개인이나 국가끼리 교류를 증대시킬 것이고, 이는 배타적인 이익 외에도 교류를 통한 교감, 행복 증진으로 평화를 보장하게 될 것"이라고 확신하면서 이 교수는 "현실주의적 시각이건, 자유주의적 시각이건, 분명한 것은 교류와 소통의 시대에 통합은 대세"라고 힘주어 말한다. 다만, 개인의 소통과 교류의 활성화 여부는 여전히 불투명한 문제로 남게 된다는 점을 지적한다.

경북대 조현미 교수는 「경쟁 만능에서 따뜻한 이웃으로」에서 외국인 120만 시대를 맞이한 대한민국의 '다문화문제'를 심층적으로 추적한다. 21세기 세계에 일반화된 세계화 추세가 잉태한 다문화사회의 문제를 적극적으로 이해하고 수용해야 한다는 전제를 가지고 글은 시작한다. 한국의 다문화주의에 대해서 조 교수는 "한국에서 다문화주의는 서로 다른 문화와 가치관을 가지고 있는 다양한 민족들이 서로의 차이를 인정하고 존중하면서 더불어 살아가고자 하는 이념이라기보다는 조화로운 한국인 사회를 지양하는 동화주의적인 양상을 띠고 있다."라는 다소 비판적인 분석을 내놓는다. 전문가의 식견에는 현재의 한국사회가 당면한 다문화주의는 포용과 배제라는 이분법적인 양상을 띠고 있다는 것이다. 출신 국가에 따라, 그의 사회적 지위와 학력, 피부 색깔에 따라, 노동의 성격과 봉급 수준에 따라, 외국인을 차별하는 한국인들과 한국사회의 이중적 잣대를 비판한다. 더욱이 결혼이주여성을 대하는 한국인들의 저급하고 조잡한 우월의식을 신랄하게 비판하면서 조 교수는 우리의 나아갈 길을 제시한다.

이상과 같은 문제점을 깊이 고려하면, 21세기 두 번째 10년을 살아가는 우리의 '지금'과 '여기'가 새삼 확연해진다. 불과 반세기 만에 세계 최빈국에서 경제협력기구의 일원으로 도약한 대한민국, 세계 경제와 능동적으로 교류하면서 일정한 구실과 책무를 해나가는 한국 경제, 1987년 이후 사회와 정치민주화를 끈질기게 이뤄온 만만찮은 저력의 한국인들. 이런 찬가가 무색할 정도로 대한민국은 아직도 갈 길이 먼 나라다. 오늘날 20 대 80의 치명적인 소득 불균형이 정치·경제는 물론, 사회·문화 전반에 부정적인 영향을 미치고 있다. 나날이 심화되어 가는 지역 불균형과 세대의 단절, 점점 멀어지는 통일의 가능성과 지향성. 이런 모든 문제를 원점에서부터 사유하고 우리가 가야 할 길을 전면적으로 모색하는 것이 『다이내믹 코리아를 찾아서』가 지향하는 궁극의 지점임을 새삼 밝히는 바다. 서책이 나오기까지 수고를 아끼지 않은 경북대 출판부에 감사의 말씀을 드린다. 독자 여러분의 질정과 격려를 기대하면서 서문에 갈음한다.

2011년 5월 하순에

복현동에서 대표저자 김규종

차례

첫 번째 강의

아메리칸 드림과 유러피언 드림, 그리고 코리안 드림

김규종(경북대학교 노어노문학과 교수)

글을 시작하면서

언젠가부터 '코리안 드림'이란 말이 회자되기 시작했다. '아메리칸 드림'이란 말의 한국적 변용으로 들린다. 그런데 코리안 드림이 나오기 전에 이미 '유러피언 드림'이란 말이 세상에 떠돌았다. '유럽연합'이 결성되면서 21세기 세계의 주도권이 미국에서 다시 유럽으로 넘어갈지 모른다는 생각에서 출발한 개념으로 보인다. 사실 하천이나 산맥 같은 자연국경을 철폐하고 미증유의 거대한 국가연합을 결성한다는 것은 엄청난 실험이자 도전이 아닐 수 없다. 100개 이상의 민족과 87가지가 넘는 언어가 공존하는 다양한 문화적 공간으로서 유럽연합은 보편적 인권, 공감, 자연보호, 평화공존을 지향한다. 이것이야말로 우리가 '지구촌'이라는 말을 쓸 수 있는 진정한 첫 번째 계기일지도 모른다.

반면에 아메리칸 드림은 주로 20세기에 '세계의 용광로' 구실을 했던 거대국가 미국의 긍정적인 면을 평가하여 생성된 용어다. 언어, 문화, 민족, 역사, 환경 등 모든 면에서 서로 다른 인간들이 조화롭게 살아가는 하나의 거대 공동체를 염두에 두는 표현인 셈이다. 하지만 21세기 첫 번째 10년이 지난 현시점에서 아메리칸 드림이나, 그것에 기초하여 융성했던 '제국 아메리카' 혹은 '팍스 아메리카나'에 절대적인 의미 부여를 하는 사람들은 많지 않다. 여전한 유일 강대국의 지위를 유지하고 있기는 하지만, 얼마 전 후진타오 중국 국가주석의 방미에서 드러난 것처럼 이제 미국은 서서히 몰락해가는 제국의 황혼을 드러내기 시작했다. 이런 추세는 돌이킬 수 없는 것처럼 보인다.

모든 것에는 시작이 있고, 시작이 있으면 반드시 끝이 있는 법이다. 정상은 내리막의 출발점이기도 하다. 1980년대 레이건 시대의 위대한 미국의 재건과 소련을 필두로 한 현존 사회주의 국가들의 몰락은 유일제국 아메리카의 강력한 힘을 세계에 과시하는 결과를 초래했다. 하지만 그것이 정점이었다. 2001년 9월 11일 아메리카의 심장 뉴욕에서 불타오른 '세계무역기구' 쌍둥이빌딩과 워싱턴의 '펜타곤' 공습은 제국의 종언을 알리는 서막이었다. 이제 세계는 유럽연합, 미국 그리고 중국의 삼두체제로 재편되었다. 이런 흐름은 상당 기간 유지될 것으로 보이며, 이제 우리는 향후 진로를 명민하게 사고해야 하는 시점에 이르렀음을 인식하고 있다.

이런 점에서 코리안 드림이 주는 시사점은 작지 않다. 이주민 100만 명 시대를 맞이한 21세기에 우리가 나아가야 할 길을 진지하게 모색하는 작업은 비단 지금과 여기에 국한된 일이 아니다. 가까운 장래에 있을 '통일한국'과 거기에 기초한 '동아시아 국제관계'의 재편이 삼두체제의 성립과 긴밀하게 맞물려 있기 때문이다. 이 글에서 나는 이런 점을 고려하면서 아메리카와 유럽연합을 살피면서 코리안 드림의 지향점을 살펴보고자 한다.

21세기와 아메리칸 드림

제1차 세계대전이 끝나고 난 후에도 세계질서의 중심은 여전히 유럽이었다. 미국의 윌슨 대통령이 부르짖은 '민족자결주의'는 패전국의 재기 가능성을 박탈하고, 승전국의 전리품을 확고하게 만들기 위한 수단에 지나지 않았다. 영국, 미국, 프랑스, 일본 등의 입지를 강화하고 도이칠란트와 오스트리아 같은 패전국의 입지를 현저히 축소하려는 술수가 민족자결주의였다. 식민지 조선의 해방을 위한 3·1운동이 실패로 돌아간 것은 이미 예견된 것이었다.

1차 대전에서 아무런 피해를 입지 않은 미국이 서서히 세계 경제와 정치의 중심으로 이동하였던 1930년대 초에 에스파냐 철학자 오르테가 이 가세트는 『대중의 반역』에서 나름의 설득력 있는 주장을 제기한다. 그에 따르면, 신생국가 미국에게 세계의 미래를 맡기는 것은 불가하다는 것이다. 같은 논리로 그는 사회주의 10월 혁명을 완수하고 중공업 중심의 제1차 5개년 경제개발계획으로 새로운 국가 건설에 대대적으로 나선 소련에게도 그와 같은 사명과 능력이 없음을 지적하였다.

그가 제시한 미래기획은 유럽의 국경을 허물고 국경 없는 유럽을 건설함으로써 다가올 새로운 세계질서의 중심에 유럽을 세우려는 것이었다. 그러나 20세기 세계역사는 그의 바람과 역행하는 흐름을 취하였다. 미국의 급격한 부상과 미국을 중심으로 한 세계질서가 형성되었다. 그것을 가능하게 한 동인은 무엇보다 제2차 세계대전이었다. 미국을 제외한 유럽 전역은 물론이려니와, 소련과 일본, 중국 등지의 처절한 파괴와 대규모 인명 살상은 미국에게 절호의 기회를 가져다주었다. 바야흐로 '팍스 아메리카나'의 도래가 시작된 것이다.

'국제연합'을 등에 업은 미국은 명실상부한 세계 제1의 국가로 떠올랐다. 미국의 적대적인 세력으로 소련이 사회주의 종주국으로 부상하면서 동서냉전과 대립의 시대를 40여 년 이끌어왔지만, 1985년 고르바초프의 개혁에도 불구하고 사회주의는 급격한 쇠퇴의 길을 걸었다. 결국 1980년대 후반 동구의 현존 사회주의 국가들의 연쇄적인 패망과 1991년 12월 소련의 종언으로 미국은 세계의 유일 패권 국가로 남게 되었다. 바야흐로 헌병국가이자 세계 최강의 제국인 미국이 역사의 전면으로 나서게 되었던 것이다.

1991년 1월 16일 이른바 '걸프전'은 세계 유일 강대국 미국의 위상을 세계 전역에 과시한 역사적인 사건이었다. 하지만 그로부터 10년이 흐른 2001년 9월 11일 세계무역센터 쌍둥이 빌딩이 붕괴되고, 워싱턴의 국방부 건물이 공격을 당하는 비상한 사건이 발생하게 된다. 이것을 가리켜 9·11테러라고들 말한다. 많은 사람들은 이 사건을 아메리카 제국이 쇠락의 길로 접어드는 첫 번째 징후라고 생각한다.

하지만 그런 징후는 이미 20세기에 나타나기 시작했다. 그것은 다름 아닌 '월남전' 패배였다. 20세기의 세계 역사에서 가장 더러운 전쟁이라고 명명된 '월남전'에서 세계 최강 미국군은 대한민국, 오스트레일리아, 뉴질랜드, 필리핀, 태국 등의 참전국을 거느리고도 처절하게 패퇴했다. 그것은 부도덕한 전쟁을 주도한 아메리카 제국의 치부와 오욕을 있는 그대로 세계만방에 선포한 치욕적인 사건이었다. 그 지점부터 아메리카 제국의 추악한 욕망의 본질이 폭로되었고, 제국의 영향력 쇠퇴는 시작되었다고 말할 수 있다.

하지만 우리는 여전히 미 제국의 막강한 영향력 아래 살아가고 있다. 코카콜라와 할리우드 영화로 대표되는 문화상품뿐만 아니라, 이라크와 아프가니스탄 파병, 소말리아 내전 개입 등으로 표현되는 대외적인 군사작전도 여전하다. 캐나다와 멕시코를 포함하여 맺어진 '북미자유무역협정(NAFTA)'으로 미국은 세계 제1의 경제대국의 위상을 잃어버리지 않고 있다. (하지만 유럽연합을 하나의 국가 단위로 생각한다면 상황은 달라진다.)

미국의 이런 강력한 힘의 배경을 이해하는 열쇠어가 '아메리칸 드림'이다. 1620년 11월 '메이플라워'호를 타고 케이프코드 연안에 도착한 청교도들은 같은 해 12월 21일 플리머스에 정찰대를 파견한다. 보스턴 남동쪽 60킬로미터 지점에 자리한 플리머스는 신생국 미국의 발원지로, 12월 21일은 '선조의 날'로 기념되고 있다. 1776년 7월 4일 독립을 선포한 미국은 초창기에는 유럽에서, 그 이후에는 세계 전역에서 이민자를 받아들여 '세계의 용광로'라는 찬사를 들으면서 번영의 길로 나아간다. 그것을 축약하는 어휘가 '아메리칸 드림'이었다. 어느 나라 출신이든, 어떤 문화와 언어권에 속했든, 피부색이 무엇이든 간에 미국시민이 되면 하나의 깃발과 국가 아래 모든 사람들이 동등한 권리와 의무를 지닌다는 '아메리칸 드림'은 얼마나 살 떨리도록 아름다운 구호였던가.

〈파 앤드 어웨이〉라는 영화가 있다. 〈다빈치 코드〉(2006)와 〈뷰티풀 마인드〉(2001)로 친숙한 론 하워드 감독이 1992년 완성한 〈파 앤드 어웨이〉는 아일랜드 출신의 가난뱅이(톰 크루즈)가 온갖 우여곡절 끝에 아름다운 여인(니콜 키드먼)과 그토록 가지고 싶었던 땅을 얻게 된다는 얘기를 담고 있다. 서부 개척 시기 미국에 있었던 '아메리칸 드림'의 적나라한 실체를 고스란히 보여준 영화 〈파 앤드 어웨이〉.

그렇게 사람들은 19~20세기에 '약속의 땅' 아메리카로 앞다투어 발길을 재촉했다. 아메리카는 개인의 자유와 권리를 최대한 보장하고, 국가의 개입을 최소화하면서 개인의 창발 가능성을 최고조로 발현하도록 하였다. 그 결과 대학교육을 포함하는 교육부문을 제외한 거의 모든 분야가 사적인 영역이었다. 작년에 미국에서 가까스로 성사된 '의료보험개혁법안'이 날마다 입길에 오른 이유는 생활능력이 떨어지는 국민을 위해 국가가 개입하여 해결하려는 방안에 대해 상당수 시민들과 상하원 의원들이 맹렬하게 반대했기 때문이었다. 세계 제1의 국가가 돈 없고 병든 국민을 나 몰라라 하는 기막힌 역설을 치유하고자 했던 오바마의 눈물겨운 투쟁의 면면이 오늘날 아메리칸 드림의 실체 가운데 하나를 웅변한다.

『유러피언 드림』의 지은이 제레미 리프킨은 아메리칸 드림에 대하여 다음과 같이 말한다. "아메리칸 드림이란 유럽 역사에서 얼어붙어 있다가 18세기에 미국 해안으로 고스란히 옮겨져 지금까지 많은 사람들에게 꿈을 심어준 한순간의 사상을 대변한다. 수세대에 걸쳐 미국인은 종교개혁 이념과 계몽주의 전통을 동시에 실천했다. 그 결과 미국인은 독실한 신교도인 동시에 과학탐구, 개인재산, 시장자본주의, 민족국가 이념을 가장 깊이 신봉하는 국민이 되었다." (115쪽)

'아메리칸 드림'은 개신교의 종교적 열정과 현실적인 실용주의가 결합하여 막강한 위력을 발휘하여 오늘날의 미국을 건설하는 원동력이 되었다. 하지만 세계화 의식이 형성·발전하고 있는 21세기 새로운 국제관계에서 '아메리칸 드림'은 어느덧 시대에 뒤지고 낡아버린 '백일몽'이 되고 말았다는 것이 리프킨의 진단이다.

"아메리칸 드림은 세계가 공유하거나 다른 나라로 이식될 수 있는 꿈이 아니었다. 그것은 미국 땅에서만 추구될 수 있는 꿈이다. 아메리칸 드림은 미국의 맥락에서만 적용된다는 점이 그것을 매력적으로 만들었으며, 미국이 성공한 것도 그 때문이다. 하지만 아메리칸 드림은 케케묵어 새로운 세계화 시대에 점점 어울리지 않는 꿈이 되고 있다." (29~116쪽)

하느님에게 선택받았다는 종교적 선민의식과 불굴의 의지로 황무지를 개척하여 성공을 이루려는 현실주의가 결합한 것이 '아메리칸 드림'이다. 현세의 행복과 내세의 구원이라는 대립항의 결합이 '아메리칸 드림'을 잉태한 것이다. 그러나 오늘날 '아메리칸 드림'을 믿는 미국인은 점점 줄어들고 있으며, 미국적 가치는 월남전 패배 이후 지속적으로 도전받고 있다.

개인의 독립과 부에 기초한 미국 사회에서 '가족'은 가장 소중한 가치로 수용된다. 나와 배우자, 그리고 자식이라는 가족 말고는 미국인들이 관심을 가지는 대목은 거의 없다. 그것은 철저한 개인주의에 기초한 자립을 강조하는 미국식 가치체계에서 기인한다. 부의 사회적 재분배에 미국인들이 매우 인색하고, 오바마의 의료개혁에 그토록 반기를 든 이유가 거기 있다. 미국의 사회안전망이 선진국 가운데 최하위에 머물러 있는 까닭도 개인의 자립 강조와 시장만능주의에 기초한 아메리카 제국의 기본방침에서 출발한다.

영화 〈스파이더맨 3〉(2007)은 미국의 사회안전망이 얼마나 취약한지를 여실하게 보여준다. 병든 딸의 치료비를 마련할 길이 없는 무력한 아버지는 은행을 털려다가 실패한다. 도주하는 길에 그는 화학공장에 들어선다. 거기서 화학물질과 접촉하는 과정에서 그는 '샌드맨'이란 괴물로 바뀌게 되는 것이다. 영화는 가공할 위력을 가진 샌드맨을 통쾌하게 물리치는 스파이더맨의 영웅적인 활약상에 초점을 맞추지만, 기실 거기서 읽어야 할 핵심적인 텍스트는 괴물 샌드맨의 탄생과정이다.

한편에는 세계 최강 미국과 아메리카 넘버원의 깨지지 않는 신화가 있다. 세계 최강의 군대와 세계 국방비의 40% 이상(2003년 기준 3,990억 달러)을 점하는 엄청난 액수의 국방비를 소모하는 제국 아메리카가 있다. 다른 한편으로 의료보험조차 없는 빈곤층이 6,000만 명에 달하고, 세계 죄수의 4분의 1에 달하는 200만 명의 죄수가 수감되어 있는 '어둠의 제국' 아메리카가 있다. 전체 인구의 30% 이상이 만성비만에 시달리고 있으며, 여전히 사형제도가 존속하고 있는 후진적인 나라, 미국.

요즘에는 아메리칸 드림을 믿지 않는 미국인들의 비율이 늘어나고 있다고 한다. 꿈과 근면, 성실과 노력만 있다면 누구든 성공의 기회가 주어졌던 약속의 땅에 대한 신뢰가 무너지고 있는 것이다. 그들은 이제 도박이나 복권, 경마에 열을 올리면서 한탕주의에 나서고 있다. 통계에 따르면 아메리칸 드림을 믿는 미국인은 3분의 2에도 미치지 못한다. 21세기에 급속하게 재편되고 있는 세계질서에서 제국 아메리카와 그것을 뒷받침해왔던 아메리칸 드림은 점차 벼랑으로 몰리고 있는 형국이라 할 것이다.

떠오르는 유러피언 드림

미국의 뿌리이자 원천이었던 유럽이 세계사의 주역으로 등장하게 된 것은 비교적 최근의 일이다. 지리상의 발견과 신대륙 침탈이 활발하게 이루어진 16세기 이후의 일이었으니, 대략 500년 남짓한 시간대에 유럽은 현저하게 발흥한다. 인류 문명사를 6,000년 정도로 상정한다면 그야말로 아주 소략한 시간에 지나지 않는다. 흥미로운 사실은 유럽에는 나름의 유서 깊은 문명이 없었다는 사실이다. 다시 말해 유럽지역은 고대문명의 직접적인 발상지도 아니고, 그것의 직접적인 혜택도 존재하지 않았다.

세계 4대문명은 기본적으로 유럽과 아무런 연관도 맺지 않았다. 지중해 근해의 이집트 문명이나, 메소포타미아 문명의 일부가 해양을 거쳐 고전 그리스 문명의 시원에 영향을 미친 것은 사실이다. 어리고 잡다한 성격의 그리스 문명조차 유럽 세계에 편입된 것은 니체의 역작 『비극의 탄생』(1872)이 출간되었던 19세기 후반기에 가능했으니, 유럽은 그야말로 뿌리가 일천한 신흥 졸부들의 천국이었다고 할 것이다.

로마의 발흥과 476년 서로마제국의 멸망 이후 1,000년 넘도록 유럽은 깊은 잠에 빠져 들었다. 이른바 '암흑의 중세'라는 개념이 생겨날 법하다. 중세 말기에 유럽에는 새로운 교육기관인 대학이 등장하고, 기계시계가 대표하는 수량화 시대를 맞이하게 된다. 아리스토텔레스 이후 질적인 세계관에 기초하여 자연과 세계를 인식해왔던 유럽인들의 관점에 대변혁이 일어나게 되었다. 그것이 세상만물을 크기와 무게로 측량하여 가시화할 수 있다는 수량화 개념이다. 눈에 보이는 대로 세상을 이해하고, 양으로 사물을 해석하는 시대가 열린 것이다.

중세 기사계급과 성벽을 깨뜨린 것은 대포였지만, 개개인의 낡아빠진 의식을 혁파한 것은 기계시계와 원근법, 그리고 복식부기와 인쇄술이었다. 시간을 매끄러운 연속체로 파악했던 조상들과 달리 유럽인들은, 시간은 일정한 길이를 가진 순간의 연속이며, 자연적인 사건에 구속되지 않는 임의적인 지속이라고 생각하기에 이른다. 시간을 분절적으로 나눌 수 있다고 생각한 것이다. 사실 물시계나 해시계, 모래시계 등은 자연환경의 변화나 인간의 부주의로 인해 정확한 기능을 발휘하지 못하기 일쑤였다. 그러기에 노동자들은 여름에, 고용주는 겨울에 손해를 보아야 하였다(해가 뜨면 일하고, 해가 지면 일손을 놓아야 했기 때문에).

원근법은 대상을 있는 그대로, 눈에 보이는 대로 그리겠다는 사실적인 의식을 이차원 공간에서 삼차원으로 실현하였다. 화가들이 가까운 것은 크고 명확하게, 먼 것은 작고 흐릿하게 그리기 시작한 것은 원근법에서 출발한다. 고대 수메르 문명의 벽화에는 신과 통치자, 귀족과 농부, 동물과 식물이 순서대로 층을 이루어 그려져 있다. 가장 강력하고 고귀한 존재가 최상층에 자리하고, 힘없고 저급한 대상이 최하층에 자리했던 것이다. 이집트 벽화 역시 마찬가지다. 태양신 '라'의 후예이자 최고 통치자인 파라오와 그의 아내는 가장 크고 웅장하게, 신하들은 더 작게, 일반 백성은 가장 작게 그렸다. 람세스 2세와 그의 아내 네페르티티를 생각해보시라. 이것이 그들이 바라보는 세상이자 세계질서였다.

원근법에 이르면 상황이 달라진다. 이제 화가들은 그림에서 인간의 지배와 피지배 관계가 아니라, 대상 자체의 크기에 주목하기 시작한다. 중세의 첨탑과 고딕 양식이 대표하던 엄청난 규모의 성당과 작별하면서 대상을 있는 그대로 포착한다. 신을 정점에 두고 국왕과 기사, 평민과 노예 등으로 나뉘었던 신분관계의 파괴가 그림에서도 여실하게 드러나게 되었다. 근대정신의 발현이 그림에서도 실현되기에 이른 것이다.

수량화가 일상생활에 가장 폭넓게 적용된 분야는 복식부기였다. 대차대조표를 병렬하여 하나의 페이지에 기록함으로써 상인들은 그날그날의 수입과 지출을 명료하게 이해하게 되었다. 그것은 월별과 연별의 명확한 구분도 가능하게 만들었다. 복식부기 덕분에 사람들은 일상으로 스며든 수량화의 실질적인 혜택을 몸소 경험할 수 있었다.

수량화의 정점으로 기록된 것은 인쇄술의 보급과 지식 대중화다. 몇몇 특정 지식계급의 전유물이었던 서책이 구텐베르크의 금속활자 보급에 힘입어 대중에게 확산일로의 길을 걸어 나간다. 동로마제국의 멸망으로 기억되는 1453년은 서양인쇄술 확산의 원년이라는 의미로 보다 의미심장하게 수용된다. 그리고 불과 50년이 지나지 않아 런던과 크라쿠프, 부다페스트와 팔레르모, 발렌시아와 파리를 잇는 사각형 안에서 유럽은 서책과 지식의 폭발적인 확산을 경험한다. 바야흐로 진정한 의미의 지식혁명이 시작된 것이다.

이와 같은 지적이고 물적인 기반 위에서 유럽은 1687년 출간된 뉴턴의 『프린키피아』로 과학기술 영역의 괄목할 만한 성장과 발전을 이룩하게 된다. 그리하여 18세기 계몽주의의 터전이 준비되고, 산업혁명의 여명이 불타오른다. 따라서 19

세기에 이르면 유럽이 여타의 구 문명권역을 압도하는 역전현상이 전개되기에 이른다. 따라서 1,500년부터 1,800년까지 중국과 유럽의 호혜 평등한 교류가 19세기 이후로는 유럽의 중국 침탈로 양상을 바꾸게 된다. 이른바 제국주의 유럽이 세계사에 등장한 것이다.

유럽은 12세기 이후 1억 8천만 명의 인구를 꾸준히 유지해왔다(페스트가 창궐했던 시기는 예외적인 현상이다). 그러나 19세기부터 제1차 세계대전이 발발했던 1914년까지 유럽 인구는 4억 6천만 명에 도달한다. 가히 폭발적인 인구증가다. 그것을 오르테가 이 가세트는 과학기술문명의 발전과 자유민주주의의 보급으로 설명한다. 하지만 자세한 내막을 살피면, 인구폭발은 제국주의적인 유럽의 식민지 확보와 지속적인 확장 및 착취에 더 큰 기반을 두었음이 분명하다. 식민지의 막대한 부가 식민본국의 경제를 살찌우고, 그것이 인구증가를 불러왔다고 보아야 하기 때문이다.

(같은 시기 구대륙의 아시아와 아프리카, 미국을 제외한 신대륙의 어떤 지역도 폭발적인 인구증가를 경험한 곳은 없기 때문이다. 반면 제2차 세계대전이 끝나고 숱한 식민지들이 해방되어 신생국이 우후죽순처럼 생겨났던 1950년 전후에 세계 각국은 말 그대로 폭발적인 인구증가를 경험한다.)

20세기에 두 차례의 세계대전을 겪고, 식민지들이 해방된 다음, 유럽은 심각한 내상을 극복해야 하였다. 동구 사회주의 국가들의 출현과 '마샬 플랜'으로 표현되는 미국의 재정지원이라는 이중고에 시달려야 했기 때문이다. 한편으로는 사회주의와 자본주의의 이념대결이 가속화되고, 다른 한편으로는 유럽 중심의 세계질서가 미국과 소련을 중심으로 하는 냉전시대로 재편되었다. 유럽 어느 나라도 미국과 소련의 영향력으로부터 자유롭지 못했다.

1970년 빌리 브란트 서독 수상이 폴란드를 방문하여 바르샤바 국립묘지를 찾았다. 그곳은 나치에 의해 40여만 명이 희생된 유대인 게토지구에 세워진 추모묘역이었다. 빗물이 마르지 않은 차디찬 시멘트 콘크리트 위에 무릎을 꿇고 브란트는 폴란드 국민에게 독일인들의 야만적인 학살을 진심으로 사과하였다. 이른바 '동방정책'의 신호탄이었다. 미국과 중국의 외교관계 수립과 더불어 세계사에 일대변화를 초래한 브란트의 외교적인 행보는 미국과 소련의 입김으로부터 독자적인 지위를 확보하려는 유럽의 작지만 확실한 전진이었다.

1951년 6개국으로 이루어진 '유럽석탄철강공동체'로 출범한 유럽연합은 2010년 기준 27개국 432만 평방킬로미터의 영토와 5억 명에 이르는 인구를 포괄하는 지구촌 최대의 초국가적인 정치모델이자 국가연합체다(중국은 959만 평방킬로미터에 인구는 13억 3천만 명, 미국은 982만 평방킬로미터에 인구는 3억 1천만 명에 이른다). 구 유고연방에 속하는 세르비아, 보스니아-헤르체고비나, 마케도니아, 크로아티아 등이 가입신청을 하였고, 그 외에 터키, 알바니아, 아이슬란드도 가입을 서두르고 있다.

유럽연합은 지금까지 인류 역사에서 한 번도 존재하지 않았던 거대한 국가연합체다. 미국의 한 주와 유럽연합의 경제규모가 서로 엇비슷하다. 예컨대 캘리포니아와 도이칠란트, 뉴욕과 영국, 텍사스와 프랑스, 플로리다와 이탈리아, 일리노이와 에스파냐의 규모가 서로 비슷하게 대응한다. 그러나 국민총생산 규모는 유럽연합이 미국에 비해 2조 달러 정도 크다.

유럽연합은 여러 모로 미국과 다른 길을 걷고 있다. 자연 착취가 아니라, 자연과 공존하는 지속가능한 개발, 소유보다는 삶의 질 중시, 개인과 가족주의가 아니라 지역민과 상호 의존하는 관계 중시, 개신교 일변도가 아니라 탈종교, 세계의 용광로가 아니라 다문화를 중시하는 문화포용주의, 아메리카 넘버원에서 출발하는 고립주의와 배타주의가 아니라 세계주의, 헌병국가가 아니라 외교를 통한 평화 유지(유럽연합의 국방비 총액은 미국 국방비의 40퍼센트에도 못 미치는 1,550억 달러), 보편주의와 협동에 기초한 세계화 추구 등을 본보기로 열거할 수 있다.

특히 주목할 만한 사실은 유럽연합에 가입하는 첫 번째 조건이 사형제도 폐지라는 점이다. 인간이 인간을 죽음으로 몰고 가는 것에 절대적으로 반대하는 신념을 전면에 내세우고 있는 것이 유럽연합이다(혹시 사형제도에 찬성하는 독자가 있으면, 〈데드 맨 워킹〉이란 미국영화를 보았으면 좋겠다). 유럽인들은 인권과 민주주의를 보다 보편적인 차원으로 승화하려는 구체적인 노력을 경주하고 있는 것이다. 이른바 '오리엔탈리즘'을 배면에 깔고 미국이 '문명충돌론'을 내세우면서 다른 나라에 개입할 때 금과옥조로 써먹는 것이 인권과 민주주의다. 그것을 전면에 내세워 그들은 이라크의 후세인 정권을 타도하였고, 아프가니스탄을 침공하였으며, 지금도 북한과 이란을 닦달하고 있다.

하지만 유럽연합은 그와는 달리 인간의 가장 기본적인 권리를 존중하고, 거기서 나아가 인간생명을 최대한 존중하는 것을 인권의 기초라고 생각한다. 아직까지 유럽연합이 제자리를 잡지는 못한 것으로 보인다. 2010년에 있은 아일랜드와 그리스의 재정위기와 툭하면 불거지는 포르투갈, 에스파냐, 이탈리아 등의 경제위기 가능성도 상존한다. 그럼에도 불구하고 유럽연합은 인류가 창안한 가장 독창적인 정치체제이며, 민족국가 단위의 근대가 야기한 각양각색의 야만적인 행태를 극복할 수 있는 보루라고 생각된다.

유럽연합은 21세기 세계인들에게 소리 높여 묻고 있다. "인간에게 국가란 무엇인가? 국가의 최종적인 존립근거와 가치 내지 의미는 또 무엇인가? 우리는 언제까지 민족단위의 근대국가에 머물러 있을 것인가?"

코리언 드림을 어떻게 볼 것인가

2010년 기준 이주민 100만 명 시대가 열렸다. 지난 몇 년 동안 한국국적을 취득해 귀화하는 사람들의 숫자가 기하급수적으로 늘었다고 한다. 한 해 평균 9,800명 수준으로 귀화자 숫자가 10만 명을 돌파했다는 전갈이 들린다. 바야흐로 문화·예술계의 '한류'를 뛰어넘는 '코리언 드림'의 시대가 21세기에 활짝 열리고 있는 셈이다. 대체 무엇이 그들을 대한민국으로 끌어들이고 있으며, 우리는 어떻게 할 것인가.

노동과 자본에는 국경이 없다. 삼성전자 주식의 외국인 지분율은 50퍼센트가 넘고, 현대자동차는 43퍼센트가 넘는다. 마찬가지로 노동자들은 오늘도 더 나은 노동조건과 임금을 위해 국경을 넘고 있다. 매춘을 예로 들어도 같은 결과가 나온다. 동남아 여러 나라와 구소련 등지의 매춘 여성들이 한국에 들어오지만, 대한민국의 매춘 여성들은 일본과 미국에서 성을 판다. 매춘과 관련하여 미국과 일본에 불법 밀입국한 한국 여성들에 관한 보도가 심심찮게 나오는 것도 결국 '돈' 때문이다.

2010년 기준 한국인 1인당 평균소득은 2만 달러 정도다. 베트남과 북한의 열 배 수준이다. 개성공단에서 일하는 북한 노동자들의 최저임금은 월 60달러 수준이고, 평균임금은 90달러 정도로 알려져 있다. 60달러를 원화로 환산하면 7만 원 남짓이고, 90달러는 11만 원쯤 된다. 88만 원 세대라 불리는 대한민국 20대들의 암울한 형편과 비교해도 상당한 격차가 난다. 만일 여러분이 숙련된 기술을 가지고 있지만, 임금수준이 아주 낮은 나라의 노동자라면, 더욱이 부양가족이 많다면 어떻게 하겠는가. 그런 이유로 오늘도 아시아, 아프리카, 남아메리카 노동자들은 불법적으로라도 선박과 자동차 혹은 비행기로 세계를 떠돌고 있는 것이다.

이주노동자 가운데 대략 100만에 가까운 사람들이 한국에서 생활하고 있다. 그들에게 한국은 경제적인 안정과 성공의 꿈을 실현해줄 나라인 셈이다. 1960~70년대 일본과 미국, 유럽이 한국인 이주노동자들이 꿈에 그리던 나라였던 것과 마찬가지다. 21세기 지구촌이 당면한 난제 가운데 이주노동자 문제를 꼽는 사람들이 많다. 환경오염과 지구온난화, 급속한 세계화와 더불어 이주노동자 문제는 금세기에 인류가 풀어야 할 과제 가운데 하나다.

아메리카는 본디 이주자들의 천국이었고, 다채로운 계층과 인종, 언어와 문화가 어우러진 용광로로 인식되었다. 그와 같은 다양성과 거기서 발원하는 역동성이 약화됨으로써 제국으로서 아메리카는 점차 시들어가고 있다. 유럽연합의 장래를 불안정하게 인도하는 가장 큰 장애요소로 꼽히는 것 역시 이주노동자 문제라고 한다. 남동부 유럽의 노동자들이 대거 중부유럽과 서부유럽으로 이동하면서 각종 사회문제가 불거지고 있는 것이다.

그와 같은 상황을 더욱 악화시키는 문제가 구 식민지에서 유입되는 이주자들 문제다. 2005년 프랑스 파리 외곽지대에서 일어난 이슬람 사람들의 폭동은 단적인 본보기다. 슬럼화 된 주거지와 열악한 교육환경, 과도한 청년실업 문제가 알제리, 튀니지, 모로코 같은 프랑스의 예전 식민지 출신자들을 오래도록 억눌러왔던 것이다. 여기에 '히잡'과 '부르카' 같은 이슬람 전통문화를 둘러싼 논쟁과 충돌이 사태를 보다 날카롭게 촉발하고 있다.

일본은 2010년 국민총생산에서 중국에게 덜미를 잡혀 세계 3위의 경제대국으로 내려앉았다. 1968년 이후 한 번도 2등자리를 내준 적이 없던 일본의 본격적인 사양길이 시작되었다는 분석이 지배적이다. 일본이 안고 있는 심각한 두 가지 문제가 있다. 천문학적인 국가부채와 노령화다. 영국, 프랑스, 도이칠란트의 세 나라 국민총생산을 합한 금액보다 많은 국가부채를 지고 있는 나라가 일본이다. 이런 수치는 평화적인 상태에 있는 나라 가운데 역대 최고라고 한다. 일본경제가 한창 잘 나갈 때인 1975년 일본의 노인은 젊은이 8명당 1명에 불과했다. 그러다가 2004년에는 3명당 1명이 되었으며, 40여 년 후에는 거의 1 대 1이 되어 젊은이 한 명이 노인 한 명을 먹여 살려야 할 형편이다.

이렇게까지 문제가 심각해진 까닭을 일본의 폐쇄성에서 찾는 견해가 있다. 일본 국민들의 지나친 애국주의와 '재팬 이즈 넘버원' 신화, 지독하게 폐쇄적인 사회구조(영주권이나 시민권 획득의 어려움, 외국박사 홀대, 아주 박한 대외원조, 난민신청자 불수용) 등에서 문제점을 포착할 수 있다. 우리가 반면교사로 생각할 지점이 여기 있다.

세계사에서 빛나는 성공을 거둔 나라들의 경험은 우리에게 큰 소리로 말한다. 중국 역사에서 가장 번영을 누렸던 당나라와 세계제국으로 성장한 로마의 개방적인 자세를 생각해보라고 한다. 일본이 아시아에서 가장 빨리 개국하고 서구의 길을 걸었던 것과 청나라와 조선의 폐쇄성과 식민화, 21세기 가장 폐쇄적인 북한의 전반적인 위기는 무엇을 말하는가. 따라서 남는 문제는 명쾌하다. 단일민족국가의 신화와 백의민족 이데올로기에서 벗어나 다양성과 다문화를 당당하게 수용하는 것이다. 세계 도처에서 우리나라를 찾는 사람들을 따뜻하게 맞아들이고, 다채로운 문화와 문물을 수용하면서 마음을 터놓고 그들과 교류하는 자세를 취해야 한다. 턱없이 낮은 대외원조를 국가의 위상에 맞게 끌어올리고, 국내에서 일하는 외국인노동자들을 인간적으로 따뜻하게 대해주어야 한다.

외국인노동자와 관련한 최근통계는 우울한 수치를 전해준다. 2010년 6월 4일 산업안전공단은 2007년부터 3년 동안 산업재해로 인한 피해를 입은 이주노동자가 2007년 3967명, 2008년 5221명, 2009년 5231명이라고 밝혔다. 그 가운데 사망자는 2007년 87명, 2008년 117명, 2009년 101명이었다고 한다. 인용된 통계에 포착되지 않은 사람들도 적지 않을 것이다. 코리안 드림을 꿈꾸고 찾아온 이주노동자들이 싸늘한 주검으로 돌아간다든지, 산업재해로 심각한 질환을 얻어 평생 불행하게 살아가는 일은 이제 일상이 되고 말았다.

어디 그뿐인가. 신부를 구하지 못한 한국 남성들과 혼인한 이주여성들의 경우도 숱한 문제들과 마주친다. 다문화가 아직 정착하지 못한 미성숙한 한국사회에서 이방인으로 겪어야 할 문제가 한두 가지가 아니다. 한 가지 예를 들어보자. 초은 씨는 열여덟에 스무 살 나이 차이가 나는 남편과 결혼하여 한국에 온 캄보디아 여성으로, 남편의 잦은 폭력에 시달려왔다고 한다. 임신 중에 폭력이 시작되어 아기가 죽을지 모른다는 긴박감에 부엌칼을 들고 맞서다 2009년 1월 31일 남편을 칼로 살해하기에 이르렀다. 징역 4년을 선고받은 초은 씨는 같은 해 8월 부산에서 출산하였고, 청주교도소에 수감되었다. 사건 초기부터 '가정폭력에 의한 정당방위'를 주장한 대구지역 '이주여성인권센터'와 대구 YWCA가 구명운동을 전개한 결과 2010년 8·15특사로 석방되어 캄보디아로 추방당하기에 이르렀다.

농촌 마을 곳곳에 걸려있는 '베트남 처녀와 결혼하세요!'라는 현수막은 오늘날 대한민국의 인권과 민주주의 수준을 단적으로 드러낸다. 어느 정도의 돈을 지불하면 언제든 베트남 여성을 아내로 맞이할 수 있다는 문구는 추악하다 못해 살벌하기까지 하다. 일본이나 미국의 농촌에 '한국인 처녀와 결혼하세요!'라는 현수막이 걸려 있다고 생각해보자. 그런 문구에 분노하지 않을 한국인은 아마 없을 것이다. '역지사지'란 말은 이럴 때 쓰라고 생겨난 말이다.

우리는 이제 '졸부근성'과 '우물 안 개구리'의 좁은 시야와 자세를 근본적으로 성찰하고, 새로운 전망과 시대정신과 만나야 한다. 편협한 국수주의와 애국주의가 아니라, 세계시민주의를 보듬어야 한다. 최대한 열린 가슴으로 우리와 다른 문화와 역사를 가진 사람들을 포용해야 한다. 그 길만이 21세기뿐 아니라, 아주 오래도록 우리와 세계시민들이 지구촌 곳곳에서 서로 도와가며 평화롭게 공존공영하는 방편이 될 것이다.

글을 맺으면서

세계가 날로 좁아져간다. 우리는 지금 10억 명 이상의 세계시민들과 실시간으로 접속하여 대화하는 시대에 살고 있다. '페이스북'이나 '트위터' 같은 이른바 '소셜 네트워크'의 놀라운 확장은 이런 가능성과 기회를 훨씬 더 빠른 속도로 확대할 것이다. 우리의 생각과 행동, 일상생활 하나하나가 벌거벗겨져 세계 속으로 실시간 전송되는 놀라운 시대에 살고 있다는 말이다. 싫든 좋든 이런 양상은 가속화할 것이며, 결코 되돌릴 수 없는 흐름이다. 디지털 시대를 사는 우리가 진공관이나 트랜지스터 시대로 돌아갈 수 없는 이치와 매한가지다. '느림의 미학' 운운하면서 시간을 다소 늦출 수는 있을 것이다. 화석연료의 과다한 사용이 지구 온난화를 야기하고 있지만, 그것도 4~500년 정도다. 어차피 지구는 싸늘하게 식어서 냉동 창고가 되어 모든 생명이 사멸할 것이니까.

그래도 우리는 주어진 시공간을 유의미하게 살아야 할 터. 남은 문제는 지금과 여기의 우리뿐 아니라, 다가올 세대의 주역에게 우리의 꿈과 이상을 온전하게 넘겨주어야 하는 중차대한 사명이 주어져 있다. 아주 많은 꿈과 이상이 있겠지만, 나는 그것을 '코리안 드림'으로 한정하여 말하였다. 코리안 드림의 핵심은 대한민국과 한국인을 의지하려는 지구촌 시민에게 최대의 기회와 가능성을 베푸는 일이다. 그들이 우리와 다르지 않은 소중한 가족의 일원이고, 인류의 미래를 짊어질 문화와 예술과 역사와 철학의 소유자라는 사실을 한시도 망각해서는 아니 될 것이다.

〈논어〉에서 공자는 도를 묻는 제자들에게 말하였다. "吾道 一以貫之(나의 도는 하나로 꿰뚫어져 있다)." 그 말의 의미를 묻는 제자들에게 증자가 '忠恕(충서)'라는 개념으로 가르침을 베푼다. "자기가 서고자 하면 남도 세워주고, 자기가 통달하고자 하면 남도 통달하게 해주는" 것이 충이고, "자기가 원하지 않는 일은 남에게도 베풀지 말라"는 것이 서의 개념이다. 우리가 진정 세계시민이자 선진국의 일원이 되고자 한다면, 우리보다 조금 못한 사람들에게도 그럴 수 있는 기회와 가능성을 주어야 한다. 우리가 다른 사람들에게 모욕이나 부당함을 경험하고 싶지 않다면, 그만큼 다른 사람을 존중하고 이해해야 한다는 말이다. 따라서 코리안 드림은 소극적인 면에서는 상호이해와 상호존중을 의미하며, 적극적인 면에서는 대외원조 확대와 다문화 확산을 통한 적극적인 상호소통을 뜻한다고 할 것이다. 세계 전역에 신의 가호와 은총이 가득하기를 바라면서 글을 마치고자 한다.

함께 읽으면 좋은 책

『고대문명교류사』, 정수일 지음, 사계절, 2001.

『대중의 반역』, 오르케가 이 가세트 지음, 황보 영조 옮김, 역사비평사, 2005.

『미국의 탄생』, 미국 역사 교과서가 왜곡한 건국의 진실, 레이 라파엘 지음, 남경태 옮김, 그린비, 2005.

『비극의 탄생』, 프리드리히 니체 지음, 박찬국 옮김, 아카넷, 2007.

『수량화 혁명』, 알프레드 크로스비 지음, 김병화 옮김, 심산출판사, 2005.

『영웅의 역사』, 칼라일 지음, 박상익 옮김, 소나무, 1997.

『왼손에 노자, 오른손에 공자』, 창화 편저, 박양화 옮김, 영림카디널, 2007.

『유러피언 드림』, 제레미 리프킨 지음, 이원기 옮김, 민음사, 2005, 115쪽.

『유럽적 보편주의: 권력의 레토릭』, 임마누엘 월러스틴 지음, 김재오 옮김, 창비, 2008.

두 번째 강의

유럽적 보편주의와 보편적 보편주의

– 다문화주의와 보편주의

최종렬(계명대학교 사회학과 교수)

유럽적 보편주의, 보편적 보편주의, 그리고 다문화주의

현재 시장주의, 인권과 민주주의는 지구적 차원에서 보편가치로 인정받고 있는 것처럼 보인다. 하지만 월러스틴(2008)은 이것을 유럽이 성취한 문명을 보편가치와 진리로 간주하는 유럽적 보편주의라 부르고, 16세기 이래 비서구문명의 침탈을 정당화하기 위해 사용하였던 자연법적 수사를 이어받은 것이라 신랄하게 비판한다. 16세기에 비서구 문명의 침탈을 정당화하는 보편가치가 기독교라면, 19세기 이래로는 미개인을 문명화시킨다는 명목 아래 시장주의, 인권과 민주주의가 그 자리를 차지하였다는 것이다.

월러스틴은 이러한 유럽적 보편주의가 최근 들어 위기에 직면하였다고 한다. 생산비용의 지속적인 상승을 막기 위해 자본을 지구화하는 과정에서 근대 세계체계가 근본적 위기에 빠진 것이 그 물질적 원인이다. 물질적 차원에서 근대 세계체계가 위기에 처하자, 그것을 이데올로기적으로 정당화해왔던 유럽적 보편주의마저 도전받고 있다는 것이다. 유럽적 보편주의는 과학(보편)과 인문학(특수)의 분리를 전제로 해서, 보편을 서구문명과 특수를 비서구문명과 등치시켜 왔을 뿐만 아니라 보편이 특수를 지배하는 것을 정당화해 왔다. 월러스틴은 서구문명을 보편으로 비서구문명을 특수로 '본질화'시키는 잘못된 오리엔탈리즘을 비판하고, 그에 대한 대안으로 보편적 보편주의를 내세운다. 핵심은 보편을 특수화하고 특수를 보편화하는 변증법적 사유를 통해 보편과 특수를 모두 '역사화'하는 것이다. 이 과정은 최종 종결점이 없으며, 계속해서 성찰된다. 이것이 최종 목적을 향해 필연적으로 상승하는 헤겔식 변증법적 사유와 근본적으로 다른 이유다.

월러스틴의 이러한 주장은 최근 한국사회에서 광범한 세를 얻고 있는 다문화주의 담론을 바라보는 좋은 잣대를 제공한다. 현재 한국의 다문화주의는 정부의 '과잉사법화'와 운동단체의 '과잉규범화'가 혼융되어 있는 기괴한 현상을 보이고 있다. 법무부와 여성가족부로 대표되는 정부는 국민국가의 관점에서, 운동단체는 보편가치의 관점에서 다문화주의를 받아들이고 있다. 정부는 이주노동자의 경우는 국가성장주의의 관점에서 규제와 활용을 동시에 진행하는 반(反)정주 배제정책을 취하고 있다. 노동시장의 구조조정 과정에서 발생한 노동력의 공백을 싼 이주노동자를 들여와 활용해 지속적인 국가성장을 추구하면서, 이들이 한국사회에 정주하는 것을 방지하는 것이 정책의 핵심이다(이선옥, 2007). 이와 달리 국제결혼 이주여성의 경우는 한국민의 재생산의 관점에서 가부장적 핵가족 안으로 통합시키는 동화정책을 펼치고 있다. 저출산과 고령화로 재생산의 위기가 오자 부계혈통의 한국민을 재생산시키기 위해 국제결혼 이주여성을 받아들여 한국에 정주하도록 하는 정책을 펼치고 있는 것이다. 하지만 정주의 영역을 가부장적 핵가족이라는 좁은 영역으로 한정시키며, 이들이 소수민족집단(ethnic groups)으로 성장하는 것을 방지하려 하고 있다(최종렬, 2010). 정부는 이주민과 관련해서 새로운 법을 만들어 만사를 사법화하려는 경향을 강하게 보이고 있는데, 그 핵심은 물론 한(韓)국가를 보존하고 성장시키는 것이다.

이와 달리 운동단체는 인권이나 문화권 같은 보편가치로 다문화주의를 받아들여 정부의 과잉사법화를 비판하는 운동을 펼치고 있다. 인권은 자신이 속한 공동체의 성격과 상관없이 '동일성'을 주장하는 근대의 원자적 개인의 권리라는 점에서 다문화주의 자체보다는 자유주의와 관련이 있다. 반면, 문화권은 소수자 개인의 권리가 아니라 국민국가 안에서 역사적으로 장기적으로 집단거주하고 있는 소수민족집단의 권리로서, 집단의 동일성보다 '차이'를 존중받기를 원한다. 인권이 모든 개인에게 평등하게 보편적으로 적용되는 '정의'의 문제라면, 문화권은 자기 공동체 안에서 '자기실현'의 문제와 관련된다. 이런 점에서 인권과 문화권은 대립한다. 그럼에도 불구하고 운동단체는 인권(자유주의)과 문화권(공동체주의)을 혼융하여 다문화주의 담론을 펼치는 경향이 있다. 한국에 소수자가 아직 '소수민족집단'으로 성장하지 않은 상태인데도 말이다. 왜 이렇게 인권과 문화권을 분석적으로 엄밀하게 구분하지 않고 사용하는가? 이주의 지구화로 인해 한국의 현실 자체가 이전에는 겪어보지 혼융상태에 빠졌기 때문이라고 이해할 수 있다. 하지만 소수민족집단 다양성이 존재하는 유럽사회를 보편적 준거로 이상화하여 한국의 민족적 단일성을 비판하는 오리엔탈리즘적 성격을 은연중 보여주고 있는 점이 문제다. 현재 유럽에서 이주민에 관한한 다문화주의정책이 후퇴하고 있는 현실을 직시해야 한다. 특히 무슬림이 이주민의 다수를 차지하는 유럽의 모든 나라에서는 다문화주의정책이 후퇴하는 것을 보면, 문화권을 인권같이 보편가치로 이상화하는 것이 능사가 아님을 알 수 있다(최종렬, 2010).

정부의 국민국가 프레임과 운동단체의 보편가치 프레임은 서로 충돌하는 것 같지만, 사실상 근대 세계체계를 틀지어 온 쌍둥이다. 근대 세계체계는 많은 소수민족집단(ethnic groups) 중에서 국가를 형성한 국민(nation), 즉 국민국가에게 명확하게 구획지어진 물리적 경계 안에서 절대적 통치권을 주면서도, 유럽적 보편주의를 보편가치로 지구적으로 확산시켜온 체계이다(박상섭, 2008). 다문화주의가 정말로 문제가 되는 것은 바로 이러한 국민국가 프레임과 보편가치 프레임 모두에 근본적인 도전을 던진다는 점이다. 예컨대, 한국정부는 합법과 불법 가릴 것 없이 이주노동자에게 한국인과 동일한 노동권을 허용하지 않고 있는데, 대한민국이라는 국민국가 안에서는 한(韓)민족만이 국가에 의해 보호받을 권리를 지닌 국민이 될 수 있다고 믿기 때문이다. 이는 국가를 형성하지 못해 일본국가의 소수민족집단으로 전락하여 차별과 억압을 받아온 근대 역사를 생각하면 하등 이상할 것이 없다. 하지만 민족(ethnicity)과 국적이 다른 이주노동자가 한국의 국민국가 안에 다수 거주하는 다문화현실은 한민족과 국가 사이의 이러한 자연적 연계에 도전을 던진다.

또한 인권과 문화권을 무기로 정부의 정책을 비판하는 운동단체는 이를 실체화하여 '정치적 올바름'의 오류에 빠질 위험이 있다. 정치적 관점에서 편견과 차별을 없애는 것이 정의롭다는 주장이 오히려 일상의 삶을 도덕적으로 얼어붙게 만들어 소수자의 삶을 옥죌 수 있다는 점에 유의해야 한다(셈프리니, 2010: 76-99). '다문화가족', '다문화자녀'라는 용어는 분명 '혼혈가족', '혼혈아'라는 용어보다 정치적으로 올바른 용어인 것은 확실하다. 그래서 더 정의롭다고 할 수 있다. 하지만, 이 새로운 정의로운 용어는 문화적 다양성을 조화롭게 실현하고 있는, 그래서 한국사회에 다양성을 촉진시켜줄 이상화된 존재로 이들의 삶을 규범화함으로써 오히려 이들의 일상의 삶을 고통스럽게 만들 수 있다. 규범화된 모습과 다른 삶을 드러내기 어렵고, 설사 드러낸다 해도 과장되게 일탈된 존재로 받아들여지기 십상이기 때문이다. 이는 자기 공동체 속에서 자신을 실현하는 문화권을 고려하지 못하게 만들 뿐만 아니라, 정의와 자기실현의 문제로 포괄되지 않는 일상의 삶을 간과하도록 만든다. 일상의 삶의 대부분은 옳고 그른가를 따지는 정의의 문제와 자기 공동체 안에서 선한 삶을 구현하는 자기실현의 문제로 포괄될 수 없는 복잡 미묘한 것이기에 이는 큰 문제이다.

줄여 말하면, 한국의 다문화주의를 논하기 위해서는 다문화현실이 정부의 국민국가 프레임과 운동단체의 보편가치 프레임에 어떻게 도전을 던지고 있는지 탐구해야 한다. 다문화주의가 한국을 초라하게 만드는 또 다른 유럽적 보편주의의 모습으로 변질되지 않도록 하기 위해서 이는 매우 절실한 작업이다. 벌써 인터넷을 비롯한 여러 공간에서 국민국가주의와 다문화주의가 충돌하는 모습을 보이고 있는 현실을 감안할 때도 필요한 작업이다.

탈영토화된 공간과 문제적 상황

한국이 다문화사회로 접어들고 있다는 주장이 여러 곳에서 나오고 있는데, 그 주된 근거는 체류외국인 구성비율의 가파른 상승이다. 한국사회의 체류외국인 비율은 2009년 현재 2.2%에 달하지만, 지속적으로 증가하여 2020년에 5.1%, 2030년에 6.3%. 2040년에 7.7%, 그리고 2050년에는 9.7%에 도달할 것이라는 전망이다(차용호, 2008). 체류외국인 구성비율의 증가는 단순히 외국인의 수가 증가한다는 것만을 뜻하는 것이 아니라, 근대 '국민국가' 형성과 함께 만들어진 한국의 '사회적인 것' 자체를 근본적으로 변형시키는 과정이라는 것을 의미하는 것이다.

기존의 사회적인 것은 명확하게 구획 지어진 영토 안에서 합법적 폭력을 독점적으로 휘두르는 국민국가의 틀 안에서 '상상'되어왔다(Anderson, 1991). 우선 정치사회, 시장사회, 시민사회는 모두 국민국가 틀 안에서 상상되었다. 형식적 법절차에 모두 '평등'해야 하는 정치사회의 원리도, 귀속지위가 아니라 이룩한 '성취'에 의해 평가받는 시장사회의 원리도, 탁월한 존재가 되기 위해 호혜적으로 '인정'을 주고받는 시민사회의 원리도 모두 한국민에게만 적용되는 것으로 상상되었다. 한민족과 국가의 자연적 연계가 조금이라도 흐트러지면, 이러한 원리는 적용되지 않는 것이 당연하게 여겨져 왔다. 조선족과 같이 한(韓)민족이지만 한(韓)국민이 아닌 사람, 또는 주둔지 혼혈인같이 한국민이지만 한민족이 아닌 사람은 정치사회, 시장사회, 시민사회의 원리의 적용을 제대로 받지 못했고 또 그것이 당연시 되어 왔다. 하물며 한국의 국적 없는 다른 민족인 화교는 말할 필요도 없었다. 또한 상호애정과 관심을 실천하는 친밀성의 원리도, 대면적 상호작용에서 예의바른 무관심을 호혜적으로 실천하는 공공장소의 원리도 모두 한국민에게만 적용되는 것으로 상상되었다. 사랑과 결혼은 한국민 사이에서만 이루어지는 것으로 상상되었다. 공동체의 경우도 당연히, 한민족공동체 이외의 다른 민족 공동체가 한국땅에 살 수 있다는 것이 상상되지 않았다. 공공장소에서 만나는 사람도 모두 한국민으로만 상상되었다. 여기에서도 한민족-국민의 자연적 연계가 조금이라도 이지러지면, 바로 상징적으로 기괴화되거나 오점화된다.

사회적인 것이 국민국가의 틀 안에서 사고된 것은 한국만의 특수한 상황은 아니다. 그럼에도 불구하고 한국은 극도로 순혈주의적 국민국가적 사고를 가진 나라로 악명이 높다. 핵심은 소수민족집단의 문화적 차이를 인정하지 않는다는 것이다. 하지만 이러한 주장은 과도한 면이 있다. 다문화주의가 먼저 발달한 서구사회에서는 국민국가 영토 안에 '장기적으로' 거주하며 살아온 원주민, 준국가-국민집단, 이민자집단이 존재한다. 서구에서는 이러한 세 소수민족집단들을 어떻게 통합할 것인가 논의하면서 자연스럽게 다문화주의 담론이 발전되어 왔다. 하지만 한국에는 실질적으로 이러한 세 소수민족집단이 존재해 본 역사가 없다. 그런 점에서 다문화주의정책이 서구와 맞먹지 못하다는 것을 들어 한국이 문화적으로 획일적이라 비판하는 것은 지나친 것이다. 종교 차이를 용인함에 있어서 한국만큼 그 폭이 넓은 사회도 드물 것이다(최종렬, 2010). 물론 그것은 '우리 모두' 한국민이라는 당연시된 믿음 때문이긴 하지만.

하지만 1990년대 이래 급속히 진행되고 있는 이주의 지구화는 이러한 당연시된 믿음을 뿌리에서부터 뒤흔들고 있다. 한국의 사회세계는 갈수록 복합연계성에 의해 지역과 문화의 일대일 연결이 끊어진 탈영토화의 특성을 지니고 있다. 탈영토화란 상호연계와 상호의존의 네트워크가 급속히 발전하고 그 네트워크 안에서 개인적 차원, 지역적 차원, 국민국가적 차원, 국제적 차원, 지구적 차원 사이의 상호작용의 밀도가 높은 상태를 지칭한다. 상품, 자본, 사람, 지식, 이미지, 범죄, 공해, 약품, 의상, 신념, 섹슈얼리티 등이 이 모든 차원들에서 강도 높게 오가고 있다. 하지만 정말 중요한 것은 기존의 경험 양식을 완전히 뒤바꾸어 놓는다는 점이다. 가까움과 멈, 친숙함과 낯섦, 지역성과 지구성, 사적인 것과 공적인 것, 안과 밖의 굳건한 이분법이 해체됨은 물론 가까움과 낯섦과 지구성과 사적인 것의 조합과 같이 얼마든지 새로운 경험양식이 발생한다. 물리적으로는 여전히 동일한 공간에 있을지라도, 사람들은 현상학적으로 지역성의 고착으로부터 분리된다(Tomlinson, 1999).

한 지역이 복합연계성을 통해 탈영토화된다는 것은, 그 지역에 거주하는 행위자에게는 양가적인 의미를 지닌다. 탈영토화된 공간에서 사용할 수 있는 문화가 복합연계성을 통해 지구적으로 공급되기 때문이다. 기존의 지역 안에 살며 누렸던 존재의 안전감이 위협받는 동시에, 가용한 문화들이 지구적으로 공급됨으로써 이를 사용할 문화적 능력이 그 어느 때보다 중요하게 된다. 근대의 국민국가가 민족(문화)과 국가의 일대일 상응을 추구하는 단문화주의라면, 작금의 탈영토화된 사회가 다문화주의가 되는 이유가 여기에 있다. 현상학적 차원에서 볼 때, 이주자나 한국인이나 탈영토화된 세계에서 사는 것은 마찬가지이다. 물론 이주자는 자신이 살던 고향을 떠나와 새로운 나라로 이주해 왔다는 점에서 탈영토화의 경험이 더 극적이라 할 수 있다. 우리는 이주자와 한국인을 탈영토화된 공간에서 다양한 '재영토화'를 실천하는 사람들로 볼 필요가 있다. 이들에게 일상생활은 더 이상 당연시되는 '의심의 유보'의 세계가 아니라, 끊임없는 문제적 상황에 처하는 것이기 때문이다. 그래서 재영토화하기 위한 실천이 절실할 수밖에 없다(최종렬, 2009a, 2009b).

다문화주의를 문화 실천의 관점에서 보는 이러한 입장을 구조적 강제를 무시하는 문화주의라 비판할 수도 있다(서덕희, 2010). 문제는 재분배(물질주의)냐 인정(문화주의)이냐와 같은 근대의 이분법적 정치학의 틀로 단순화해서 볼 일이 아니라는 점이다. 탈영토화된 공간에서 문화적 능력은 문제적 상황을 헤쳐나가기 위해, 다시 말해 생존하기 위해 필수적으로 요청되는 것이지 있어도 되고 없어도 그만인 것이 아니다. 탈영토화된 공간이 문화의 활용을 그 어느 때보다 필요로 하는 인간의 실존적 조건을 극대화시키기 때문이다. "인간의 실존적 조건이란, 인간이 내적이든 외적이든 모든 힘으로부터 완전히 결정되어 있는 상태가 아니라는 것을 말한다. 이러한 애매성은 행위자에게 어떻게 행위할 것인지 고민하게 만든다. … 하지만 애매한 상황이 계속 지속되는 것은 행위자에게 '인지적 혼란'을 야기해 생존의 위기를 낳을 수도 있고, 더 나아가 어떻게 사는 것이 선한 삶인가 하는 '윤리적 문제'도 일으킨다. 줄여 말하면, 인간의 실존적 조건은 '문제적 상황'을 낳는다. 유전자의 내재적 정보는 너무나 일반적으로 인간의 행위를 결정하기 때문에 이러한 문제적 상황을 해소하는 데에는 실질적인 도움이 되질 않는다. 따라서 인간의 행위를 구체적으로 안내할 외재적 정보원천이 필요한데, 그것이 바로 문화이다."(최종렬, 2009a: 57). 가용한 문화를 여러 방식으로 활용하는 '의미화실천' 없이는 탈영토화된 공간을 헤쳐나갈 수 없다.

탈영토화된 공간은 분석적 차원에서 '체계'와 '생활세계'로 나뉠 수 있다. 체계는 다시 '정치사회'와 '시장사회'로, 생활세계는 '시민사회', '친밀성의 영역', '공공장소'로 각각 분석적으로 세분화 된다. 이주의 지구화가 발생하기 이전에는, 각 영역은 그 안에 살아가는 사람들의 행위를 안내하고 유형화하는 안정적인 '문화적 기대'를 담고 있었다. 하지만 이제는 복합연계성을 통해 지구적으로 공급되는 문화적 기대와 상호 경합하는 탈영토화된 공간으로 바뀌고 있다. 복합연계성이 장소와 문화의 자연적 결속을 약화시키고 있기 때문이다.

정치사회에는 법 앞에 만인이 절차적으로 평등하게 다루어져야 한다는 문화적 기대가 담겨 있었고, 이러한 문화적 기대는 한국민들의 행위를 안내하였다. 하지만 한국국적을 지니지 않은 외국인들이 한국에 대거 거주하면서, 이들에게도 기존의 문화적 기대가 동일하게 적용되어야 하는가 하는 의문이 발생했다. 외국인을 자국영토 안에 있는 자국민과 동일한 권리를 부여하는 근대 국민국가는 존재하지 않는다. 한국도 이 점에서는 예외가 아니었으나, 이주의 지구화로 인해 전대미문의 문제적 상황에 봉착하게 되었다. 조선족과 같이 민족은 한민족이지만 국적은 다른 경우 어떻게 해야 하는가? 이주결혼여성처럼 민족은 다르지만 국적은 한국국적을 취득한 경우는 또 어떤가? 이중시민권, 민족주의, 국가통치권 등 기존의 국민국가 안에서 전혀 문제시되지 않던 것들이 '문제적 상황'으로 돌변하고 있다.

시장사회 역시 지역, 젠더, 출신 등과 같은 귀속지위가 아닌 개인이 이룬 성취에 의해서 평가받아야 한다는 당연시된 문화적 기대가 한국민들의 행위를 안내하였다. 하지만 너무나 당연해 보였던 노동할 수 있는 권리가, 국적이 다른 이주노동자에게는 특권처럼 여겨진다. 사대보험과 같은 복지정책은 노동자라면 누구나 누릴 수 있는 권리도 역시 문제적 상황에 처해 있다. 현재 운동단체가 가장 강력하게 펼치고 있는 운동은 고용허가제를 노동허가제로 완전히 바꾸는 것인데, 그 주된 근거는 보편가치로서의 인권이다. 하지만 이는 심각한 문제적 상황을 만들어낸다. 지금까지의 인권은 한국의 국민국가 내에 있는 한국민의 인권을 말하는 것이 당연시되었지만, 한국민이 아닌 사람의 인권을 말해야 하기 때문이다.

시민사회의 핵심은 서로 명예와 존중을 호혜적으로 주고받는 것이다. 정치사회나 시장사회와 달리 법적으로 동등한 인간으로 동일하게 대우받는 것을 넘어 차별적인 사회적 존경을 추구한다. 시민사회는 사실 명예를 추구하던 신분집단사회의 현대판인 바, 이전에는 소수 신분집단만이 추구하였다면 이제는 만인이 추구해야 한다는 점에서 민주화되었다고 할 수 있다. 이러한 신분추구의 민주화 역시 한국민들 사이에서만 가능한 것으로 당연시되었다. 하지만 한국민이 아닌 이주자들이 대거 한국사회에 거주하면서 이들에게도 시민사회의 원리를 적용해야 하는가 하는 문제가 발생한다. 이주민들은 우선 사회적으로 존중받는 형태로 표상되기를 요구하고 있으며, 더 나아가 문화권이라는 새로운 문제적 상황을 발생시킨다. 원자적 개인으로서 존중받는 것이 아니라, 소수민족집단의 성원으로서 존중받기를 원하기 때문이다.

가족 역시 낭만적 사랑을 통해 결혼하여 한(韓)민족으로서의 가부장의 혈통을 재생산한다는 전통적인 문화적 기대를 가지고 있었지만, 혈통이 다른 이주자와 맺어진 다문화가족은 이러한 문화적 기대를 뒤흔들고 있다. 사랑하는 사이에 주고받는 인정은 정서적인 일치와 격려라는 성격을 갖는다. 이런 점에서 사랑은 필연적으로 서로에게 특정한 가치 존중의 감정을 보이는 구체적인 타자의 신체적인 존재와 관련되어 있다. 자신이 직접 만질 수 있는 구체적인 물리적 존재로부터 인정받아야 할 필요가 있다. 하지만 몸과 말이 다른 구체적인 타자인 이주민과는 사랑을 주고받을 수 없다고 여겨진다. 그 이유는 이들의 사랑을 도구적 관점에서 바라보기 때문이다. 그 결과 이들 사이의 상호 애정 실천을 방해한다. 그나마 한국남성과 이주여성이 결혼하는 경우는 부계혈통의 전통이 강한 한국사회에서는 수용되지만, 이주남성과 한국여성이 결혼하는 경우는 극도의 의심의 대상이 된다.

가족단위를 넘어 자신의 공동체 안에서 자기 음식 먹고, 자기 언어 말하며, 자기 옷 입고, 자기 종교 믿는 등의 실존적 안전을 누리지 못하고서는 누구라도 온전한 인간으로 살아갈 수 없다. 화교에 대한 대우에서 보듯, 한국은 지금까지 소수민족집단으로서 이러한 실존적 안전을 누리고 살아갈 권리를 어떤 소수자에게도 부여하지 않았다. 소수자가 독자적인 문화집단으로 성장하는 것이 바람직하지 않다는 단일 민족주의적 문화적 기대가 너무나 강했기 때문이다. 이 역시 이주민 집중거주지역이 다양한 지역에서 증대되면서 도전받고 있다.

공공장소 역시 '생애사적 이방인' 사이에 서로의 공적인 프라이버시를 보호하고 익명성의 규범을 지켜야 한다는 문화적 기대를 품고 있었지만, 몸과 말이 가시적으로 다른 '문화적 이방인'이 공공장소에 대거 등장함으로써 이 역시 흔들리고 있다. 공공장소에서는 서로 주의를 하나의 대상에 집중하는 상호작용을 극소화하고, 상대방을 비인간 또는 관련 없는 이방인으로 대해야 한다. 이는 상대방을 무시하거나 멸시해서가 아니라, 공공장소의 성격이 원래 이방인들 사이에 성스러운 자아를 호혜적으로 보호하기 위해 '예의바른 무관심'을 실천해야만 하는 곳이기 때문이다(Goffman, 1963, 1971). 이러한 실천이 한국사람들 사이에서는 잘 되었지만, 가시적으로 너무나 다른 이주자의 몸과 말은 한국인들의 불필요한 주의를 끌어 결과적으로 그들의 공적 프라이버시가 훼손될 수 있다. 이는 이주자든 한국인이든 처음 겪는 문제적 상황이다.

재영토화 실천과 다문화사회 변형

이러한 문제적 상황을 해소하기 위해 현재 한국인과 이주자 모두 상호 '상황 정의'를 통해 '공동의 실재'를 만들어나가려는 재영토화 실천을 감행하는 것으로 접근할 필요가 있다. 이러한 실천은 한국인과 이주자 모두에게 새로운 경험이다. 더 중요한 것은 이러한 새로운 경험이 일회적·우발적인 것이 아니라, 앞으로 '일상적으로' 반복해서 경험하게 될 장기적인 경험이라는 것이다(최종렬, 2009a). 따라서 한국에서 다문화주의를 논하기 위해서는 무엇보다도 체계와 생활세계 모두에서 행위자들의 재영토화 실천을 통해 다문화적 변형이 어떻게 진행되는지 탐구해야 한다. 이러한 다문화적 변형을 가능하게 하는 재영토화 실천은, 월러스틴의 용어를 빌어 말하자면, 그 자체로 보편적 보편주의를 만들어가는 과정이라 할 수 있다. 복합연계성을 통해 제공되는 수많은 문화들을 다양한 방식으로 사용하여 문제적 상황을 해소해나가는 실천이기 때문이다.

체계

탈영토화된 공간으로서의 정치사회 다문화주의 정책의 입안과 실행을 둘러싸고 정부, 다문화 관련 NGO, 이주자 등이 서로 '공동의 실재'를 구성하기 위해 벌이는 재영토화 실천을 연구해야 한다. 핵심은 한국사회 일반, 즉 '일반화된 타자'로부터 인정을 추구하는 것인데, 구체적 정책에서는 이중시민권 문제로 집약된다. 이중시민권을 허용하는 다문화주의정책이 제정되고 실행될 수 있을 것인가, 실제로 실행된다면 이 과정에서 정부, 다문화 관련 NGO, 이주자가 서로 어떤 재영토화 실천을 어떻게 감행하는지 탐구해야 한다. 또한 대한민국이라는 '단일의 상상적 공동체'에서 '복수의 상상적 세계들'로 구성된 다문화국가로 전환되는 과정을 탐구해야 한다. 지구화가 동질적인 민족주의 신화, 국가통치권, 국민권에 어떻게 도전하고, 이러한 도전에 직면하여 정부, 다문화 관련 NGO, 이주자가 어떤 재영토화 실천을 어떻게 감행하는지 탐구할 필요가 있다.

탈영토화된 공간으로서의 시장사회 노동권과 재분배의 정치학, 보다 구체적으로는 현재의 고용허가제의 기본 원칙(국내 노동시장 보완의 원칙, 송출비리 및 외국인력 선정·도입 절차의 투명성 원칙, 외국인의 정주화 방지 원칙, 내외국인 간 균등대우의 원칙, 산업구조조정 저해방지의 원칙)을 둘러싸고 정부, 다문화 관련 NGO, 이주자가 어떤 재영토화 실천을 어떻게 감행하는지 탐구해야 한다. 동시에 국내의 대표적 산업공단 내 일터에서 내국인과 이주노동자들 사이의 일상의 대면적 상호작용에서 발생하는 문제적 상황과 이를 해결하기 위한 각 주체들의 재영토화 실천을 탐구할 필요가 있다.

생활세계

탈영토화된 공간으로서의 시민사회 시민사회의 가장 대표적인 제도인 학교와 미디어에 대한 탐구가 필요하다. 구체적으로는 학교 교과과정과 공적 미디어에서 소수민족집단을 어떻게 표상하고 있는지 담론분석을 수행할 필요가 있다. 또한 학교와 공적 미디어라는 탈영토화 공간에서 다수자와 소수자가 공동의 실재를 구성해 나가기 위해 실천하는 재영토화 전략을 탐구해야 한다. 이를 기반으로 하여, 문화적 권리와 표상의 정치학, 보다 구체적으로는 앞으로 학교 교과과정과 공적 미디어에서 소수민족집단에 대한 표상을 인정의 정치학에 기대어 어떻게 수행해야 할지 탐구해야 한다.

탈영토화된 친밀성의 영역

① 탈영토화된 공간으로서의 다문화가족

위기에 처한 한국의 가부장적 핵가족이 재구조화되는 한 유형으로서 다문화가족을 파악하고, 그 안에서 가족성원들 사이에서 이루어지는 사랑, 친밀성, 상호 애정과 관심의 실천을 탐구해야 한다. 다문화가족의 형성과 변화 과정을 추적하면서 각 단계별로 처하는 문제적 상황을 확인하고, 또 이를 해소하기 위해 가족성원들이 어떤 재영토화전략을 수행하는지 탐구한다.

② 탈영토화된 공간으로서의 소수민족집단

가족을 넘어선 '유의미한 타자'와 인정을 호혜적으로 주고받기 위해 이주민들이 스스로를 소수민족집단으로 형성하기 위해 감행하는 실천을 탐구한다. 보다 구체적으로는 이주민들이 어떤 경로로 '사회자본'을 확충해 나가고, 이를 통해 어떤 자원을 교환하며, 결국에는 지역의 하위문화집단으로 성장하게 되는지 탐구해야 한다.

탈영토화된 공간으로서의 공공장소 공공장소는 정의를 추구하는 장도 아니고, 자기실현을 이루는 장은 더더욱 아니다. 오히려 이방인들 사이에 서로의 성스러운 자아를 호혜적으로 존중하면서 공공질서를 만들어나가는 실천이 일어나는 장이다. 서로 생애사적으로는 이방인이지만 문화적으로는 '우리'인 한국인들 사이에 상호작용이 일어나던 공공장소의 질서가 생애사적 이방인과 문화적 이방인이 중첩된 이주민들이 대거 등장함으로써 어떻게 재구조화되는가를 탐구해야 한다. 또한 예의바른 무관심이라는 규범이 요구되는 공공장소에서 한국인과 이주자 사이의 대면적 상호작용에서는 어떤 방식으로 전략적으로 실천되고, 변형이 일어나는지 탐구할 필요가 있다.

참고문헌

박상섭, 2008, 『국가 · 주권』, 소화.

서덕희, 2010, 「한국 다문화 연구의 특징과 한계: 국제결혼이주여성, 그리고 그 자녀에 대한 질적 연구를 중심으로」, 『다문화사회연구』 3(2): 5–32.

셈프리니, 안드레아, 2010, 『다문화주의: 인문학을 통한 다문화주의의 비판적 해석』, 경진.

월러스틴, 임마누엘, 2008, 『유럽적 보편주의: 권력의 레토릭』, 김재오 옮김, 창비.

이선옥, 2007, 「한국에서의 이주노동운동과 다문화주의」, 오경석(엮음), 『한국사회에서의 다문화주의: 현실과 쟁점』, 한울. 82–107.

차용호, 2008, 「이민자 사회통합을 위한 정책방향」, 한국이민학회 후기학술대회 자료집.

최종렬, 2009a, 「탈영토화된 공간에서의 다문화주의: 문제적 상황과 의미화 실천」, 『사회이론』 35: 47–78.

최종렬, 2009b, 「탈영토화된 공간에서의 베트남 이주여성의 행위전략: 은혜와 홍로안의 사랑과 결혼 이야기」, 『한국사회학』 43(4): 107–146.

최종렬, 2010, "비교 관점에서 본 한국의 다문화주의정책", 『사회이론』 37: 229–268.

Anderson, Benedict, 1991, *Imagined Communities*, London: Verso.

Goffman, Erving, 1963, *Behavior in Public Paces: Notes on the Social Organization of Gatherings*, New York: The Free Press.

Goffman, Erving, 1971, *Relations in Public: Microstudies of the Public Order*, New York: Basic Books.

Tomlinson, John, 1999, *Globalization and Culture*, Chicago: The University of Chicago Press.

세 번째 강의

오리엔탈리즘에 대한 비판적 성찰

박홍규(영남대학교 교양학부 교수)

머리말

이 글을 쓰기 시작한 2010년 8월 18일의 『경향신문』은 〈'미국박사'만 있는 국책연구소〉라는 제목의 기사에서 그런 연구소가 계량화 중심의 미국사회과학의 영향을 받아 수출량이나 GNP의 증가 외에 노동이나 사회보장과 같은 문제에 대해서는 전혀 관심이 없다고 보도했다. 따라서 보수 정권은 물론 소위 '진보' 정권이라고 해도 그런 보수적인 연구소의 연구결과에 근거하는 한 경제발전 외에 사회발전에 대해서는 관심이 있을 수 없다. 그렇다고 해서 계량적 경제전망에 밝은 것도 아님은 10여 년 전의 IMF 사태를 그 어떤 국책연구소도 예상하지 못한 점에서 잘 알 수 있다. 그럼에도 불구하고 책임을 진 연구소는 하나도 없었다. 책임커녕 사과 한마디 한 연구소도 없었다. 이 점은 언론도, 대학도, 심지어 정부도 예외가 아니었다.

이런 현상은 국책연구소에 한정되지 않고 대학을 비롯한 모든 학문연구기관이나 언론 등 문화부문, 심지어 영화나 음악 등의 예술부문에도 적용되는 현상이다. 그런 점에서 현대한국문화는 미국문화의 아류라고 해도 과언이 아니다. 우리가 나아가야 할 모든 분야의 모델은 미국에서 나오고, 미국이 보는 세계, 심지어 미국이 보는 한국이 우리의 세계이자 한국이 된다. 미국에서 인정하는 한국만이 진정한 한국이 된다. 그래서 한국사나 한국어나 한국문화의 연구자들도 미국에 가고, 그 분야 극소수 미국인의 평가를 애타게 고대하는 경향이 있다.

그러니 한국은 미국의 축소판이다. 미국은 하나의 나라치고는 엄청나게 넓은 나라인 데 반해 한국은 엄청나게 좁은 나라다. 그런 미국에서 모든 국민이 자가용을 타는 것은 이해가 되기라도 하지만 한국의 경우에도 그렇다는 것은 이해하기 어렵다. 한국보다 인구밀도가 낮은 일본이나 유럽의 경우 자가용보다 대중교통이나 자전거 등의 훨씬 넓게 보급돼있다. 다른 생활양식도 마찬가지다. 미국에서 특유하게 발전한 것이 한국에서는 바로 그대로 먹힌다. 여기에 할리우드 영화나 TV가 결정적인 작용을 한다. 일본이나 유럽보다 훨씬 빨리, 할리우드와 같은 시기에 한국에서 동시 상영되는 그것들은 한국문화의 모범이 돼왔다.

위 기사는 그런 현상을 'CNN을 통해 아랍을 보는 형국'에 비교했다. CNN은 미국 언론 중에서도 보수적인 것이다. 미국의 사회과학이 모두 계량적인 것만 있는 것이 아니듯이 미국의 언론도 모두 보수적인 것만이 아니지만 그런 것들이 주류인 것은 분명하다. 미국에서 그런 현상이 벌어지고 있는 이유에 대해서는 여러 가지 설명이 필요하지만, 여기서는 그 점보다도 한국에서는 언제나 미국의 눈으로 세계를 바라본다고 하는 점을 인식하는 것이 더욱 중요하다. 과거에는 경제적으로 발전되지 못해 그럴 수밖에 없었다고 했으나 지금 수량적 경제력이 세계 10위권 전후라고 하는데도 주체적인 자기안목을 갖기커녕 도리어 더욱 더 미국에 의존하는 경향이 심화되고 있음을 보면 문제는 경제발전만이 아닌 듯하다.

심지어 우리의 진보적 사상이라고 하는 것도 엄밀히 따져보면 역시 미국적이거나 적어도 서양적인 것이 아닌지 모른다. 가령 최근 한국적 진보를 상징한 리영희는 미군 통역 장교와 『조선일보』 외신기자 출신으로 CNN 같은 미국의 보수

언론만이 아니라 여타의 미국 언론 매체를 통해 얻은 베트남전쟁이나 중국에 대한 뉴스를 통해 그 진보성을 형성했다. 리영희만이 아니라 한국의 진보라고 하는 인사들은 대부분 그 진보성을 미국에서 얻거나 미국에서의 지지 기반에 의해 형성했다. 아마도 그 대표적인 인물은 김대중 전 대통령이리라. 그는 1980년의 5·18 민주항쟁 등 정치적인 수난기마다 미국의 개입에 의한 정치탄압을 당했으나 역시 그러한 탄압으로부터의 탈출 역시 미국의 개입에 의한 미국에서의 망명생활로 가능했다. 그런 그가 권력을 잡았을 때 친미정책을 수행한 것은 당연했고, 그를 이은 노무현 대통령 역시 친미정책인 점에서는 마찬가지였다.

한편 일본에 대해서는 조금 다르다. 아직 친일 논의는 친미라는 논의와는 달리 여전히 문제되고 있으나 갈수록 옅어지고 있는 것이 사실이다. 특히 이명박 정권에 와서 그렇게 변했다. 그러나 친일은 친미와 조금도 다르지 않은 구조를 가졌다. 아니 친일에 의한 지난 35년(1910~1945) 또는 40년의 일제 식민지 경험은 그 후 한국의 식민지적 구조와 기본적으로 다르지 않다. 일본 근대화의 대부인 니토베 이나조는 "식민은 문명의 전파"라고 말했다. 이는 서양의 모든 지도자들, 아니 서양인들의 생각이었다. 친일세력은 이에 동조했고 지금 친미세력도 이에 동조하고 있다. 아니 일제강점기나 현대 한국에서나 대부분의 사람들이 동조하고 있다. 따라서 그 전의 한국 또는 한반도는 '미개 야만'이었다. 일본인 사학자는 조선의 역사가 정체적이고 민족성은 당파적이라고 했고, 서울의대의 전신인 경성의학전문학교의 교수는 조선인이 해부학상 야만에 가깝다고 했다. 일제 말에 조선의 지도자라는 자들은 대부분 일본의 전쟁에 젊은이를 내보내기 위한 선전수가 됐다. 지금 우리는 스스로를 그렇게 부르지는 않지만 얼마 전까지도 '엽전'이라고 자조했다. 그리고 지금도 마음속으로는 적어도 미국보다는 못하다고, 후진이라고 생각한다. 반면 일본에 대해서는 터무니없는 자부심을 갖는 사람들도 있다. 해방 후 한국을 직접 통치한 미국은 친일파를 중용했고 이승만 정권 역시 친일파를 중용했으며 친일 청산의 주장은 빨갱이로 몰렸다. 박정희 정권은 친일 정권 자체였다. 박정희 및 그 이후 보수정권을 이은 이명박 정권은 임시정부를 부정하고 친일 세력에 호의적이다. 지난 1백 년, 우리는 그야말로 너무나 정신없이 살아오지 않았나? 특히 지금 그렇지 않은가? 이제는 정신을 차려야 할 때가 아닌가?

오리엔탈리즘

위에서 말한 미국 또는 유럽 중심주의를 오리엔탈리즘이란 것으로 살펴볼 수 있다. 이 말을 직역하여 '동양주의', '동양중심주의', '동양지상주의', '동양최고주의'라고 이해하는 사람들이 있으나, 사실은 그 반대이다. 오리엔탈리즘이란 말은 '동양멸시주의'나 '동양차별주의'를 뜻하기 때문이다.

이는 보통 이즘(ism)이란 말이 어떤 정치적, 경제적, 사회적, 문화적 체계를 뜻하는 경우와는 다르다. 오히려 그 말은 '중독'이란 뜻처럼, 가령 알코올 중독을 alcoholism이라고 쓰듯이 부정적인 의미를 담는다. 물론 오리엔탈리즘이 동양중독이라는 뜻이라는 것이 아니라, 동양에 대한 차별과 멸시를 뜻하는 점에서 마찬가지로 부정적이라는 것이다.

이처럼 오리엔탈리즘이란 서양에서 동양을 멸시와 차별로 규정한 것을 말한다. 그 수단은 학문과 예술을 비롯한 각종 대중매체 전반이다. 따라서 주로 동양 관계 학문과 예술 등이겠으나, 그밖에도 서양문화 전반에서 오리엔탈리즘은 광범하게 나타난다.

그런 의미의 오리엔탈리즘에 의해 미국이 비서양=동양을 멸시하고 차별한 결과, 아프가니스탄과 이라크를 침략하고, 북한까지 들먹인다고 하면 국제정치를 모르는 무지이거나 과장이라고 비판될지 모른다. 두말할 필요도 없이 그 앞에 9·11사태가 있었고, 여전히 오리무중의 북핵 문제가 있다. 그러나 미국의 이슬람관에는 물론이고 한반도 관에도 오리엔탈리즘이 숨어 있는 것이 아닌가 하는 의심이 드는 것을 과장이나 기우라고 할 것인가?

종래 미국은 우리의 4·19를 '쓰레기통에서 핀 장미'라고 했거나, 언젠가 미 국무부장관이 우리 국민을 '들쥐'로 불렀다든가, 최근 미국 언론에서 수백만 창녀가 한국에 있다는 둥의 보도에서 보듯이 문제가 많았다. 또한 북한의 김정일을 이라크의 후세인과 동일시하거나, '북핵'이라는 것을 이라크의 정체불명 상상무기로 보는 이상으로 오리엔탈리즘적 관점이 아닌가 하는 의문이 든다는 것이다.

아직까지 정확하게 규명되지 못한 북핵 문제나 최근 우리의 핵 관련 실험문제는 과연 미국이 이라크의 정체불명 살상무기에 대해 주장한 것과 아무런 관련이 없는 것일까? 최근 미군의 일방적 감축 발표와 전시의 군사작전 지휘권 문제 또는 SOFA의 불평등관계는 저 '개항' 시의 불평등조약보다 얼마나 나아진 것일까?

이렇게 말하면, 역시 국제정치에 밝다는 사람들은 약소국이기 때문에 어쩔 수 없는 것이 아니냐, 그래서 우리도 강대국이 되어야 하는 것이 아니냐, 따라서 불필요한 변명이 아니냐 하고 말한다. 그러나 미국처럼 강대국이 될 수 있는 가능성을 갖는 나라는 이 세상 약 200개에 이르는 나라들 중에서 거의 없거나 적어도 지금은 아예 없다고 볼 수도 있다. 우리나라가 미국과 같은 강대국이 될 가능성이 없다고 하면 화를 낼 애국자가 있을지 모르나 인정해야 할 사실은 인정해야 하리라.

문제는 그런 현실 정치의 힘이 아니다. 오리엔탈리즘이란 역사적으로 서양이 비서양 세계를 침략하여 세계를 제패한 제국주의 시대에 비서양에 대한 침략과 지배를 합리화하기 위해 만들어낸 모든 정치적, 경제적, 사회적, 문화적 논의의 근본에 멸시와 차별에 있었음을 표상하는 말이다. 즉, 역사적 판단의 문제가 오리엔탈리즘을 제기하는 것이다.

에드워드 사이드는 1978년 『오리엔탈리즘』이란 책에서 주로 중동에 대한 서양인의 오리엔탈리즘을 다루었으나 내가 그 책을 번역했을 때에는 그런 것을 학문적으로 소개할 뜻은 없었다. 중동연구란 우리에게 너무나 빈약하고 사실 빈약할 수밖에 없다. 그 책이 번역되고 난 뒤에 우리나라에서 중동연구가 새로이 나타나지도 않았다. 물론 다른 나라에서는 달랐다. 사이드의 책을 둘러싸고 엄청난 논쟁이 벌어졌다. 나는 가끔 번역자로서 그런 것을 소개할 의무가 있다고도 생각했지만 한국에서는 누구도 관심을 갖지 않았다. 그렇다고 섭섭한 것도 없었다. 나는 그런 소재를 가지고 우리의 문제를 한번 생각해보고자 그 책을 번역했지 중동문제에는 처음부터 관심이 없었기 때문이다. 그러나 아주 예외적인 몇 경우를 제외하고 우리의 오리엔탈리즘 문제를 본격적으로 논의한 논저를 나는 아직도 보지 못했다.

나는 오리엔탈리즘과 관련하여 무엇보다도 영문학을 비롯한 외국 문학 연구에서 새로운 논의가 있기를 기대했다. 소위 Postcolonialism식의 논의 말이다. 몇 편의 관련 논문을 본 적은 있으나 여전히 우리의 외국문학은 철저히 사대주의이다. 특히 영문학에서 사이드식 문제의식은 철저히 무시 당하거나 멸시 당하고 있다. 그래도 영문학은 나은 편이다. 불문학이나 독문학 등의 경우 그런 논의는 전무하다고 해도 과언이 아니다. 특히 사이드가 영문학 이상으로 비판하는 불문학의 경우가 그렇다. 가령 무수한 번역 끝에 이제는 전집까지 쏟아져 나오는 카뮈의 경우가 대표적이다.

나는 우리가 고전이라고 하는 작품은 물론 현대 작품에도 오리엔탈리즘적 요소는 얼마든지 발견할 수 있다고 본다. 영문학이나 불문학의 작품 대부분에 해당되는 문제이기 때문이다. 그런데 그런 침략주의적, 식민지주의적 작품들이 버젓이 고전이니 명작으로 활개를 친다. 참으로 개탄할 일이다. 문학만이 아니라 다른 예술(특히 영화)은 물론 인문·사회과학 일반에도 이런 지적은 얼마든지 가능하다. 예컨대 마르크스나 베버로부터 최근의 헌팅턴에까지. 그러나 여전히 그런 문제 제기는 없다.

반면 '국제화'니 '세계화'니 하는 미명 하에 영어교육열, 외국 유학열, 해외 관광열, 외제 선호열 따위의 사대주의적, 식민지적 열병이 정말 뜨겁게 들끓더니 결국 IMF 사태를 맞았다. 그 '세계화'가 추구하던 외국인에 대한 시장개방도 IMF

때문에 강행되었다. 그래서 '제2의 국치'니, 새로운 '총독지배'니, '신탁통치'니 했다. 그러나 이제 그것은 모두 잊어지고 다시 옛날의 열병이 도지고 있다.

한편 21세기가 시작되면서 뉴욕에서 3천 명 넘게 죽은 대규모의 9·11 테러 사건이 발생했고, 그 이상의 희생자를 낳은 미국의 아프카니스탄에 대한 군사보복이 이어졌으며, 반테러라는 명분하에 이라크에 엄청난 군사공격을 퍼부었다. 21세기 벽두에 벌어진 이 엄청난 비극은 단순한 생명의 박탈이 아니라, 인간성의 박탈이었다.

그러나 그 이면에는 석유를 둘러싼 이권이나 팔레스타인 문제를 둘러싼 현실적 타산에 의해 미국을 비롯한 소위 선진국들이 군사적, 경제적으로 움직이고 있다는 점을 누구라도 부정할 수 없었다. 20세기 말에 끝난 냉전 이후 세계는 미소 양극체제에서 미국 일극 체제로 변했다. 그래서 소련과 충돌할 걱정이 없어진 미국은 군사적으로 행동하기가 더욱 자유로워졌다. 또한 군사비가 줄어지면서 미국은 경제적으로도 번영을 구가했다. 그 결과 미국의 이데올로기가 세계의 유일한 정의라는 믿음이 생겨났다. '세계화'도 IMF도 이라크전쟁도 그런 미국 이데올로기의 소산이다.

그러나 그 뿌리는 더욱 더 깊다. 바로 오리엔탈리즘이다. 사이드에 의하면 오리엔탈리즘은 '서양의 실체적인 문명·문화의 구성 부분을 형성하는 동양을 문화적 그리고 이데올로기적으로 하나의 모습을 갖는 언설로, 나아가 여러 제도, 학식, 형상, 신조 그리고 식민지 관료제와 식민지적 양식에 의해 지탱되는 것으로 표현되고 표상되는 문화적인 헤게모니의 체계'를 말한다. 무엇보다도 사이드의 논의는 서구에서의 침략적=신비주의적 동양학 논의에 대한 새로운 비판적 시각을 제공했고 그 후 스피박이나 바바 등을 통하여 제3세계 민중계층, 식민지 통치하 민족상의 조작성, 식민정책의 모순과 모호성을 지적하는 논의로 발전하고 있다. 그리고 그것은 반서구의 다양성, 반권위주의의 민주성, 반이성의 정신성을 토대로 한 새로운 세계문화체계의 수립을 위한 이정표로서 끊임없는 활력소가 되고 있다.

다문화주의

1960년대에 제국주의의 식민지 지배는 끝났다. '원시인'이나 '미개인'이라는 말은 사라졌다. 흔히 말하듯이, 세계는 좁아졌고 우리는 다른 나라나 민족에 대해 많이 알게 됐다. 그런데 우리는 흔히 미국을 비롯한 여러 나라와 우리나라가 다르다고 생각한다. 그런 책들도 많다. 그러나 그 대부분은 다른 문화에 대한 정확한 인식이라기보다도 주관적인 편견, 특히 타문화라는 타자 표상을 통해 '한국적인 우리'를 굳히는 역할을 한다. 『일본은 없다』 따위의 쓰레기는 차치하고, 문화인류학의 고전으로 우리나라에서도 일찍부터 읽힌 루스 베네딕트의 『국화와 칼』도 예외가 아니다. 이 책은 미국 백인 중산계급 주류문화의 시각에서 일본이라는 문화 차이를 인정하는데 이는 일본이라는 이문화 존재를 통해 그것과 다른 '미국적인 것'이 문화적 실체성을 갖춘 것인 양 구축한다. 이 책은 이문화 개념이 연구자 자신이 속한 인종적이고 문화적인 특수성이나 내적 계층화를 보지 않았고, 그 주류문화의 투명성이나 규범성을 보강해주는 것이었음을 단적으로 보여준다.

이러한 사고방식을 단적으로 보여주는 것이 다문화주의다. 다문화주의란 일원적이고 동화주의적인 사회의 존재방식에 대한 이의제기로서, 세계관과 사회정체성의 다원성 및 복수성을 인정할 뿐 아니라(정체성의 정치) 다양성이 인간 활동에 극히 소중한 것이라고 보고 긍정적인 가치를 인정하는 것이다(인정의 정치). 그런데 여기서 주의해야 할 점이 있다. 첫째, 여기서 문화란 다른 문화와 명확히 구분되며 자율적이고 일관성을 갖추고 있으며, 대체로 한 집단의 고유한 소유물로 본다는 것, 둘째, 다양성을 포섭하는 공간의 전제로서 일원적 공공권(가령 국민국가)과 그 공통문화를 전제하고, 그 속의 문화 복수성이나 상대적 가치를 인정하면서도, 그 공공권의 존재방식이나 공통문화 통합성의 옳고 그름은 따지지 않고 가치중립적인 것으로 본다는 것이다. 앞에서 본 『국화와 칼』의 경우처럼 말이다.

그러나 공공권이란 주로 지배계급이나 사회적 다수자의 가치관이나 문화적 특수성에 의해 규정되기 마련이다. 따라서 다문화주의가 참으로 존재하기 위해서는 기존 공간 자체의 구성, 즉 차이의 배열을 통해 지배문화의 규범성이나 소위 주류로 간주되는 사회구성원의 정통성이 어떻게 생겼고 유지되어 왔는지를 반드시 규명해야 한다. 문화란 계급, 인종, 종교, 민족, 성차, 섹슈얼리티 등의 다양한 차이를 주체화하는 권력이 교차하는 장이다. 그것이 누구에 의해 어떻게 구성됐는지, 누가 어떤 입장에서 어떤 이유로 사회구성원의 정통성이나 이문화를 승인하는지를 물어야 한다. 그러나 인류학은 지배문화의 공통성이나 사회주류를 이루는 구성원의 우위성을 당연한 것으로 전제한다. 그래서 주류문화에 속한 사람들이나 지배적 위치에 있는 사람들은, 배제와 선별작용으로 지탱되는 자기들의 기득권익에 대해 반성하지 않고, 타문화나 다른 양식에 대해 관용과 온정을 베푸는 것이 된다. 그 결과 인정을 요구하는 소수자나 사회적 약자는 계속 공정한 대우를 요구하기 마련이고, 이는 사회조화나 문화공생을 위협하는 불온분자로 취급되며 다시 배제되는 악순환을 초래하기 마련이다.

특히 법이 개인을 추상화하고 자유롭고 평등한 존재로 보는 '차이의 부인' 원칙이 적용되는 경우, 현실의 부자유와 불평등을 낳는 기존의 차별 구조 자체를 시정하려는 정책까지 부인하게 되는 결과를 빚는다. 가령 인종에 따른 차별을 시정하기 위한 적극적 차별시정조치가 자유와 평등의 원칙에 위반된다는 이유에서 거부되는 경우다. 또는 인종적 차별을 문화나 에스니시티의 차이로 바꾸어 문제의 본질을 은폐한다.

이러한 다문화주의의 비판적 검토는 모든 학문, 아니 정치를 포함한 사회현상의 일반적 문제라고 할 수 있다. 우리는 다문화주의가 초래할 수 있는 가치상대주의적 왜곡을 회피해야 하지만, 핵심은 다문화주의 자체가, 참된 다문화주의라고 하는 어떤 하나의 굳어진 문화를 말하는 것이 아니라, 다양한 문화의 가능성을 전제로 해야 한다는 점이다.

특히 문제되는 것은 '문화상대주의의 정치화'다. 가령, 전 싱가포르 수상 리콴유는 서구식 자유화와 민주화를 요구하는 서양의 인권외교에 대항해 자신의 권위주의 체제를 수호하려고 개인의 자유 대신 사회조화를 중시하는 '아시아적 가치'를 주장했다. 그러나 참된 문화상대주의는 문화변화를 부정하는 것이 아니다. 문화상대주의란 사람들이 자신의 힘으로 새로운 것을 배우고 판단을 바꾸며 자기문화를 바꾸어나갈 가능성을 강조하는 것이기 때문이다.

지금 세계와 한국은

9·11사태가 터진 지 9년이 지났다. 그 사이 이슬람에 대한 혐오증이 세계적으로 확산됐지만 2010년에는 미국을 비롯해 비이슬람 전 지역에서 더욱 강화됐다. 9·11사태 9주년 기념연설에서 오바마 미 대통령은 "우리의 적은 이슬람이 아닌 알카에다다."라고 했지만 알카에다와 이슬람을 동일시하는 반이슬람주의자들은 그를 비난했다. 이슬람 혐오증만이 아니라 독일과 프랑스를 비롯한 유럽에서는 집시에 대한 혐오증도 확산돼, 급기야 프랑스 정부는 집시를 추방하고 있다.

2010년 11월에 서울에서 5차 G20 정상회의가 열린다. 그 준비를 위해 4월, 출입국관리법이 개정돼 외국인의 지문날인과 얼굴사진 채집제도가 부활했고 9월에는 알몸투시기가 가동됐다. 5월, 정부는 이 회의의 안전한 개최를 위해 18만 명 가량의 '미등록 이주노동자', 노숙자, 노점상인 등을 집중 단속하기 시작했는데 그 과정에서 폭력 등 인권침해사례가 나타났다. 10월에 발효되는 'G20 경호안전특별법'은 G20 전후 2개월간 개최장소, 대표들의 숙소, 이동로 일대를 검문하고 출입통제 일체를 대통령 경호실장이 지휘하게 하고, 집회 및 시위를 금지할 수 있다. G20이 국제적으로 '약소국'을 배제한 것이듯, 국내의 그 준비행정도 '약자' 배제로 나타났다.

G20의 우두머리가 미국인 것은 누구나 안다. 과거 정권도 미국에 저자세였지

만 특히 이명박 정권은 저자세 일변도였다. 그 증거는 수도 없이 많지만 가장 최근의 사례로는 일본의 『문예춘추』 9월호에서 밝혀진 후텐마 기지 한국 이전 제의였다. 후텐마 기지는 일본 최남단 오키나와에 있는 미 해병대 기지로, 그 주민들에 의해 이전이 요구됐고 일본 정부도 그 이전을 약속했다.

G20은 한국인에게 자부심을 심어줄지는 모르지만 한국에 사는 많은 외국인과는 사실 무관하다. 그 다수가 범죄인 취급을 받고 규제받는 이상으로 그들은 학대받고 심지어 살해당하고도 있다. 가령 2010년 7월 8일, 베트남에서 시집 온 20세 여성이 47세 한국인 남편에게 살해당했다. 47세가 되도록 결혼을 못해 우울증에 걸린 남편은 정신질환을 앓아왔기에 베트남 정부에서는 법에 의해 결혼상대로 인정하지 않아야 했으나, 47세 아들을 결혼시키고자 정신질환을 숨긴 남편 어머니의 말만 들은 국제결혼 중개업들이 허위 서류를 제출한 탓이었다. 아들은 살인죄로 구속됐지만 정신질환자인 그에게 어떤 판결이 내려질지는 의문이다. 같은 해 1월 30일 대구에서, 캄보디아 출신으로 한국에 시집온 지 9개월 된 19세 임신 여성이 술자리에서 20세 이상 연상인 남편에게 욕설과 폭행을 당하다가 남편을 살해했다. 상습적인 폭력에 시달렸고 태아를 지키기 위한 정당방위였다는 점이 참작돼 4년형을 선고받았다.

이러한 사건은 어제오늘의 일이 아니다. 2007년 대구에서 베트남 여성이 집에서 탈출하려고 커튼으로 만든 밧줄을 타고 내려오다 추락사했다. 같은 해 천안에서는 베트남에서 시집온 지 두 달 된 여성이 남편에게 살해당했다. 2008년에는 경산에서 시집온 지 1주일 된 베트남 여성이 아파트 14층에서 떨어져 죽었는데 타살일 가능성이 높다.

2010년 5월 기준, 결혼이민자는 17만 9854명. 이 중 귀화하지 않고 외국인 신분을 유지하는 이가 12만 5800명. 여성이 87%다. 출신국별로는 중국, 베트남, 일본, 필리핀 순이다. 농어촌 지역 남자의 반이 외국 여자와 결혼하고 있다. 지금 우리 시골에는 이처럼 40이 넘도록 결혼을 못해 우울한 남자들로 가득하다. 그들은 한국 여성과 결혼하기 어려워 국제결혼 중개업들에게 돈을 주고 동남아의 가난한 여성들과 결혼을 한다. 그러나 그 결혼생활은 반드시 행복하지 못하다. 그동안 동남아 여성에 대한 학대와 소외 등 여러 문제가 드러났다가 이제는 살인극까지 빚어졌다. 이제 국제결혼이란 생명까지 담보해야 할 위험한 인신매매 같은 것이 됐다. 물론 예외도 있다. 아마도 위와 같은 사례는 서양인, 특히 백인과의 결혼에서는 보기 드문 사례이리라. 아니 백인과 결혼하는 한국인은 농촌의 늙은 청년이 아니라 도시의 젊고 똑똑한 남녀이리라.

이러한 결혼시장만이 아니라 노동시장에서도 계급적 양극화는 분명하다. 서양에서 온 백인(흑인이나 일본인 등도 소수 포함되지만) 노동자들은 대학을 비롯한 학교 등에서 소위 원어민 교사로 상당한 임금과 함께 인간적 대우를 받지만, 동남아를 비롯한 비서양에서 온 노동자들은 인간적 대우커녕 자신이 제공한 힘든 노동에 대한 최저한의 대우조차 받지 못하고 살고 있다.

그러나 이는 다문화주의라고 미화하고 찬양하는 것만으로 끝나지 않는다. 우선 대부분의 한국여성이 외면하여 결혼을 못하는 남성이 많아지고 있는 농촌현실이 문제다. 물론 여성들 탓은 아니다. 결혼만이 문제인 것도 아니다. 농촌 자체를 거부하는 사회문화풍토가 문제다.

오리엔탈리즘과 세계화

나는 제국주의는 물론 오리엔탈리즘에도 반대하지만, 산업화와 세계화라는 현실에 대해서는 거부할 수 없다고 본다. 따라서 원시 반문명으로의 회귀는 물론 반기업사회 내지 농업사회로의 환원도, 폐쇄적인 민족주의나 지역주의로의 길도 불가능하다고 본다. 도리어 세계사회, 세계공동체, 세계문화라는 차원에서 세계화를 긍정적으로 받아들여야 한다. 그러나 이는 그것을 구성하는 민족이나 민족문화의 독자성을 인정하고 그 지위의 자유와 평등을 충분히 보장하는 진정한 세계화여야 한다. 나아가 국가 내부의 모든 구성원에게 자유와 평등을 보장하는 것이어야 한다.

가령 FTA가 그런 참된 세계화에 기여하는 것이라면 이를 굳이 반대할 이유는 없다. 시장개방이 오로지 자본을 위한 것만이어서는 당연히 저항에 부딪힌다. 그러나 자본과 동시에 노동과 시민을 위한 것이라면 굳이 FTA에 반대할 이유는 없다. 문제는 우리 현실 사회의 그것이 구성원 모두의 자유와 평등을 보장하는 것이기 어렵다는 점이다. 2007년에 체결돼 그 해 한미 양국 의회에서 비준될 것 같았던 한미 FTA는 미비준 상태로 4년을 넘기고 있다. 그 비준을 위해 천안함 사태와 거래했다는 풍문도 있지만 사실이라고 믿고 싶지는 않다. 남북한 관계가 최근 들어 나빠지고 있지만 어떤 식으로든 남북한 경제는 긴밀해질 수밖에 없다. 결국 bridge country로서의 한반도의 세계화는 더욱 확대될 것이다.

그러나 세계화는 분명 미국화가 아니다. 세계경제를 주도하는 미국과의 관계는 돈독해야 하지만 그렇다고 이는 오리엔탈리즘적 틀 속에 있는 것이어서는 안 된다. 독립적 협조관계는 미국만이 아니라 모든 나라와의 관계에서도 마찬가지로 필요하다. 세계화는 폐쇄적인 민족주의(국수주의)를 거부하지만 개방적인 민족주의까지 포기하는 것일 수는 없다. 왜냐하면 강대국의 침략주의는 언제 어디에서나 항존하기 때문이다. 세계화를 미명으로 한 강대국의 권력 강화와 약소국의 권력 종속화를 회피하기 위해서는 끊임없는 경계가 필요하기 때문이다.

감성적 국수주의나 원시주의로는 포기나 자멸이나 파괴 외에 어떤 대안도 만들 수 없다. 나는 자유-자치-자연이라는 3자의 이념으로 대안을 제시한다. 제조업 중심의 획일적인 hard economy 시대가 끝나고 서비스 중심의 다양한 symbol economy 창조를 위한 전제로 개인의 자유는 필수적이고 모든 단위 사회가 자치를 하는 제도적 정비도 필수적이며 가장 근본적인 이념으로서의 자연이나 생태에 대한 존중은 인류의 생존에 가장 필수적인 조건이다. 우리가 목을 매고 있는 경제도 이제는 수출만으로는 불가능하다. 현재와 같은 미국 일변도의 물질문화만으로는 안 된다. 정치, 경제, 사회, 문화 전반에서 우리의 것이 모색돼야 한다. 더 이상 미국을 중심으로 한 서양문화의 모방이나 추종에 그쳐서는 안 된다.

우리는 지난 수천 년 중국문화권에 속했다. 최근 반세기 우리는 미국문화권에 속했다. 어느 경우에나 식민지적 상황을 면치 못했다. 이를 극복하기 위해서는 폐쇄적인 자기만족이 아니라, 미국과 중국이 세계경제를 제패하는 미래 세계에 그 둘의 다리 역할을 해야 한다. 샌드위치가 아니라 브리지가 돼야 한다. 그런 다리의 역할은 유럽의 경우 네덜란드에서도 볼 수 있다. 네덜란드의 힘은 자유–자치–자연의 존중에 근거한 새로운 주체적이고 진보적인 변화의 창조에 있다. 우리나라도 그런 방향으로 나아가야 한다. 이를 위해서는 지의 변혁, 지식체계의 르네상스가 필요하다. 이를 위해서는 무엇보다도 오리엔탈리즘의 틀 속에서 굳어진 서양숭배나 서양절대주의에서 벗어나야 한다. 따라서 서양의 지적 전통에 대한 철저한 비판이 필요하다. 그러한 비판 없이 창조는 불가능하다.

네 번째 강의

동서문명의 교류

– 신라까지 연장

주보돈(경북대학교 사학과 교수)

왜 하필 문명담론(文明談論)인가

20세기를 얼마 남겨 두지 않은 시점인 1990년 전후는 세계사적으로 볼 때 일대 전환기로 영원히 기록될 터이다. 단순히 세기적인 변환을 앞둔 시점이라는 의미를 뛰어넘어 반세기 이상 동안 서로 밀고 당기면서 유지되어 왔던 미국과 소련이라는 두 거대 강대국 중심의 冷戰體制가 마침내 붕괴되고 분단의 상징이라 할 동서독의 장벽이 무너졌기 때문이다. 산업화·근대화의 산물인 자본주의와 공산주의(사회주의)라는 두 괴물이 한때 서로 대립하고 갈등하면서 공존하는 상태가 마치 영원히 지속될 것처럼 보였던 냉전체제는 일단 공산진영의 몰락으로 의외로 쉽게 막을 내리고 말았다. 그로 말미암아 머지않아 후자 중심의 시대가 필연적으로 到來하리라 학수고대하던 수많은 사람들이 받았던 충격이란 실로 말로 표현할 수 없이 엄청난 것이었다.

그렇다면 한 축이 무너진 마당에 차후 세계는 과연 어떻게 될 것인가? 과연 우리는 어디로 나아가게 될 것인가? 장차 어떤 세계체제가 새로운 대안으로 출현할 것인가? 정말 일본계 미국인 프란시스 후쿠야마가 『역사의 종언』이란 저서에서 주장하였듯이 역사는 더 이상의 체제 진전이 없이 현재의 이른바 자유 민주주의체제(자본주의)를 정점으로 종막을 고하고 말 것인가? 헤아릴 수 없는 많은 질문들이 던져지는 가운데, 미래에 대한 불안과 우려를 갖고서 우리는 21세기를 맞아가고 있었다.

당시 대안으로 제기된 것 가운데 특히 우리의 관심을 가장 크게 끈 것은 앤서니 기든스란 사람이 정치적 입장에서 내놓은 '제3의 길'과 사무엘 헌팅턴이 나름의 문명사적 입장에서 제기한 文明衝突論이었다. 전자가 잠시 유행처럼 탐색되다가 문득 영향력이 급속히 약화되었다면, 후자는 그와는 다른 측면을 갖고 있어 21세기에도 여전히 논의의 대상으로 살아 꿈틀거리는 상태이다. 공존하는 서로 다른 문명은 숙명적으로 충돌하기 마련이며, 그 결과 서구문명(미국을 정점으로 한 자본주의이며 종교적으로는 기독교를 의미함)이 승리하리라는 안목에서 다가올 세계적 질서가 그렇게 되어야 한다고(어떻게 될 것이라기보다는 그렇게 되어야 할 당위로서) 예측한 것이었다. 양자 중 전자보다는 우리의 관심을 한결 끄는 것은 아무래도 후자 쪽일 수밖에 없겠다. 그 자체 앞으로 우리나라의 미래를 들여다보는 가늠자 역할을 할지도 모르기 때문이다.

과연 미래 문명의 향방을 어떻게 가늠하는 것이 바람직한가. 문명충돌론은 세계사의 흐름을 문명에 둔 관점으로서 서로의 뿌리가 다르고 성격을 달리하는 문명 사이에는 언제나 충돌이 뒤따를 수밖에 없다고 하는 극심한 갈등론적 접근이다. 그러나 인류 문명의 발전 과정을 잠시 더듬어 보았을 때 과연 충돌만이 유일하며 필연적인 길이었던가. 서로 아무런 대립 갈등을 겪지 않고도 交互하면서 영원히 共存할 수 있는 것이 아닌가? 그런 점에서 일단 문명충돌론에 대해서는 회의적일 수밖에 없다. 기실 문명충돌론은 西歐 중심의 패권주의적 시각과 희망을 바탕 깊숙이에 깔고 있는 주장일 따름이다. 과거 팍스 로마나, 팍스 브리타니카처럼 팍스 아메리카나의 도래를 열렬히 지향하고 희구하는 인식이라고나 할까.

여기서는 문명이란 마냥 대립하고 갈등하여 충돌만 일삼는 것이 아니라 기본적으로 공존하여 왔으며 또 그래야만 마땅하다는 입장에서 선 논의를 약간 진행해 보려고 한다. 여러 문명은 공존하고 同生하였음이 바로 인류가 걸어 온 주류적인 길이라 판단되기 때문이다. 그리고 서구 중심적 시각, 패권주의적 입장을 벗어나 현재 평화주의적 공존이 여전히 인류의 바람직한 미래이며 그것이 추구되어야 할 궁극적인 방향이다. 특히 최후의 분단국가인 우리의 장래와도 직결되는 문제이므로 크게 관심을 갖지 않을 수가 없는 대상이다. 최근 그런 시각과 입장에 선 대표적인 논의로는 정수일의 『문명담론과 문명교류』(살림, 2009)라는 저서를 손꼽을 수 있다. 문명론에 관심을 두고 있는 사람들에게는 적지 않게 참고가 되리라 여겨진다.

문명이란 무엇인가

우선 문명론을 이야기할 때에는 문명의 개념이 어떠한지가 문제로 된다. 문명의 개념을 云謂할 때에는 흔히 文化와 대비시켜 이해하는 방법이 유용한 접근인 것으로 받아들여지고 있다. 문명과 문화는 언뜻 매우 유사한 개념을 지닌 용어로서 그 까닭으로 널리 혼용되기도 하나 구체적으로 들여다보면 일정하게 차이를 내재하고 있음이 확실하다.

과거 대체로 자본주의 발달 과정에서 후진적이었다 할 독일어권에서는 문화란 용어를 애용한 반면, 상대적으로 선진이었던 영어권과 불어권에서는 주로 문명이란 용어를 사용하려고 하였다. 이는 문명과 문화란 용어가 처음에는 별로 차이가 나지 않는 비슷한 의미를 갖고 출발하였음을 보여준다. 그러다가 어느 시점부터 점차 양자를 구별해서 사용함이 대세였다. 그럴 때 문화란 개념 속에는 상호간의 차이를 인정한 바탕 위에 본래 공존을 지향하려는 의미가 강하게 포함되었다. 이는 문화가 서로 간의 차이는 인정하되 優劣을 가늠하고 그에 따라 차별하려는 용어가 아님을 뜻한다. 반면, 문명이란 개념 속에는 항상 未開와 野蠻이라는 상대되는 용어가 함께 사용되는 데서 드러나듯이 서로 간의 차별을 전제로 하여 優劣을 가리려는 의도가 바탕에 짙게 깔려 있는 듯한 생각이 든다. 말하자면, 문화란 용어를 사용할 때에는 서로 대등한 상태로 공존하며 상호 존중한다는 의미를 내재하고 있으나, 문명이란 용어의 밑바탕에는 서로 간을 구별 짓고 그를 바깥으로 드러내어 강제로 차별하고자 하는 의도가 깃들어 있다는 느낌이다.

문명(civilization)이란 대체로 인간의 육체적·정신적 노동을 통하여 창출된 결과물의 總體로서, 주로 人爲的인 것, 技術的인 것을 총괄하여 지칭하는 듯하다. 문명은 크게 물질문명과 정신문명으로 나누어서 이해하고 있기는 하나 대부분 후자보다 전자를 가리킴이 일반적이다. 문명은 특정한 집단만의 전유물이 아니라 共有性에 주요한 특징이 있다고 말한다. 따라서 대중성을 띠고서 무한대로 확장되며 다른 문명과 교류하고 접촉·모방·융합하면서 마침내 보편화되는 성질의 지니고 있다고 한다. 그런 과정에서 그 규모는 점차 커지고 또 광범위해지기 마련이다. 그런 전파와 수용(모방)의 과정을 거쳐 때로는 스스로 뿐만 아니라 다른 문명의 내용을 바꾸기도 하고 그 결과 새로운 문명을 창출하기도 한다. 또는 확산이 중도에 중단되어 갑작스레 소멸되기도 하는 것이다.

한편 문화는, 흔히 그를 연구하는 학자들 수만큼이나 개념이 다양하다는 비아냥거림을 받고 있는 데서 드러나듯이, 문명과 견주어 대단히 폭넓게 의미가 부여되는 용어이다. 물질문화란 표현이 간혹 사용되기도 하지만 주로 정신적인 면과 연관하여 사용함이 일반적이라 하겠다. 구체적으로 눈앞에 잘 포착되지 않고 따라서 잡기 어려운 대상이므로 개념이 다양하게 설정될 수밖에 없는 성질을 지니는 것이다. 문화는 원래 culture(경작한다, 사육한다)라는 단어를 동양식(일본식)으로 번역·번안한 데서 나온 용어이다. 경작한다, 사육한다, 일군다는 뜻에서 저절로 드러나듯이, 인간이 자연에 대해 대응의 결과로 생겨난 개별적 사항을 문화라 일컫기도 하고 그 개별을 총칭하여 나타내는 표현으로 사용되기도 한다. 말하자면, 넓게는 생활양식의 총체를 의미하는 것이다. 그래서 마침내 세련이나 교양과 연결되는 의미를 갖고 사용되기도 한다. 문명은 그와는 달리 civil(시민)에서 유래한 것이므로 밀집된 도시적 개념, 물질적인 현상적 측면을 지니고 있는 표현이라 하겠다.

여하튼 문화와 문명의 양자를 엄격하게 한마디로 구분 짓기 어려운 측면이 있지만 문화란 비교적 그 범위가 좁은 편이다. 따라서 여러 갈래의 문화를 집약하여 구체적으로 드러낸 것을 일단 문명이라 할 수가 있다. 어쩌면 문화가 개별적 성격을 지녔다고 한다면 문명은 포괄적이라 하여 구별해도 무방할지 모르겠다. 그래서 문명을 일각에서는 가장 광범위한 문화적 실체라 규정하기도 한다. 옷의 경우를 실례로 들어 보면 양자의 관계는 한결 더 분명해진다. 옷은 옷감이라는 재료에 의해 일단 완성된다. 그런데 옷감은 실이 씨줄과 날줄로 얽혀 하나의 구체적 실체로 이루어진 결과이다. 씨줄과 날줄을 이루는 실 자체나 혹은 그것의 결합으로 이루어진 옷감을 일단 文化라고 상정한다면 완성된 옷의 경우를 문명이라고 일컬을 수가 있다. 그런 측면에서 문화와 문명이란 결코 상하의 대립되는 位階關係가 아니며 총체와 개체의 관계, 복합과 개별의 관계라고 말할 수가 있을 터이다.

문명충돌론과 그 노림수

돌이켜보면 근대사회에 들어와 지금까지 다양한 문명론이 매우 활발하게 논의되었다. 그 가운데 가장 많이 논란의 대상으로 부각된 것은 進化論과 傳播論이다. 모든 문명은 생명체의 진화처럼 동일한 과정을 밟아 발전·변화한다는 생각이 진화론이라면 전파론은 그와는 달리 문명은 하나의 발상지에서 기원하며 점차 다른 곳으로 이동되어 감으로써 확산되고 영향을 미친다는 주장이다. 전자나 후자나 할 것 없이 기본적으로 단일한 데서 기원하는 것으로 본다는 의미에서 어떻든 서구중심적인 인식이 바탕에 짙게 깔려 있는 것은 분명하다. 문명충돌론이 바로 그런 인식의 연장선상에 있다는 점에서 기왕에 제기된 문명론과 별로 다름이 없어 보인다.

사무엘 헌팅턴이 제기한 문명충돌론은 한마디로 말하면, 탈냉전시대 아래에서는 그에 가려져 별로 부각되거나 부상되지 않고 있던 정치나 경제 外的인 가치라 할 역사, 언어, 종교와 같은 문명적 요소(이는 어쩌면 문명이라기보다는 문화적 정체성을 의미하는 듯하다)와 그 충돌이 앞으로 세계를 움직여 가는 핵심적이며 결정적인 변수가 된다는 인식이다. 특히 그 충돌이 숙명적이며 필연적이라는 데에 주장의 주요한 특징이 있다. 그런데 문제는 그 중심적 위치에다가 서구문명을 두고서 그것과 여타 그에 대항하는 문명의 필연적 대결과 충돌을 상정하려는 데에 있다. 현재의 시점에서 서구문명에 가장 위협적이며 치열하게 대항하는 문명으로 일단 이슬람문명을 설정한다. 그와 서구문명의 충돌은 불가피하며 마침내 후자가 승리한다는 것이다(정확하게는 그래야만 한다는 것이다). 21세에 들어와 발생한 9·11테러 이후 특히 그런 시각과 인식은 한층 더 노골적으로 광범위하게 확산되고 있는 실상이다. 미국이 직후 이슬람권을 대상으로 일으킨 전쟁에서 충돌론이 명분으로 적극 활용되었음은 물론이다.

문명충돌론은 그 첫 대상으로 설정한 이슬람권이 일단 약화된다면 그 다음 서구문명과 예상되는 충돌 대상을 中華文明으로 설정하고 있다. 최근 중화문명권의 급속한 경제성장과 그 무한 질주에 심각한 위협을 느껴 대비하려는 느낌이 짙게 든다. 장차 서구문명권과 대결할 대상 중심이 중국방면으로 옮겨지고 그와의 대립과 갈등을 조장하여 제압하지 않으면 안 된다는 당위성을 제공하려는 것이 문명충돌론 주장의 근저에 깔려 있는 궁극적 목표가 아닌가 싶다. 그에 성공하지 못한다면 그것이 곧 서구문명의 쇠퇴와 몰락으로 이어진다는 잠재적 위기의식을 갖고 있는 것이다.

여하튼 문명충돌론은 기본적으로 서구문명을 중심으로 동서문명의 차이를 지나치게 강조하고 나아가 그 우위적 입장에 서 있는 인식이다. 서로 다른 문명은 원칙적으로 공존이 불가능하다는 가정 아래 두 문명의 대립과 충돌이 숙명적이며 결과적으로 서구문명의 승리를 예측하는 입장이다. 이로 보면 한때 크게 논란된 적이 있는 오리엔탈리즘적 인식을 기본 바탕에 강하게 깔고 있음이 뚜렷하게 드러난다. 헌팅턴은 현존하는 세계의 유력한 문명을 6대 권역으로 나누어 설정하고 그 가운데 일단 서구문명에 대해 가장 공격적이며 위협적인 것을 이슬람과 중화(儒敎)라고 간주한다. 그런데 만약 중화를 중심으로 하여 이슬람뿐만 아니라 일본 나아가 여타 세력이 결합하면 서구 문명에게는 치명적이며 가장 두려운 존재가 될 것이라는 추측을 하고 있다. 따라서 서구세계는 그를 미리 알아차리고서 대비해야 한다는 메시지를 애써 전달하려고 시도한다. 그런 의미에서는 무조건 대립과 충돌만을 무조건 조장하는 것이 아닌 모순적 측면도 엿보인다. 충돌을 사전에 방지하는 방법을 나름대로 모색이기도 한 셈이다. 다만, 강한 서구 우월론과 그것이 승리하리라는 방향으로 세계체제 개편을 기도하고 있음은 전혀 의심할 여지가 없는 사실이다.

문명공존론(文明共存論)의 추구

세계사의 흐름을 더듬어 보면 서로 다른 문명 간에는 때때로 충돌이 있었음은 부정할 수 없는 사실이지만, 그렇다고 마냥 충돌로만 일관한 것은 아니었다. 어쩌면 충돌과 대결보다는 상호 교류하고 교섭하면서 相生하여 온 것이 차라리 일반적인 과정이었다고 진단된다. 따라서 미래의 흐름도 발설할 수 없는 특별히 내밀한 의도와 지향을 가진 것이 아니라면 지나치게 배타적·상극적으로 인식하는 것은 근본적으로 한계를 드러낸다.

문명은 반드시 충돌하리라는 숙명론으로 몰고 가려는 저 밑바탕에는 서구 중심의 뿌리 깊은 패권주의적 인식이 도사리고 있다고 비판 받을 수밖에 없는 것이다. 충돌은 마침내 승자와 패자, 상하를 확연하게 구별 짓게 되고 그것이 결국은 서구문명의 승리로 귀결되며 또 되어야 한다고 생각하는 우월의식의 산물이라는 데에 문제의 심각성이 있다. 여기서는 문명 간의 차이가 근본적이며 상호교류는 오히려 그 차이를 강화한다고 일방적으로 풀이해 버린다. 문화적 차이는 정치나 경제 이념보다 변화하기 어렵고 따라서 그렇기 때문에 서로의 충돌이 불가피하다는 것이다. 원래부터 이슬람문명은 好戰的이라고 생각하는 서구의 전통적인 인식에서 출발하고 있다. 그러나 실상은 중세에 서구세계가 여러 차례 치룬 十字軍 원정을 통하거나 그 이후의 전개 과정을 살피면 거꾸로 그들이 차라리 훨씬 호전적이었음이 증명된다. 이슬람문명을 호전적이라고 설정하기에 이른 것은 어디까지나 기독교문명권에서 그 확산을 막기 위한 대항논리로서 조작한 것으로서 바로 서구의 열등의식 소산물에 지나지 않는다. 기독교에서 파생한 이슬람에 대해서 서구는 강한 열등의식과 적대의식을 갖고서 줄곧 파괴해야 할 대상으로 삼아 왔던 것이다.

인류 문명이란 그 자체 외따로 떨어져서도 생존할 수 없거니와 서로 간에 교류하고 교섭하면서 비로소 제대로 된 보편적 문명으로 일구어진다. 그런 과정을 거쳐서 발전해 온 것이 바로 인간의 역사이다. 물론 문명의 확대·확산 과정에서 자연스레 서로 간 접촉할 수밖에 없고 그로 말미암아 때로는 충돌이 빚어지기도 하지만 대체로 그것은 일시적이며 한시적인 현상 정도로 그칠 따름이다. 특히 상호 대립·대결하는 경우는 정치적·군사적인 성격을 띨 때에만 국한된다. 그러므로 문명 간의 교섭 과정에서 충돌을 주류적이며 필연적이라 보는 것은 애초부터 잘못된 설정이라 하겠다. 현실적 이해관계란 관점에서 추구한 목적의식적인 설정에 불과하다.

문명은 본질적으로 인간과 자연, 인간과 인간의 상호작용에 의해 발생하고 발전·변용되어 가기 마련이다. 서로 다른 문명이란 본디 각기 다른 자연환경과 조건에서 비롯한 것이므로 그들 사이에는 저절로 조성된 차이가 존재함은 부정할 수 없는 명백한 사실이다. 그런 개별 문명도 외부로부터 가해지는 아무런 자극이 없는 상태로 고립되어 지속해서는 낙후되기 십상이며 마침내는 몰락에 이를 수 밖에 없게 된다. 다 아는 바처럼 역사 속에서는 숱한 문명이 明滅하였음은 그를 여실히 입증하여 주는 실례이다.

문명은 이미 언급한 것처럼 문화복합체를 뜻한다. 征服 등과 같은 전쟁이란 수단을 제외하고는 무역을 비롯한 교류 및 교환 행위가 인류 역사에서 가장 중요한 역할을 담당하여 왔다. 어떤 인간 집단도 자기들이 물려받은 문화나 기술 가운데 아주 작은 부분을 제외하고는 홀로 創造할 수 없는 법이다. 창조된 문명은 일차적으로 전파와 함께 상호 교류하면서 그 外延이 확대되고 내용도 한결 풍부해지기 마련이다. 문명의 교류란 곧 이질문명 상호간의 전파와 수용을 의미한다. 그를 통하여 서로 모방성을 띠어 비슷한 점이 많아진다. 그 결과 필히 자신의 변신을 도모하여 성장·발전하고 새로워지며 그래서 소멸되지 않고 존속되어 가는 것이다.

그런 문명 교류는 상상을 초월할 정도로 이른 시기부터 진행되었다. 그것은 이른바 실크로드란 단어로 표상되는 대표적인 동서 두 문명의 교류에서 잘 드러난다. 문명의 전파에는 직접 교섭에 의한 것과 간접 교섭에 의한 것이 있다. 그를 통하여 이질성을 극복하고 최소화하면서 보편문명을 창출해 가는 것이다.

최근 文明談論이 시대적인 화두로 크게 부각된 상태이다. 그러나 대부분 서구 문명 중심 혹은 우위론의 입장에 선 논의가 주류를 이룬다. 이제 그를 탈피하여 지구는 언제나 둥글다는 인식을 갖고 새로운 시각에서 접근해 볼 필요가 있다. 그에 대한 이해를 높이기 위하여 과거 역사 속에서 확인되는 동서 간 문명 교류의 실태를 잠시 살펴보기로 하겠다.

문명 교류의 실례 – 실크로드

그 목적이나 배경이 경제적이든 정치적·군사적인 데서 비롯된 것이든 간에 오로지 인간만이 지닌 탐구심과 모험심이 인류의 역사와 문명을 발전시켜 왔다.

생명체가 살기 어려운 조건과 환경 아래에 놓인 남극이나 북극, 사막과 밀림지대 등 미지의 세계에 대한 탐험으로부터 문명의 탐사와 관련되는 활동을 적극적으로 추구하여 온 결과, 지구상에서 사람의 발길이 닿지 않은 곳을 찾아보기 힘든 수준에 이르렀다. 그런 위험을 무릅쓰고 문명과 문명 간의 교류와 교섭에 기여한 사례로는 마르코 폴로, 이븐 바투타, 玄奘, 慧超 등과 같은 저명한 인물을 손꼽을 수 있겠다. 徐市(徐福)가 秦始皇의 명령을 받고 不老草를 구하러 해가 뜨는 방향으로 나아간 이야기도 그런 사례에 속한다.

그런 문명 간의 교류와 교섭을 매개로 다른 문명의 존재, 즉 나 아닌 타자(他者)를 접촉하고 인지하며 마침내 이해하게 되는 것이다. 때로는 직접 현장에 가보거나 만나보지도 않고 전혀 근거가 없는 부정확한 傳聞 정보에 전적으로 의존하여 선입견을 만들어 강하게 고수하려 하기도 한다. 그래서는 상대방에 대해 깊은 불신과 부정적인 시각을 갖기 일쑤이다. 그동안의 추이를 살피면 西歐의 非서구에 대한 관념에서 특히 그러한 측면을 뚜렷하게 엿볼 수 있다. 이를테면 서구중심적 인식인 오리엔탈리즘을 대표적인 사례로 들 수 있다. 그런 왜곡과 편향된 인식이 實見과 접촉을 통하여 교정되는 사례도 왕왕 찾아진다. 이를테면, 19세기 후반 세계의 奧地 탐험으로 유명한 영국의 여성 여행가 이사벨라 버드 비숍이 지은 『한국과 그 이웃나라들』에 묘사된 한국의 양상은 그와 같은 사례의 하나로 손꼽을 수 있을 것 같다. 흔히 서양과 비교하여 동양이 매우 후진적이라는 기본인식도 또한 그런 선입견의 발로이다. 그렇지만 실상은 오히려 그와는 전혀 반대임이 확인되고 있다.

이른바 동양의 4대 발명품이라 일컬어지는 나침반·화약·인쇄술·종이 등은 소위 여러 가지 경로를 통하여 오랜 시일이 걸려서 마침내 서구에까지 전해졌다. 그것이 서구문명의 발전에 크게 영향을 끼쳤음은 널리 인정되고 있는 사실이다. 예컨대 '地理上의 발견'으로 일컬어지는 15세기 말～16세기 초의 이른바 대항해시대의 출현은 이슬람권을 매개로 동양으로부터 전해진 나침반이나 항해술을 배경으로 이루어진 일이었다. 0을 비롯한 수학이나 空의 개념, 기하학이나 천문학, 지리학 등은 동양문명과의 교류에 의한 산물이었다. 서양의 科學史家들도 널리 인정하고 있듯이 동양의 과학 문명이 서구의 근대 과학 탄생에 보이지 않는 역할을 하였던 것이다.

그러나 서양은 동양에서 수입한 과학 문명을 발판으로 마침내 산업화·근대화에 성공하고 대외적으로 무한 팽창적인 제국주의체제를 성립시켰다. 그들은 축적된 내부의 힘을 바깥으로 분출하면서 오히려 동양사회를 식민화 혹은 半식민화시켜 지배하였다. 이는 정말 역사상의 아이러니라 하겠다. 그런 문명 교류의 배경이 작용하고 있음에도 불구하고 이제는 다시 서구 중심의 문명충돌론을 들고 나와 새로운 시대의 출현을 예견하고 있는 것이다. 이는 너무도 배은망덕의 전형적 사례가 아닌가 싶다.

오랜 상호 교류를 통한 문명 접촉 가운데 내용적으로나 성격상 대표적 실례로 들 수 있는 것이 동서 문명 교류의 상징이라 할 실크로드이다. 최근 문명교류사에서 그 중요성을 인지하게 되면서 그를 전문적으로 다루는 분야를 실크로드학(學)이라 부르기도 한다. 연구의 급진전으로 실크로드학은 단순히 어떤 특정지역을 대상으로 삼는 地域學 수준의 범주를 뛰어넘어 綜合學問으로 발전해 가는 도정에 있다고 여겨진다.

실크로드라는 이름 아래 동서문명의 교류사가 학술적으로 관심의 대상으로 크게 부각하게 되기 시작한 것은 19세기 후반의 일이다. 이 용어도 사실상 帝國主義的 유럽문명 중심주의의 산물로 탄생한 것이었다. 그 밑바탕에는 서구 중심의 팽창적 역사 인식이 깔려 있기 때문이다.

원래 실크로드란 용어는 독일의 유명한 지리학자 페르디난트 폰 리히트호펜(Ferdinand von Richthofen, 1833~1905)이 1869년에서 1872년 사이에 중국을 답사하고 난 뒤 5권으로 구성된 『중국』이라는 방문기, 여행기를 출간하면서 사용한 데에서 비롯된 것이다. 리히트호펜은 거기에서 중국으로부터 중앙아시아를 거쳐 서북 인도로 수출되는 주요 교역품이 비단이었다는 사실에 착목하여 처음에는 단지 중국에서 인도까지의 교역로를 독일어로 자이덴슈트라센(Seidenstrassen)이라 명명하였다. 이것이 그 뒤 영어로 실크로드(Silk Road)라 번역되었고, 우리는 이를 글자 그대로 받아들여 한동안 비단길이라 불렀다(번역상 너무 좁은 의미의 직역이어서 실상을 제대로 전달하지 못하고 있는 듯하다. 당시의 수준으로서는 물론 어쩔 수 없는 측면이 내재해 있기는 하다. 여하튼 그럼에도 불구하고 일반적으로는 아직껏 비단길이라는 용어가 널리 애용되고 있다). 이로써 실크로드란 명칭이 처음으로 역사 무대의 전면으로 등장하기에 이르렀다. 장차 동서 문명의 교류사가 관심의 대상으로 부상하리라는 신호탄이었던 셈이다.

그런데 문명교류사에 대한 연구가 진전되면서 정작 비단은 인도가 아니라 이미 오래 전부터 로마제국의 귀족들 사이에 대단히 크게 인기를 끌었던 품목임이 확인되었다. 그들의 비단에 대한 욕구는 대단하였다. 처음 비단을 접하고서 그것이 나무껍질이나 잎 자체에서 얻어진다고 생각하였다. 그들에게 비단이 산출되는 극동이란 미지의 이상세계였다. 귀족들의 수요가 폭발하여 비단이 高價로 팔리게 되자 그에 대한 욕망이 실크로드 무역을 추진하는 동력으로 작동하였다. 귀족들이 지나치게 사치스런 비단에 경도된 결과 그것이 곧 로마 멸망의 한 요인으로 이어졌다는 견해가 제기될 정도로 수요는 컸다. 비단의 가격은 워낙 비싸서 금과 같은 무게로 교환되기도 하였다. 로마에서는 마침내 비단 생산의 비결을 알아내기 위하여 줄기차게 노력을 기울였다. 그들은 비단 생산자와 直交易을 진행하기 위해 노력하였으나 중간의 무역중계국들이 그를 방해하여 비단 제작의 방법은 오래도록 비밀에 부쳐진 상태였다. 그래서 그들은 일시 육로 대신 해로를 통하여 접근하는 방법을 개척하기도 하였다. 2세기 무렵 인도를 경유하여 비단을 구입함으로써 소요 경비를 크게 절감시켜 가격의 하락을 가져와 직접 통교하는 데 일단의 성공을 거두기는 하였다. 그러자 다시 해로의 위험을 의도적으로 강조되어지면서 마침내 로마인의 해상 활동은 중단되고 말았다.

중국에서는 비단을 생산하는 비법이 외국으로 새어나가지 않도록 꾸준하게 노력하였다. 국경선을 통과할 때 뽕과 누에가 반출되는 것이 철저하게 차단하였다. 그러다가 마침내 로마는 6세기에 비단을 자체 생산할 수 있게 되었다. 선교를 목적으로 세린다국(호탄)에 체류하던 기독교 修士가 지팡이 속에 누에씨를 숨겨 갖고 온 덕분이었다. 당시 중국은 호탄에서 산출되는 玉을 매우 좋아하여 비단과의 교환을 활발하게 추진하고 있었다. 호탄을 중간 다리로 하여 비단을 제작하는 방법이 결국 로마에 전해지게 되었다. 라틴어로 비단을 뜻하는 세라스라는 단어는 명주실인 絲에 기원을 둔 것이라 한다.

로마가 적극적으로 관심을 보이면서 실크로드의 대상과 범위는 크게 확장·확대되어 갔다. 사실 비단이 동서 교역품의 주종을 이룬 것은 기원 전후한 일정 시기의 로마제국이 건재한 비교적 짧은 기간에 지나지 않았다. 이 기간조차 서양이 동양과의 교역에서 차지한 주요 물품은 비단이 아니라 차라리 후추를 비롯한 香料가 중심이었다는 견해도 제기되어 있다. 그런 측면에서 실크를 오랜 기간 동서교역의 대표적인 물품으로 설정한 데에는 적절하지 못한 측면이 엿보이기는 하다. 그러나 초기의 교역상 비단이 차지하는 비중과 상징성으로 미루어 실크로드란 용어가 비록 너무 확대된 느낌이 들기는 하지만, 분명하게 개념 규정만 제대로 한다면 그대로 사용하여도 무방하리라 여겨진다.

이처럼 실크로드란 용어는 처음 창안되었을 때의 좁은 의미와는 다르게 그 외연이 점차 확대되어 갔다. 이제는 인류 문명의 교류가 진행된 통로를 일컫는 말로 일반화되어 사용되기까지 한다. 실질적인 연구를 통하여 전개된 교류의 전모가 차츰 드러나면서 내포된 내용도 저절로 크게 증대되어 갔다. 출발점은 중국으로부터 시리아, 이스탄불은 물론이고 로마까지로 동서의 길이가 한층 길어졌다. 이는 탐험가의 꾸준한 활동과 함께 고고학의 발달이 가져다준 성과였다(종국에는 한반도와 일본열도까지 연장됨). 실크로드의 개념이 확대·확장되면서 그 연장선상에서 마침내 종합적인 지역학, 문명 교류학으로서의 이른바 실크로드학이 탄생하기에 이른 것이다.

실크로드는 동서문화가 교류하면서 자연스럽게 만들어진 大動脈을 일컫는 표현이다. 이는 그 이전까지 접촉이 없어 서로 잘 알지 못하고 또 전혀 다른 세계였던 동서 문명 각각을 기준으로 외연을 확장시키는 결과를 가져 왔다. 실크로드의 線上에서 곧 기독교·이슬람교·불교·조로아스터교 등 세계종교가 탄생하고 다시 그 길을 통과하는 상인들을 따라 이쪽저쪽으로 전파되었다. 이는 실크로드란 용어가 단순히 교역로의 의미를 넘어 어떠한 상태에 이르렀는가를 여실히 보여 준다. 20세기 초 중국 신석기 초기 단계의 소위 彩陶文化를 서구의 영향으로 보려는 견해가 제기되었지만 그것이 사실이라면 이는 실크로드를 통한 문명 교류의 역사가 이미 알려진 것보다 한층 더 올라갈 수 있음을 뜻한다. 사막의 길을 따라 만들어진 실크로드가 기록상 구체적인 모습을 드러내는 것은 기원전 2세기 무렵부터의 일이지만 그 북쪽 초원의 길을 고려하면 그 기원은 적어도 기원전 8세기 스키타이가 활동하던 시기까지로 소급된다.

한편 기록상으로 실크로드가 구체적인 모습으로 등장하기 시작한 것은 페르시아인이 파미르고원 일대로 진출한 사실에서 찾을 수 있다. 중국에서는 前漢의 武帝대에 흉노를 제압할 목적으로 반대편 지역의 월지(月氏)라는 파트너를 찾아 전략적 동맹을 맺기 위하여 파견한 張騫에 의해 서역으로 나아가는 교통로가 처음으로 개척되었다. 이후 18세기에 이르기까지 동서 문명 간 교류의 역사는 중단 없이 지속되었다.

실크로드에 대한 연구가 꾸준히 진척되면서 그 길이 오직 사막을 통하는 길(오아시스의 길) 하나만이 아니라 북방의 초원을 통하는 길, 바닷길을 통하는 길 등 세 갈래가 있었음이 드러났다. 사막의 길은 대체로 長安에서 시리아, 나아가 로마까지 이르는 길로서 이것이 사실상 실크로드의 대명사로 기능하였다. 타림분지(타클라마칸사막)를 중심으로 南道와 北道로 나뉜다. 이들 天山山脈의 남로 외에 북쪽에는 다시 天山北路가 있다. 둘째는 草原의 길(Steppe Road, 북위 4~50

도)로서, 북방 유라시아 대륙의 초원지대를 거치는 길이다. 이른 시기에 스키타이·흉노 등 기마유목집단이 동서를 내왕하면서 만들어낸 통로이다. 유목집단이 발명한 금속기 문명이 동서로 전래된 길이었다. 셋째는 지중해로부터 중국의 동남해안에 이르는 바다의 길(Sea Road)로서, 앞서 언급하였듯이 로마인들이 비단이나 향로에 대한 욕구로, 사막의 길이 가로 막히자 개발되기 시작한 길이다. 뒷날 아랍 상인들이 그를 본격적으로 열기에 이르렀다. 이들 세 길은 각각의 시대가 갖는 특수한 사정에 의해 개척되었으므로 교류의 실제 내용으로도 크게 차이가 났다. 그리고 각각의 내부에 다시 支線도 생겨나고, 동서뿐만 아니라 남북으로 잇는 선도 생겨나 종횡으로 연결되었다. 생각 밖으로 그 길은 복잡하게 얽히고설키는 양상을 보였으며 그에 따라 내용과 성격에서도 뚜렷하게 차이가 났다.

요컨대 문명은 오로지 대립과 갈등만이 존재한 것이 아니라 교류를 통하여 각 문명은 성장하고 발전하여 때로는 변신을 거듭하는 성질의 것이다. 지난날의 세계사는 그런 과정을 밟아 전개되어 왔다. 실크로드의 역사는 그를 웅변하여 주는 사실이다. 실크로드를 매개로 한 문명교류사 연구가 차츰 진전되면서 한반도의 신라는 물론이고 일본열도도 확실히 그 범주에 드는 것으로 판명되고 있는 상황이다. 이는 신라시대에 서역의 문화만이 아니라 로마의 물품이 출토되는 데서 뚜렷하게 입증되는 사실이다. 문명의 교류 정도와 그 범위는 우리의 일반적 상상을 훨씬 초월할 정도로 활발하게 이루어졌다고 하겠다.

한국사 속의 외래문명 – 신라(新羅)를 중심으로

고대의 실크로드가 이제 한반도까지 연장된다는 사실은 의심할 여지가 없게 되었다. 그것을 증명하여 주는 물적 증거는 신라의 왕도인 경주와 그 주변에서 헤아릴 수 없을 정도로 많이 출토된 유물들이다. 이들은 신라의 교류 범위가 어느 정도에까지 미쳤는가의 대강을 짐작케 한다.

5세기에 조성된 것으로 추정되는 경주의 鷄林路 14호에서 출토된 裝飾寶劍(短劍)의 손잡이를 비롯하여 목걸이의 象嵌玉에 보이는 인물상은 서역계임이 확실하다(흔히 주장되듯이 西域系가 아니라 인도네시아계로 보는 입장도 최근 제기된 상태이다). 金鈴塚에서 출토된 騎馬人物型土器(국보 91호)를 비롯하여, 뿔 모양의 잔(角盃), 손잡이가 달린 컵, 出(山)字形金冠(金銅冠)은 물론이고 특히 지금까지 경주의 5, 6세기 적석목곽분에서 30여 개나 출토된 바 있는 소위 로만그라스(로마계, 페르시아계로 보는 설 등으로 크게 나누어져 있다. 일부 유리 제품의 경우 이미 당시 신라 자체에서 제작된 것으로 보는 견해도 제기되었다)는 이미 당시 신라의 교류와 교역 범위를 생각하는 데 크게 참고가 된다.

경주박물관의 뜰 구석에 배치되어 있는 용도 불명의 立樹雙鳥文石造遺物(하나의 나무를 중간에 두고 양쪽에 공작새가 마주하는 모습인데 이는 페르시아계의 무늬라 추정되고 있다)이나 신라 말기에 존재한 것으로 알려진 사자춤이나 금칠한 공을 공중에 던져 받는 金丸, 8세기 말의 元聖王陵일 것으로 추정되는 掛陵이나 9세기 전반에 조영된 興德王陵에 서 있는 수염 더부룩한 용모의 무인석상, 경주 용강동의 土俑(笏을 잡고 있으며 紫色으로 고위 신분 관료였음을 시사하는데, 7세기 말 8세기 초에 제작되었으리라 추정된다), 경주 황성동의 7세기 석실분에 출토된 토용 중에 보이는 고깔모자를 쓴 서역계로 추정되는 인물(구체적으로 상업 활동에 능숙한 것으로 알려진 소그드인이라 보는 견해도 있다)의 존재는 서역을 비롯한 중앙아시아, 로마 심지어는 남방계통에서 연원한 외래계 문화가 신라문화 속으로 깊숙이 스며들어 있었음을 보여 주는 사례이다. 그들이 구체적인 인물상으로 나타난 사실로 미루어 8~9세기에는 이미 西域人을 비롯한 외국인이 신라의 武官 혹은 文官 등의 관료로서 적지 않게 활동하고 있었음을 시사 받을 수 있다. 역으로, 이들을 통하여 신라라는 나라의 존재가 전 세계에 알려진 상태였음을 유추할 수가 있다. 5세기 고구려의 수산리 벽화고분에는 곡예나 마술하는 장면이 묘사되어 있는데 이는 원래 이집트에서 발생하였다고 하므로 오랜 기간 東傳의 과정을 거쳐 마침내 신라문화와의 접촉도 이루어졌으리라 짐작된다. 중국의 경우에도 장건에 의해 실크로드가 개척된 이후 서역 계통의 곡예사들이 그 길을 따라 들어와서 공이나 칼 및 장대를 이용하여 연주하였는데 長安에서 폭발적인 인기를 얻었다고 한다. 신라에 전래된 것 가운데 일부는 그처럼 중국을 매개로 한 것들도 있겠으나 아라비아 상인 등과의 직접적인 교류를 통한 것도 적지 않았으리라 추정된다.

한편 생활상에서도 적지 않게 서역 계통의 영향이 보인다. 포도, 호두, 호떡, 호산(마늘), 호파(참깨), 호과(오이) 등은 모두 명칭상으로 미루어서 그 방면에서 전래된 것들로 보인다. 페르시아의 조로아스터교(拜火教)는 불교와 접합하여 불상 光背의 타오르는 불꽃에 직접적인 영향을 미쳤다. 불교미술에 흔히 보이는 연꽃무늬는 이집트에서 처음 출현하였다고 하며 알렉산더의 동방 원정과 함께 인도까지 전래되어 간다라 미술이 탄생하고 드디어는 불교문화와 결합한 결과라 한다.

1965년 불국사 경내에서 돌로 만들어진 십자가가 출토된 적이 있다. 경주에서 출토되었다는 아기를 안은 성모소상과 철제의 십자문 장식 등도 비슷한 모습이다. 영주 평은면 강동 2리의 王留洞 소재의 分處바위에는 암각화가 새겨져 있는데 手印이 흔히 접하는 불교의 그것과는 전혀 다르며, 특히 가슴에 십자가가 그려져 있어 주목된 적이 있다. 이들이 만약 기독교와 연결된다면 아마도 이른 시기 景教의 유입을 증명해 주는 증거가 될 듯 싶기도 하다. 중국에서는 唐의 太宗代에 처음 기독교의 갈래인 景教(네스토리우스파)가 들어온 이후 9세기에 소멸하기에 이를 때까지 한때 신도 수가 몇만 명에 달할 정도로 유행한 적이 있다고 한다. 어쩌면 신라에 보이는 양상들은 모두 그와 연관된 것인지도 모른다.

10세기 이후에 쓰인 아랍계통의 여러 저술들에 신라 관련 기사가 적지 않게 등장하는데, 거기에 따르면 아랍의 무슬림들은 신라를 세상에서 단 두 곳밖에 없는 理想鄕으로 묘사되어 있다. 아마도 이 기록들은 아랍상인들이 바다의 실크로드를 따라 중국까지 왔다가 신라 사람들과 접촉하여 傳聞하거나 때로는 직접 신라에까지 와서 見聞한 사실들을 토대로 작성한 것들로 보인다. 동해 용왕의 아들로 등장하는 處容 이야기가 곧 아라비아 계통의 상인이 신라 경주에까지 들어오는 모습을 상징적으로 나타낸 것이라는 해석도 그런 점에서 별로 허황되지 않고 제법 그럴 법한 소리로 들린다. 이들은 신라문화가 기존에 알려진 것처럼 폐쇄적·소극적·보수적이지 않고 대단히 진취적·개방적이었으며 국제성조차 띠고 있었음을 웅변하여 준다. 일부에서는 로마문화의 영향이 강하게 나타나므로 신라의 지배집단의 유래를 그와 연결시키려는 견해도 있다. 혹은 북방계적 요소가 강하여 흉노와 연결시키려는 견해가 제기되기도 하였다. 이 실제는 여하튼 신라문화가 그리 단순하지가 않고 복합적이라는 사실을 의미하는 것으로 풀이된다. 신라는 대단히 폭넓고 복합적인 문명 교류를 토대로 마침내 천년왕조를 꾸릴 수가 있었던 것이다.

나오면서

지난날을 되돌아보면 그 원인이야 어떻든 우리는 오래도록 외래 문명의 질곡 속에 빠져 허우적거린 적이 있다. 그로 말미암아 세계사를 주체적·자주적 입장에서 제대로 바르게 보는 안목을 가질 수가 없었다. 그들로부터의 영향이 너무도 절대적이었기 때문이다. 강대국의 논리에 대한 대응 기제로서 겨우 제시된 것이 민족 중심의 인식이거나 혹은 명분상 그 이름에 뿌리를 둔 극단적으로 왜곡된 형태의 國粹主義的 시각이었다. 바야흐로 그런 망상과 망령으로부터 벗어나야 할 때를 맞고 있다.

어떻든, 우리는 물론이고 세계가 변화하고 있다. 알다시피, 우리 사회는 국제무대에 일원으로서 당당하게 자리 잡았으며 내부적으로는 다문화가정이 급속히 증가하는 시대적 추세에 놓여 있다. 그런 상태에서 과거 오래도록 정치상황에서 비롯되어 엄청난 힘을 가졌던 단일민족적 논리는 주장할 수 없게 되었다. 이는 우리 스스로가 근본에서 탈바꿈하여 새로운 시대상·세계상을 구축해 나가야 함을 뜻하는 사실이다. 입으로는 국제화니 세계화니 외쳐대고 있지만 그것이 갖는 의미를 알고 있는 이는 드문 실정이다.

이미 언급하였듯이, 변화하는 세계상에 대응하기 위하여 제시되고 미국 중심으로 긍정적으로 받아들여지고 있는 하나의 대안이 문명충돌론이다. 우리의 입장에서 그것이 결코 수용될 수 없음은 자명한 일이다. 그 자체는 어디까지나 강대국, 거대문명 중심의 논리이기 때문이다. 우리는 그에 대한 대응책으로서, 일단 문명공존론이 가장 적절하다고 판단한다. 이 글은 잠시 그런 측면을 대한 이해도를 높이기 위하여 작성된 것이다. 앞으로도 쉼 없이 우리의 현실상과 세계사적 흐름에 어울리는 성숙된 文明論이 제대로 설정되고 본격적으로 논의되어야 할 필요가 있다. 그럴 때 진정 모든 국가와 민족이 영원히 평화적으로 共存同生하는 방향이 기본적으로 모색되어야 마땅하다.

다섯 번째 강의

사서(四書)와 오경(五經)

이세동(경북대학교 중어중문학과 교수)

자화상 살펴보기

한때 이 땅의 교양인들이 사서(四書)와 삼경(三經)을 모두 외우고 산 시절이 있었다. 여력이 있으면 나머지 이경(二經)도 마저 외워 입을 열면 사서오경이 줄줄이 쏟아져 나오곤 하였다. 이 시절이 그리 먼 시절도 아니다. 불과 한 세기 전, 우리 할아버지의 할아버지 시절만 하여도 이런 교양인들이 곳곳에 널려 있었다.

왜 그랬을까? 교양인들이 쌓은 교양을 가지고 경륜을 펼칠 수 있는 유일한 통로는 과거 급제였고, 그 과거의 문제는 사서오경에서 출제되었다. 그러므로 사서오경을 달달 외워야 과거에 급제하여 출세할 수 있었다. 그러나 이것만이 이유는 아니다. 과거를 위해 경서(經書)를 읽되, 그 경서에는 사람이 사람답게 사는 길이 있다고 믿었다. 사람이 사람답게 살기 위해 경서를 읽고, 그 경서에 통달하여 과거에 급제하여 세상을 다스리면 나와 남이 모두 사람답게 살게 된다고 믿었다. 그러나 이제 사람을 사람답게 만드는 책, 사서오경은 그 이름조차 생경한 골동품이 되어버렸다. 시대는 순식간에 바뀌었고, 사서오경에 기반을 둔 유학적 가치도 퇴색해 버렸다.

그러나 지금도 고전과 교양도서를 말하는 자리에는 어김없이 경서의 목록이 올라오기 마련이다. 품고 있자니 부담스럽고, 버리자니 죄송한, 아버지의 유물. 그래서 목록에는 올리되 읽기는 싫은 책이 되었다. 불과 한 세기 전의 아버지의 그림자는 이렇게 불편한 계륵(鷄肋)이 되어버린 것이다. 1910년 경술국치, 그 망국의 시기에 사서오경에 기반한 유학은 일정부분 망국의 책임을 져야 했다. 비판의 대상이 된 것이다. 1945년 해방의 공간에 서구의 이념들이 문명의 힘을 등에 업고 물밀듯이 들어와 유학적 가치를 축출하였다. 책임을 지고 축출된 유학, 아버지의 그림자만 남은 21세기에 다시 그 유학의 교과서 사서오경을 이야기하는 것은 무슨 까닭인가?

아버지의 그림자는 나의 자화상이다. 한 시절, 온 나라 사람들이 사서오경을 읽고 그 책들을 외우고 책처럼 살아보려 했던 적이 있었다. 실체를 알 수 없지만 조화롭기 그지없는 자연의 질서를 하늘이라 여기며 그 하늘을 경외하고 그 하늘의 질서와 나의 질서를 하나 되게 하는 경건한 삶을 살고자 하였던 시대가 있었다. 그 시대가 있었기에 현재가 있고 그 시대를 살던 사람들이 있었기에 오늘의 우리가 있다. 그러므로 아직도 우리에게는 그들의 피가 흐르고 있고, 그 피의 속성에 따라 가끔씩은 우리도 그렇게 살아가는 삶을 그리워해 보기도 한다.

그래서 우리는 사서도 읽고 오경도 읽어야 한다. 그 책들에는, 나의 고결한 인품과 덕스런 실천이 남을 감동시키기만 하면 모두가 잘 사는 세상이 되는 줄 알았던 아버지와 할아버지들의 삶이 녹아있기 때문이다. 아직도 우리에게는 그들의 그림자가 남아 있고, 때로는 왜 그렇게 행동하는지 모른 채 그 그림자가 시키는 대로 행동하며 살기 때문이다. 사서와 오경을 읽어보면 내가 왜 이렇게 행동하게 되는지 알게 된다. '아! 이 책들을 읽으며 살았던 할아버지의 피가 나에게 흐르고 있기 때문에 내가 이렇게 행동하고 있구나.' 하고 감탄하게 된다. 그러므로 사서오경을 읽는 일은 나의 자화상을 찬찬이 살피는 일이다.

이 책들을 읽어야 하는 또 다른 이유가 있다. 이 책들이 21세기에도 여전히 유용한 책이기 때문이다. 이 책의 간곡한 권유가 이 시대에 모두 유용한 것은 아니다. 그러나 읽다 보면 아직도 우리의 가슴을 흔드는 감동이 더러더러 있다. 왜 유용한지, 어떤 대목이 가슴을 흔드는지는 읽어보면 안다.

사서삼경과 사서오경

우리나라에서는 늘 사서삼경을 이야기해 왔지만, 정작 이 책들의 원산지인 중국에는 사서삼경이라는 말을 쓰지 않았다. 그들은 늘 사서오경이라고 하였다. 우리나라도 고려의 문헌들에 사서삼경이라는 용어가 보이지 않는 것을 보면 아마 조선 초부터 이 용어를 사용하였을 것이다. 이는 과거제도와 관련이 있다. 과거는 교양인이 관리가 될 수 있는 유일한 길이다. 과거의 꽃은 문과(文科)였고, 문과도 초시(初試)와 복시(覆試), 전시(殿試)의 3단계가 있었는데, 가장 중요한 시험은 초시 합격자를 중앙에 모아 치게 한 복시였다. 조선 초에 정비된 『경국대전』에 의하면, 이 문과복시의 초장에서는 사서삼경을 외우도록 하고 중장과 종장은 제술, 즉 작문하도록 하였다. 다만 초장에서 응시자가 삼경 이외에 이경을 외우기를 원할 경우에는 들어주도록 하였다. 삼경은 필수였고 나머지 이경은 선택이었던 것이다. 인재를 선발하는 과거의 가장 중요한 시험인 문과의 국정과목이 사서삼경이었으니, 조선에서는 늘 사서삼경을 말하고 통칭하여 칠서(七書)라고도 하였다. 그러므로 우리나라의 제도사적 측면에서 사서삼경은 의미 있는 용어일 수 있으나, 동아시아의 학술사적 측면에서는 사서오경이라고 함이 옳다.

대체로 사서는 가슴으로 맞이할 책이고 오경은 머리로 읽을 책이라고 하고 싶다. 사서가 감동을 통해 세계관을 심어준다면, 오경은 앎의 폭을 넓혀 주기 때문이다. 우리의 선조들은 사서를 통해 유학적 세계관을 마련한 뒤, 오경을 읽어 소양을 심화하였던 것이다. 그러므로 '제대로' 사서의 문으로 들어가서 오경의 문으로 나오면 선비 한 사람이 만들어진다. 어떤 마음으로 어떻게 사는 것이 선비의 길인가를 제대로 알고 깊은 학식으로 세상을 경륜할 수 있게 되는 것이다. 이 땅의 선비들은 그렇게 살았다. 그렇게 살지 못하더라도 그렇게 살려고 노력했고, 노력도 하지 않았다면 흉내라도 내며 살았다. 이쯤에서 선비를 만드는 책, 사서오경이 어떤 책인지 살펴보자.

사서와 오경

오경은 〈시경(詩經)〉, 〈서경(書經)〉, 〈역경(易經)〉, 〈춘추(春秋)〉, 〈예기(禮記)〉를 말한다. 그러나 고대에는 오경을 〈시(詩)〉, 〈서(書)〉, 〈역(易)〉, 〈예(禮)〉, 〈춘추(春秋)〉라고 불렀다. 이 5종의 서적에 '경(經)'이라는 명칭이 첨가된 것은 한(漢)나라 초기부터이며, 이때에는 텍스트가 일정하지 않았다. 진시황의 분서갱유로 사라진 책들을 한나라 초기에 다시 수집하는 과정에서 이본(異本)들이 많이 출현하였기 때문이다. 그 이본들을 비교 정리하여 대체로 한나라 말기가 되면 오늘날 우리가 보는 〈시경〉, 〈서경〉, 〈역경〉의 텍스트가 확정된다. 〈춘추〉의 경우는 지금도 3종의 원문이 있다. 현존하는 〈좌전(左傳)〉, 〈공양전(公羊傳)〉, 〈곡량전(穀梁傳)〉이라는 3종의 〈춘추〉 해설서가 인용한 원문들이 약간씩 차이를 보이고 있는 것이다. 그러나 큰 차이가 없기 때문에 대체로 동일한 원본에서 출발한 것으로 본다.

그러나 〈예(禮)〉는 문제가 다르다. 내용이 전혀 다른 〈의례(儀禮)〉, 〈주례(周禮)〉, 〈소대례기(小戴禮記)〉, 〈대대례기(大戴禮記)〉 등 4종의 문헌이 현존하고 있기 때문이다. 한나라 때는 학파에 따라 〈의례〉나 〈주례〉를 〈예경(禮經)〉이라고 하였고, 〈소대례기〉나 〈대대례기〉는 '경(經)'으로 취급하지 않았다. 〈예기〉의 '기(記)'라는 표현도 〈예경〉에 대한 '해설'이라는 의미가 강하다. 그러나 당(唐)나라 때 공영달(孔穎達, 574~648)은 태종(太宗) 이세민(李世民)의 칙명에 따라 오경을 확정하는 과정에서 〈소대례기〉만을 오경에 편입시켰다. 이 〈소대례기〉가 바로 우리가 이야기하는 〈예기(禮記)〉이다. 〈예기〉가 오경에 편입된 것은 이 때부터다. 왜 그랬는지는 분명하지 않다. 다만, 4종 예서(禮書)의 내용을 비교해보면, 〈소대례기〉가 '예'의 이론과 실제에 대한 내용을 가장 잘 갖추고 있기 때문이었던 것으로 짐작할 수 있다. 이제 오경을 간략하게 소개하기로 한다.

〈시경〉은 중국 고대의 시가집이다. 주(周)나라 초기인 기원전 1100년 무렵부터 춘추시대 중기인 기원전 600년 무렵까지 약 500년 동안의 시가들을 모아 놓았다. 여기에 실려 있는 305편의 시가 원래 모두 노래의 가사였다. 이 노래 가운데, 반이 넘는 160수가 민요이며 나머지는 연회와 왕실의 제사에 사용된 노래들이다.

〈서경〉은 고대의 문헌자료이다. 전설적인 군주 요(堯)와 순(舜)으로부터 하(夏), 은(殷), 주(周)에 이르기까지 훌륭한 군주와 현명한 신하들의 교훈적인 말씀들이 대부분이다. 그러나 그 당시의 실제 기록과 후대에서 편집하거나 만들어 넣은 부분이 섞여 있어 역사 자료로서의 가치는 적다. 다만, 고대의 문화와 유가의 이상적인 다스림에 대한 이념 등을 확인할 수 있는 책이기 때문에 소중하게 취급되어 왔다.

〈역경〉은 〈주역(周易)〉이라고도 하는데, 원래 점을 친 결과를 확인하기 위해 만들어진 책이다. 그러나 64괘(卦) 384효(爻)로 구성된 전체의 틀이 우주와 인사의 원리를 상징적으로 나타내고 있다고 간주되면서 유가 경전의 하나가 되었으며, 현대에는 중국 고대철학의 중요자료로 취급되고 있다. 특히 본문인 괘사(卦辭)와 효사(爻辭)의 부록쯤 되는「십익(十翼)」에 이론적인 자료가 많다.

〈춘추〉는 공자(孔子, 551 BC～479 BC)가 편찬한 노(魯)나라 242년간(722 BC～481 BC)의 역사 기록이다. 다만 공자가 처음 〈춘추〉라는 명칭의 역사서를 집필한 것이 아니라, 기존에 있었던 노나라의 역사 기록인 〈춘추〉를 일정한 기준으로 다시 정리한 것으로 알려져 있다. 역사적인 사실을 연대별로 짧게 표현하였는데, 후대의 학자들은 공자가 용어를 신중하게 사용하고 엄격한 기준을 가지고 서술하여 완곡한 언어 속에 유가의 큰 이념을 담아두었다고 생각했다. 미언대의(微言大義)라고 하는 것이다.

〈예기〉는 유가의 중요이념인 예(禮)의 이론과 실제에 대한 모음집이다. 공자학파에서 전하여 오던 예와 관련된 문헌을 한나라 때의 대성(戴聖)이 가려서 49편으로 정리하였다고 한다. 대성의 당숙인 대덕(戴德)도 85편으로 정리를 하였는데, 그 가운데 39편이 현존하고 있으나 앞에서 언급한 것처럼 공영달이 오경에서 제외함으로 인해 〈대대례기〉라는 이름으로 남아있다. 예는 오늘날 우리가 생각하는 예절 정도의 개념이 아니다. 유가의 모든 이념들이 실천으로 드러날 때는 모두 예를 통하여 이루어진다. 그러므로 예는 개인의 생활에서부터 국가의 통치까지, 봉건사회 전반에 걸친 제도와 규범, 나아가서는 문화의 집합이다. 그래서 〈예기〉에는 여러 가지 내용들이 포함되어 있다.

이 5종의 서적은 모두 공자와 관련되어 있다. 〈시경〉과 〈서경〉은 어떤 형태로든 공자의 정리를 거쳤고, 〈주역〉의 「십익(十翼)」에는 공자의 〈주역〉에 대한 해설들이 실려 있다. 〈춘추〉는 대체로 공자의 저술로 인정되고 있고, 〈예기〉는 '인(仁)'과 함께 공자 사상의 두 기둥인 '예(禮)'와 관련된 문헌이다. 공자의 손길과 이념을 간직하고 있는 이 책들은 한나라 초기부터 중시되었으며, 한(漢), 위(魏), 진(晋)의 여러 학자들이 주석을 붙이고, 당나라의 공영달은 주석에 다시 주석을 붙여 〈오경정의(五經正義)〉를 편찬하였다. 이처럼 경전에 주석을 달면서 성립한 학문이 바로 훈고학(訓詁學)이다. 그러므로 우리는 한으로부터 당에 이르기까지의 유학을 훈고학이라고 한다.

당나라 때까지, 아니 성리학이 태동하는 송(宋)나라 때까지 유학의 교과서는 오경이었으며, 〈논어(論語)〉와 〈맹자(孟子)〉는 참고서쯤 되었다. 다만 〈논어〉는 〈효경(孝經)〉과 함께 특별한 대접을 받으며 〈맹자〉보다 훨씬 중시되었다. 〈중용〉과 〈대학〉은 〈예기〉 49편 가운데 각각 제31, 제42편으로 실려 있었다. 〈예기〉를 읽으면 자연히 읽게 되는 〈예기〉의 일부였던 것이다.

당나라가 망하고 오대(五代)의 혼란기를 잠시 거친 뒤 후주(後周)의 절도사였던 조광윤(趙匡胤)은 쿠데타를 일으켜 송나라를 세웠다. 무력으로 등장한 송나라는 또 다른 무력의 쿠데타를 예방하기 위해 문치(文治)를 내세우고, 과거제도를 정비하여 새로운 인재의 선발에 주력한다. 당나라에도 과거제도가 있었지만 최종 선발권을 가지고 있었던 이부(吏部)는 가문의 배경이 없는 인물을 합격시키지 않았다. 어쩌다 합격이 되더라도 문벌 출신이 아닌 경우는 권력의 핵심부에 참여하기가 어려웠다. 송나라가 정비한 과거제에 따르면, 고시관들이 응시자의 필체를 알아볼 수 없도록 내용을 베껴 쓴 답안지를 가지고 채점하도록 하였고, 응시자의 이름도 채점이 끝난 뒤에 확인토록 하였으며, 최종 합격자는 황제 앞에서 한 차례의 시험을 치른 뒤 석차가 결정되었다. 황제가 자신을 보좌할 인재를 직접 선발한 것이다. 황제는 당연히 문벌이 아니라 답안의 우열을 가지고 석차를 매겼다. 과거의 문제는 여러 유형이 있었으나 기본은 유학적 소양이었다. 그러므로 이처럼 엄격한 실력 본위의 과거를 거쳐 중앙에 진출한 관료들, 즉 신진사대부(新進士大夫)들은 오경을 통해 유학적 소양을 쌓은 교양인들이었다. 그러므로 그들에게 정권참여의 길을 열어준 유학은 이제 학문의 대상일 뿐만 아니라 그들이 새 시대를 만들어 가는 정치이념이 되어야 했다. 게다가 불교와 도교가 이론적으로 정밀해지면서 유학의 상대적인 이론 결핍에 대한 위기감도 고조된다. 여기서 유학은 한 번 변한다.

그들은 지난 시대에 이루어진 경전의 주석들을 자유롭게 비판하며 새로운 주석을 달기도 하고, 경전의 원문이 오류가 있다고 지적하기도 하였으며, 심지어는 경전의 원문을 스스로 고치거나 보완하기도 하였다. 경전의 한마디 말조차 비판할 수 없었던 한나라, 당나라와는 사뭇 분위기가 달라진 것이다. 이처럼 분위기가 새로워진 송대의 학술 전반을 오늘날 송학(宋學)이라고 하며, 송학 가운데 가장 완벽한 체계를 갖추고 후대에까지 절대적인 영향을 끼친 것이 바로 성리학(性理學)이다. 그래서 성리학을 새로운 유학이라는 의미에서 신유학(新儒學)이라고도 한다. 상대적으로 공자와 맹자(孟子, 372? BC～289 BC)의 유학은 원시유학이 되었다.

성리학은 태극(太極)을 모든 존재의 원인자(原因子)로 설정하고 그 원인자의 본원적인 법칙성을 이(理)라고 하였으며 이에 의한 물질의 형성과 운동을 기(氣)라고 하였다. 이와 같이 정비한 우주관과 세계관을 바탕으로 인간의 심성(心性) 문제를 규명한 뒤, 도덕적 실천을 추구하는 수양론(修養論)의 체계를 확립하였다. 수양의 궁극은 '성인됨[위성(爲聖)]'이며, 신진사대부들은 스스로 성인이 되어 이 땅에 성인의 다스림을 펼쳐야 하는 사명을 가지게 되었다. 우리가 주자(朱子)라고 높여 부르는 주희(朱熹, 1130~1200)는 정호(程顥, 1032~1085), 정이(程頤, 1033~1107) 형제를 비롯한 선배 학자들의 이론을 집대성하여 고밀도의 이론 체계를 마련한 성리학의 완성자이다.

이론이 갖추어졌으면 이제 그 이론을 훈련하는 교과서가 필요하다. 주희는 한나라 때부터 주목받기는 했으나 결코 오경의 지위를 넘볼 수 없었던 〈논어〉와 〈맹자〉에다 〈예기〉에서 뽑아 낸 〈중용〉과 〈대학〉을 더하여 한 세트의 책으로 만들었다. 그리고 이전의 주석과는 엄청나게 다른 주석을 다는 작업을 하였다. 주석을 만들고 난 뒤에도 세상을 떠나기 직전까지 다듬고 다듬었다. 그 결과물이 바로 〈논어집주(論語集註)〉, 〈맹자집주(孟子集註)〉, 〈대학장구(大學章句)〉, 〈중용장구(中庸章句)〉로 구성된 〈사서장구집주(四書章句集註)〉이다. 〈대학〉과 〈중용〉은 〈예기〉 가운데서도 내용이 독특하기 때문에 한나라 때부터 학자들의 주목을 받았고, 당나라의 한유(韓愈, 768~824)나 북송의 사마광(司馬光, 1019～1086) 같은 인물들이 특별한 관심을 가지기는 하였다. 그러나 언제부터 〈예기〉로부터 독립 유통되었는지는 분명치 않다. 어쨌든 이들을 〈논어〉, 〈맹자〉와 함께 하나의 체계로 묶은 사람은 주희이며, 사서라는 명칭 역시 주희의 〈사서장구집주〉가 통행되면서 확정되었다.

주희는 사서를 오경보다 중시하여 먼저 읽도록 하였으며, 사서 가운데는 〈대학〉을 가장 먼저 읽도록 하였다. 〈대학〉을 인생의 목표를 설정하고 가치관을 확립하는 책으로 본 것이다. 〈대학〉을 읽고 난 뒤에는, 〈논어〉와 〈맹자〉를 읽으라고 하였다. 〈대학〉의 가치관대로 살았던 공자와 맹자의 언행을 살펴 인생의 스승으로 삼으라는 말일 것이다. 마지막으로 〈중용〉을 읽으라고 하였다. 최후의 단계에서 유학의 근본이념을 정밀하게 탐구하라는 말이다. 이렇게 완성된 체계는 〈대학〉과 〈중용〉이 〈예기〉 속에 들어 있고 〈논어〉와 〈맹자〉가 개체로 유통될 때와는 비교할 수 없는 힘을 갖추게 되었다. 훈고에 따라 그냥 읽는 책이 아니라 새 시대를 열어갈 힘을 키워주는 교과서가 된 것이다. 오경 중심의 유학이 사서 중심의 유학으로 바뀐 것이다.

오경 중심의 유학이 사서 중심의 유학으로 바뀌었다는 것은 유학의 가치 지향이 바뀌었다는 것을 의미한다. 문헌 중심의 유학이 이념 중심의 유학이 된 것이다. 한나라의 유학도 이념이 없었던 것은 아니지만 그 이념은 대체로 천자와 귀족의 통치에 정당성을 부여하는 논리들이었으며, 오경은 그 논리를 만들어내는 텍스트였다. 더욱이 그 논리를 만든 유학자들은 이념을 만들어 지배를 위해 봉사하기만 하고 정작 자신들은 국가의 통치에 참여할 수 없었다. 통치는 문벌귀족의 전유물이었기 때문이다. 그러나 과거를 통해 정계에 진출한 송나라의 많은 재상들은 경전에서 이념을 찾으려 한 유학적 소양이 깊은 사람들이었고, 그들이 찾아낸 이념을 정치적으로 실현할 수 있는 위치에 있었다. 구양수(歐陽修, 1007~1082)와 같은 온건론자나 왕안석(王安石, 1021~1086)과 같은 급진개혁론자들이 모두 그들의 이념을 정치에 구현하고자 한 재상들이었던 것이다. 북송 초기부터 있었던 이러한 이념에 대한 갈망들을 모아 새로운 체계를 완성한 사람이 바로 주희였다.

이 사서 중심의 패러다임은 당시에도 몹시 새로워 보였던 모양이다. 주희의 학문은 주희가 살았을 당시에 이미 '가짜 학문[위학(僞學)]'의 낙인이 찍혀 그를 비롯한 59명의 블랙리스트가 만들어졌다. 이 문제는 사상적인 문제보다 정치적인 문제 때문에 발생한 것이지만, 어쨌든 주희의 학문이 정쟁의 수단이 될 만큼 새로운 유학이었던 것은 분명하다. 이 위학당금(僞學黨禁) 때문에 주희는 만년을 우울하게 보냈다. 그러나 그의 사후 성리학은 중국을 비롯한 동아시아 사회의 보편적 패러다임이 되었으며, 그는 공자에 버금가는 인물로 추앙되었으니 아마 스스로도 만족할 만한 보상이었을 것이다.

중국보다 더 주자적(朱子的)이었던 조선의 유학자들은 그의 가르침대로 사서를 순서에 따라 읽고 또 읽었다. 중국에서 양명학(陽明學)이 판을 치던 시절에도 조선은 양명학에 물들지 않고 주희의 가르침을 지키고 실천하고자 했다. 주희의 벽은 넘을 수 없는 불가능의 벽이면서, 동시에 넘어서는 안 되는 금기의 벽이었다. 그러므로 사서는 반드시 주희의 주석에 따라 읽어야 했다. 그가 만든 새로운 패러다임의 교과서였기 때문이다.

사서오경의 머리글들

사서는 주희에 의하여 완성된 묶음이다. 그 이전에는 사서라는 명칭이 없었다는 말이다. 이에 비해 오경은 공자의 손길을 거친 책들이다. 그러므로 오경이 공자 유학의 텍스트라면 사서는 주희, 즉 주자 유학의 텍스트들이다. 사서오경이라는 말을 즐겨 쓰지만 기실 학술사적 차이는 현격한 것이다. 오경 중심의 유학이 비교적 문헌중심적이고 학술적인 데 비하여 사서 중심의 유학은 도덕중심적이고 이데올로기적이다. 이러한 지향은 사서오경의 첫 문장들만 읽어보더라도 쉽게 간파할 수 있다.

> 지도자가 되는 배움의 길은 밝은 덕을 밝힘에 있고 백성을 새롭게 함에 있으며 지선(至善)에 머무름에 있다. (大學之道, 在明明德, 在親民, 在止於至善.)
>
> – 〈대학〉 –

공자께서 말씀하셨다. 배우고 때때로 익히면 참으로 기쁘지 않은가! (子曰, "學而時習之, 不亦說乎!")

– 〈논어〉 –

맹자가 양혜왕을 만났다. 양혜왕이 "노인장께서 천릿길을 멀게 여기지 않고 오시니 참으로 우리나라에 이로움이 있겠습니다!" 하였다. 맹자가 대답하였다. "왕께서는 어찌 이로움을 말씀하십니까? 오직 인의(仁義)가 있을 따름입니다. (孟子見梁惠王, 王曰, "叟不遠千里而來, 亦將有以利吾國乎?" 孟子對曰, "王何必曰利, 亦有仁義而已矣.")

– 〈맹자〉 –

하늘이 부여해 주신 것을 본성이라고 하고 본성대로 살아가는 것을 도라고 하며 도에 따라 살도록 해 주는 것을 교육이라고 한다. (天命之謂性, 率性之謂道, 脩道之謂敎.)

– 〈중용〉 –

사서의 순서와 이론체계는 명료하다. 〈대학〉은 지도자의 길을 설파한다. 나의 도덕성을 확립하고[修己], 타인도 이 도덕의 영역으로 끌어들여 이전과 다른 새로운 인간이 되도록 하여야 한다[治人]. 지도자의 본령은 수기와 치인이되 대충할 수는 없다. 나와 남이 항상 도덕적 완성의 단계[至善]에 있도록 하여야 한다. 이렇게 산 사람들이 있었던가? 배움을 정말 즐길 줄 알았던 공자와, 이해(利害)가 아니라 옳음[仁義]에 따라 살았던 맹자가 그런 사람이다. 그러므로 〈논어〉와 〈맹자〉를 읽은 나는 이제 공자와 맹자처럼 살아야 한다. 왜 그렇게 살아야 하는가는 〈중용〉을 보면 알 수 있다. 나의 본성은 왜 착한가? 하늘이 주신 것이기 때문이다. 그러므로 본성대로 착하게 사는 것이 인간이 가야 할 길[道]이다. 교육은 이 길을 제대로 가지 못하는 사람을 제대로 가게 만들어 주는 것이다. 사서는 이렇게 분명한 선비의 길을 보여주는 책이다.

그러나 오경은 다르다.

꾸욱꾸욱 우는 물수리가 황하의 모래톱에 있네. 요조숙녀는 군자의 훌륭한 배필이라네. (關關雎鳩, 在河之洲. 窈窕淑女, 君子好逑.) — 〈시경〉 —

옛날의 요임금을 생각해보니 참으로 위대한 공을 세운 분이라네. 늘 공경하고 현명하시며 인문적이고 사려 깊으셨으며, 자연스러워 편안하셨다네. 참으로 공손하고 능히 사양하시어, 빛이 온 세상을 덮고 위로는 하늘과 아래로는 땅에 이르셨다네. (曰若稽古帝堯, 曰放勳. 欽明文思安安, 允恭克讓, 光被四表, 格于上下.) — 〈서경〉 —

건괘는 원형리정의 덕을 모두 갖추고 있다. (乾, 元亨利貞.)

— 〈역경〉 —

원년 봄 왕의 정월 / 삼월에 공이 주나라의 의보와 멸에서 회맹하다. (元年春, 王正月. 三月, 公及邾儀父盟于蔑.) — 〈춘추〉 —

공경하지 않음이 없으며, 엄숙하게 생각에 잠긴 듯 하며, 말을 침착하게 한다면 백성들을 편안하게 할 수 있을 것이다! (毋不敬, 儼若思, 安定辭, 安民哉!)

— 〈예기〉 —

〈시경〉을 보면서 사람들은 옛 사람들의 감성을 배운다. '그때 그 사람들은 이런 노래를 부르고 살았구나!' 하고 감탄하는 사이에 자신의 감성이 풍요로워진다. 〈서경〉을 보면서, 요임금은 이런 분이고, 그 시대의 역사는 그러하였음을 알게 된다. 〈주역〉이 숨겨둔 인간과 우주의 원리를 애써 탐색하고, '원형리정'의 덕이 무엇인지 고민한다. 공자가 기술한 노나라 역사의 행간에서 그의 메시지를 유추하면서, '원년 정월에 아무 일도 없었는데 굳이 정월을 적어두었을까? 적더라도 '정월'이라고만 하면 될 것을 '봄'과 '왕'은 왜 적어두었을까?' 하고 사색에 잠긴다. 〈예기〉를 보면서 공경하고 엄숙하며 말을 침착하게 하는 것이 백성 다스리는 기본임을 알게 된다. 오경은 이런 책들이다. 문학을 배우고 역사를 배우고 철학을 배우는 책들이었다. 사서와는 다른 책들인 것이다.

여섯 번째 강의

신화와 상징

– 그리스 신화와 현대문명

김성택(경북대학교 불어불문학과 교수)

신들의 침투는 은밀하게 이루어진다

가이아, 우라노스, 아폴론, 아프로디테, 디오니소스, 헤르메스, 제우스, 포세이돈, 헤파이스토스, 헤르메스, 나이키 등등은 책에서나 그림, 영화, 만화, 대중적인 상품명 등을 통해서 환웅, 단군, 웅녀, 주몽, 해모수 못지않게 우리에게 매우 익숙하다. 이렇듯 그리스와 로마의 신들은 그 뿌리가 다르지 않은 근동지방을 넘어 이란고원과 중국 본토를 넘어 한반도에 사는 우리의 머릿속으로 삶 속으로 깊숙이 침투해왔다. 이 신들의 침투는 로즈 제독이 모는 프랑스 함선의 대포나 일본 군인들의 총칼과 같은 폭력에 의해 이루어진 것이 아니라, 은밀하게 그러면서도 자발적으로 허용된 것이다. 신화와 같은 문화의 힘은 이렇듯 부드러우면서도 막강하다.

우리에게도 이미 익숙한 그리스 신화를 중심으로 신화 전반의 정의와 의미를 살펴보고, 구체적인 몇몇 신화를 통해서 현대문명 속에서 신화가 갖는 역할과 양상을 개괄하여 보자.

그렇다면 신화란 무엇인가?

도대체 신화가 무엇이기에, 우리는 미처 의식하지도 못한 채 화자의 이야기를 더 잘 듣기 위해 슬그머니 무릎을 당겨가며 귀를 기울이는 것일까? 이야기는 우선 재미있다. 그것이 전혀 들어보지 못했던 먼 나라의 이야기라면 더더욱 호기심을 일으킨다. 그러면서도 다르지만 같은 삶이 있고 이해할 만한 진실이 있고 그래서 자신을 되돌아볼 수 있다면 듣는 데 썼던 시간이 가히 아깝지 않다.

신화는 한 개인의 희로애락 섞인 잡다한 체험을 전해주는 것이 아니라, 보편적일 수 있는—세대를 이어서 면면히 내려오는 것이면서 또한 공간을 뛰어넘어 인류가 공유하고 있는 것으로서—인간의 욕망이나 그 실체를 암시하거나 드러낸다. 물론 이 보편적인 욕망이 아무런 변형 없이 표현되는 것은 아니다. 신화의 문화적 토양이라고 말할 수 있는 지역의 유무형적 환경과 시대적 상황이—물질적인 한계와 자연조건까지 포함하여—보편적인 욕망에 문화적 형상을 부여할 것이다. 그래서 질베르 뒤랑이라는 프랑스의 인류학자는 신화가 "주관적 욕망의 내적 요청과 객관적 상황의 외적 제약이 만나는 곳"(『상징계의 인류학적 구조』)에서 형성된다고 결론을 내리고 있다.

이러한 정의보다 더욱 광활한 믿음을 전제하는 조셉 캠벨은, "신화는, 다함 없는 우주에너지가 인류의 문화로 발로하는 은밀한 통로"(『천의 얼굴을 가진 영웅』)라고 말한다. 신화는 이러한 초월적인 힘의 상징들로 가득한 보고(寶庫)이기 때문이다.

인간은 초월을 지향하는 존재

인간이 동물과 다른 점은 생물학적인 차이에 있는 것이 아니라 자신의 내적 욕망과 의지를 주어진 조건을 초월하여 실현하려는 데 있다. 직립보행이라든지,

그로 인해 손을 사용할 수 있다거나 언어를 사용한다는 사실, 또는 뇌의 주름이 많다는 사실 등등과 같은 여러 생물학적인 차이는 사실상 인간의 진정한 특성을 결정적으로 설명하지 못한다. 주어진 조건을 넘어서려는 인간의 욕망이야말로 인간을 규정하는 가장 결정적인 특성이며, 신화에는 이러한 초월에 대한 열망이 너무도 잘 표명되어 있다.

태초의 인간에게도 현대인에게도 이 욕망은 동일하며, 그래서 신화는 오랫동안 우리 인간의 마음을 한결같이 움직여 왔다. 미국의 유명한 신화학자인 조젭 캠벨은 신화에서 우리 인간은 삶의 의미를 찾는 것만이 아니라 "살아있음의 황홀함"(『신화의 힘』)을 느낀다고 말했다. 어떤 초월적인 것과의 만남이나 신성의 현현(顯現)이 신화와 관계되어 있기 때문이다. 신화 속에 등장하는 초월적인 힘, 여러 신, 반신반인의 영웅 등은 우리 인간이 갖고 있는, 초월에 대한 열망의 재현이며, 이 성스런 이야기 속에서 인간은 살아있음이 신성과 일체가 되는 지극한 행복(천복)의 기회라는 것을 확인하기에 이른다.

종교학자인 엘리아데도 역시 신화에서 초월성의 실재를 가장 중요하게 여겼다. 엘리아데는 신화를 3가지 양상으로 정의하고자 했다. 첫째로 신화는 초월적인 존재들의 실제 이야기이며, 둘째로 신화는 세상만물의 기원에 대한 이야기이고, 셋째로 신화는 성스런 가치의 발현이다. 그래서 현대인들은 신화에서 존재의 의미를 찾고 느끼며 삶의 모델을 구한다는 것이다. 이야기를 통해 신성에 대해 또 신성한 기원에 대해 간접적인 체험을 하고 우리 내면에서 솟구쳐 오르는 초월에 대한 열망이 영웅을 통해 투사될 때 현대인은 자신의 자아완성은 물론이고 인간과 우주의 합일이라는 삶의 궁극을 향한 왕도를 발견한다.

오늘날 현대인들은 일상적인 삶에서 이러한 초월적인 일체감을 거의 체험하지도 못하고 추구하지도 못하며 살아간다. 일상적인 삶이 '전체'와의 연대성을 갖지 못한 채 물질적인 욕구의 충족을 위해서만 영위되고 있기 때문이다. 아무리 물질적인 풍요를 이루고 지식과 정보가 넘쳐나도 이러한 것들은 유용한 수단으로서의 가치에 불과한 것이지 삶의 궁극적인 가치가 되지 못한다. 이런 의미에서 현대인들은 '풍요 속의 또 다른 빈곤', 즉 물질적 풍요 속에서 그만큼 대조되는 정신적 빈곤을 맛본다. 파편화되고 부유하는 일상 속에서 현대인들이 겪는 실존적 번민과 부조리의 원인이 바로 그것이다.

신화의 복귀와 서구문명

잃어버린 초월적 일체감을 다시 회복하는 일은 현대인의 감춰진-따라서 억압된-욕망이다. 이러한 일체감을 감추거나 스스로 억압하는 현대인의 태도는 일종의 문화적 검열에 해당한다. 이성중심적 문명 속에서 합리적으로 이해할 수 없는 초월적 감성은 곧잘 미신이나 우리의 삶과 하등 상관없는 영역으로 치부하여 일상적 삶에서 배제함으로써 스스로를 소외시키는 것이다. 그럼에도 불구하고 신화는 우리에게 습관적으로 받아들여져서 명확하게 자각되지는 못하지만 여러 형태로 변모하여 우리의 일상 속에 개입하고 있다. 신화는 결코 사라지지 않는다. 다만 변할 뿐이다.

예를 들어 설날, 기념일, 기일, 추석, 각종 절기마다 매년 치르는 의식이나 성년식, 결혼식, 장례식 등 각종 통과의례를 통해서 신화는 복귀하고 있다. 그뿐 아니라 깃발이나 엠블럼, 마스코트, 문장 등 각종 상징물 속에서 신화는 상존하기까지 한다. 이렇게 문화기제 속에 고착된 신화의 요소들만이 아니라 시대적 요구에 의해 신화는 문학이나 또 다른 표현 수단을 통해 이야기로 등장하는 것을 우리는 번번이 볼 수 있다.

그런데 이러한 신화의 복귀를 부정하거나 거부하는 경향이 의식적으로 강화되어 온 문화가 서구문명이다. 요약하자면, 서구문명은 이성을 앞세운 그리스 철학의 영향과 우상숭배를 배격하는 가톨릭 교리에 의해 신화를 억압해왔다. 그리스 철학과 가톨릭 교리 이후로 스토아학파, 데카르트의 합리주의, 자연과학의 실증주의를 통해 서구문명은 이미지보다는 개념을 강조하고 직관보다는 이성을 중시하면서 신화적 상상력이 서구 문화 속에 복귀하는 것을 지속적으로 견제해 왔다.

그러나 흥미롭게도 서구의 사회와 문화는 마치 물리학의 '파스칼 법칙'처럼, 한쪽으로 억압하면 다른 쪽으로 그만큼 억압된 욕망이 발현되어 나오는 것을 역사적으로 보여준다. 신화에 대한 우리의 열망은 억압하면 할수록 또 다른 출구를 만들어 때로는 은밀하게 때로는 폭발적으로 표현되었다. 그리고 그 출구는 자주 문학과 예술의 영역에서 만들어졌다. 이성에 의해 억압된 신화적 상상력은 예술가의 비교적 자유로운 표현을 통하여 발출되어왔던 것이다.

고대 그리스가 사실상 이성만의 시대가 아니라 신화가 동반된 시대임은 너무도 풍부하게 신화가 재현되어 있는 당시의 문학과 예술품을 통해서 짐작할 수 있다. 가톨릭의 시대라고 할 수 있는 중세에도 오랜 억압 끝에 폭발적으로 솟구쳐 나온 고딕 양식의 화려한 이미지들은 신화적 상상력의 사그라들지 않는 회복력을 입증해준다. 고전주의의 오랜 지배 이후에 나온 낭만주의 예술과 문학, 그리고 실증주의와 이성중심주의의 서구식 현대사회에 맞서 새로운 영상매체를 통해 또 다시 터져 나오는 이미지의 폭발은 인류의 머리가 단지 이성적 논리로만 세상을 이해하고 또 표현하지 않는다는 사실을 분명하게 밝혀주었다.

두 개의 머리를 가진 고대 그리스인

합리주의 철학을 탄생시킨 고대 그리스 시대는 특이하게도 신화적 상상력이 풍성한 문학과 예술 작품을 갖고 있는 시대이기도 하다. 게다가 그리스 철학의 대표자라고 말할 수 있는 플라톤의 경우, 철인이 통치하는 '이상 국가'에서 자연을 모방하여 이데아를 크게 왜곡하는 이미지를 만들어내는 시인을 추방해야 한다고 주장할 정도였지만 이성으로 설명할 수 없는 것은 신화로 보완해야 한다고 말하기도 했다. 즉, 역사적 기록이 없는 태초의 여러 기원은 창세기 신화를 활용해야 하고, 합리적 설명이 불가능한 사랑에 관한 문제는 에로스의 신화를 통해 이해해야 한다고 생각했다.

고대 그리스 철학자들은 로고스(logos)와 뮤토스(muthos)를 구분함으로써 합리적인 설명의 영역과 비합리적 영역의 이야기를 대치시킨 후에 이중에서 로고스를 우위에 두어야 한다고 주장하였다. 서구의 로고스(이성) 중심주의는 여기서 유래하였지만, 앞에서 언급한 대로 그리스인들은 이 대립적일 수 있는 두 가지 인식 태도를 그들의 문화 속에서 아무 충돌 없이 모두 받아들이고 있다. 그리스인들의 이런 면모를 강조하여 레비-스트로스를 포함한 몇몇 학자들은 고대 그리스인들이 "두 개의 머리"를 갖고 있다고 규정하였다.

이성적인 머리와 신화적인 머리, 로고스와 뮤토스, 개념과 이미지, 논리와 상상력은 고대 그리스인들에게 충돌을 일으킨 것이 아니라 상호보완적인 역할을 담당하였던 것이다. 이성적으로 설명할 수 없는 것들, 역사적 기록이 없는 오래 전의 사실(태초의 사건들, 만물이나 자연현상의 기원, 국가의 건설 등)이나 감성적인 것(사랑, 증오, 분노 등)은 신화적인 머리로 받아들였다. 그러니까 신화는 앎의 영역에 있어서 인식의 첨단에 놓인 담론이었다. 이성적 머리로 파악되지 못한 미지의 영역을 여는 인식 방법이 신화적 머리였던 것이다.

그래서 그리스 신화 자체도 당연히 "두 개의 머리"가 함께 작동되어 구체적인 작품으로 생산되었다. 그리스 신화 속의 신들이 '인간화'되어 있고 인간의 역사 속에 개입하고, 이와 더불어 그 신화들이 많은 판본으로 재해석되고 재생산되어 세상에 비할 바 없이 풍요로운 신화의 세계를 구축하게 된 것도 이러한 까닭이다. 이후에도 그리스 신화는 서구문명의 역사 속에서 쉼 없이 예술가와 문학인, 때로는 사상가에 의해 필요에 따라 재해석된다. 그러할 수 있는 여지를 고대 그리스인의 "두 개의 머리"가 이미 남겨두었기 때문에 더욱 용이한 일이었다.

'파리스의 심판'과 아프로디테의 이중성

플랑드르의 화가 루벤스(Peter Paul Rubens, 1577~1640)의 『파리스의 심판』들을 보면 그의 바로크풍의 감각적 터치가 세 여신들의 풍만한 육체를 돋보이게 한다. 이탈리아 르네상스 미술의 영향 아래 인간성의 해방을 그림 속에 구현하면서 루벤스는 자주 그리스 신화를 소재로 활용하여 특히 『삼미신』이나 『파리스의 심판』을 여러 번 그렸다.

르네상스의 인간 해방 정신이 고대 그리스의 신들을 그림 속에 복귀시킨 것은 너무도 잘 아는 사실이다. 이 중에서 『파리스의 심판』이 갖는 의미를 한번 되새겨보자. 『파리스의 심판』이 전하는 메시지가 무엇인가? 가정 수호의 여신 헤라와 전쟁과 지혜의 여신 아테나가 아니라 사랑과 관능의 여신 아프로디테가 아름다움을 대표하는 여신으로 추대된 것은 어떠한 의미를 갖는 것인가?

모든 신화들이 그렇지만 특히 아프로디테는 이중적인 의미를 일체화한 신성이다. 고대 그리스인의 "두 개의 머리"는 이미 아프로디테를 문화적으로 이중화하였다. 그리고 서구문화의 토대를 이 이중화된 하나의 이름으로 구조화하였다. 사랑과 아름다움을 일치시킨 것이다. '파리스의 선택'은 '관능적인 여인이 아름답다'라는 서구문화의 원초적 선택이기도 한 것이다. 그리고 이 선택은 중세 가톨릭 문화 속에서 억압되어 있다가 르네상스 이후 다시 되살아났다.

아프로디테의 어원은 '아프로스(aphros)'이고 이 뜻은 '거품'이다. 이 어원은 아프로디테 여신의 탄생과 연관된 것이다. 헤시오도스의 『신들의 계보(Theogony)』에 따르면 태초의 카오스에서 가이아가 나왔고 가이아는 우라노스 및 산과 바다를 낳았다. 이후 가이아가 우라노스와 결합해서 티탄 족, 키클롭스 족, 헤카톤케이레스 족을 낳았으나, 우라노스는 그의 자식들을 싫어해 가이아의 몸 안에서 나오지 못하도록 가이아와 결합한 상태로 계속 붙어 있었다. 가이아는 자식들에게 괴로움을 호소했고, 이에 티탄족의 크로노스는 하르페(낫)를 가지고 우라노스의 성기를 잘라버렸다. 비로소 가이아에게 떨어진 우라노스의 핏방울에서 복수의 여신들인 에리니에스, 기간테스 족, 멜리아이(물푸레나무 요정들) 등이 태어났다. 또 떨어져나간 성기는 바다를 떠돌아다니며 흰 거품을 만들어냈고, 이 거품에서 사랑의 여신 아프로디테가 탄생했다. 이탈리아의 화가 보티첼리(1444~1510)의 유명한 그림 『비너스의 탄생』은 바다의 거품 속에서 탄생하는 아프로디테를 잘 표현하고 있다.

이 탄생의 신화에서 가이아의 왕성한 생산력과 우라노스의 성에 대한 집착은 아프로디테의 관능적 사랑을 이미 예고하고 있다. 우라노스의 남근 거세도 프로이트의 '거세 콤플렉스'와 같은 개체적 차원의 해석을 뛰어넘어 젊은 세대로 교체하여 종족을 유지해가려는 집단적 차원의 해석으로 설명되어야 할 항목으로 보인다. 이러한 해석은 이집트의 신화 속에 등장하는 오지리스의 남근 거세라는 주제와 일맥상통할 수 있다. 바다 속에 떨어진 우라노스의 성기가 다시 아프로디테를 탄생시킨 것도, 바다를 모태로 쉽사리 연상할 수 있는 만큼, 역시 사랑의 생산력을 반복적으로 보여주는 예라고 할 수 있다.

신화는 반복과 유추라는 방식으로 이야기를 전개해간다. 아프로디테는 여러 판본을 통해서 자신의 관능적 사랑을 유사한 일화를 동원하며 반복한다. 이런 면에서 사랑에 대한 아프로디테의 권능을 다시 한 번 강조하는 예가 에로스 신을 아들로 만드는 판본들이다. 또한 전쟁의 신이면서 가장 남성적인 신인 아레스와 가진 아프로디테의 혼외정사는 사랑의 여신에 대한 세속적인 해석이 반복의 방식으로 이루어진 판본이다.

전반적으로 아프로디테 여신과 관련된 오랜 형태의 신화는 사랑이 갖는 원초적 생식력이 강조되어 온 것인데, '파리스의 심판'이란 주제는 이 여신을 미의 여신으로 등극시킴으로써 '생식력=미'라는 등식을 공식적으로 합리화한 사건을 보여준다. 이성으로서 이해할 수 없는 생명의 신비를 아름다움이라는 문화기제 안에 병합함으로써 고대 그리스인들은 자신의 삶을 정당화할 수 있었던 것이고, 이후 서구문명은 신화를 통한 이러한 정당화를 곧잘 활용하면서 인식의 모순과 분열로 빠지지 않을 수 있었던 것이다.

1908년에 어느 한 고고학자가 오스트리아의 발렌도르프 근교에서 발견한 작은 여자 조각상에 '빌렌도르프의 비너스'라고 명명한 것은 다분히 이러한 맥락의 문화를 활용한 작은 예라 할 것이다. 이 석상은 22000년에서 24000년 전에 만들어진 것으로 추정되며, 문화적 의미가 무엇인지 불분명하지만 커다란 유방에 매우 큰 엉덩이와 불룩한 배 등은 다산의 상징으로 해석되기도 하고 또는 그 시대의 이상적인 여인상이었을 것이라고 해석되기도 한다. '비너스'라는 이름은 절묘하게도 이상적인 아름다운 여인과 풍요의 여신을 모두 포괄하고 있어 이중적인 해석의 가능성을 모순 없이 통합하고 있다.

프로메테우스, 디오니소스, 헤르메스 신의 귀환

질베르 뒤랑은 18세기부터 20세기까지 유럽에서는 프로메테우스, 디오니소스, 헤르메스의 순서로 그리스의 신화들이 사회와 문화의 각광을 받았다는 신화분석을 제시하였다. 이에 관한 이론적 틀과 방법을 여기서 다 말하지는 않겠다. 다만 이러한 신들의 귀환은 시대적인 요청에 따른 것이라는 점만을 언급해보겠다.

우선 프로메테우스는 주지하다시피 신들만이 소유하고 있던 불을 인류에게 주어, 흔히 '문명의 신'으로 불리고 있다. 때로는 인류를 만든 신으로 일컬어지기도 하지만, 18세기 말에서 19세기까지 프로메테우스는 문명의 불, 지식의 불, 저항의 불을 준 일종의 계몽주의적 선구자로 재해석되었다. 특히 마르크스와 같은 경우 그리스 신들 중에서 프로메테우스만을 지배층의 기득권에 저항한 선각자로 높이 평가하였다. 카우카수스(Caucasus) 산에서 쇠사슬에 묶여 독수리에게 영원히 간을 파 먹히는 형벌을 받은 프로메테우스의 모습도 19세기의 많은 작가들에게 시대를 앞서가는 자의 고난을 매우 잘 형상화한 것으로 보였다.

그러나 흥미롭게도 낭만주의 작가 메리 셸리는 『프랑켄슈타인 또는 현대의 프로메테우스』(1818년)에서 과학에 대한 맹신이 가져올 비극에 대하여 경고하면서 프로메테우스가 가져다주는 문명에 이미 비판을 가하고 있다. 훗날 20세기에 앙드레 지드는 『허술하게 묶인 프로메테우스』라는 소설로 지속적으로 의혹이 제기되었던 이 '문명의 신'을 고통의 미학을 즐기는 염세주의자로 둔갑시키고, 프루스트는 『잃어버린 시간을 찾아서』라는 연작소설에서 쇠사슬에 묶여 성적 쾌락을 즐기는 피학증세의 호모에 대한 비유로 활용한다. 19세기 말에서 20세기에 이르는 이 시기는 이미 프로메테우스 신화가 변형되고 왜곡되어 사용될 수밖에 없는 감수성의 문화를 갖고 있었기 때문이다.

그래서 19세기 말부터 음주가무의 신이고 축제의 신이며, 그 스스로 "두 번 태어난 자"인 디오니소스가 군림하기 시작했다. 19세기 말 데카당스의 문학이나 니체의 내재적 초월 사상부터 오늘날 각종 축제 마당이나 사이키 조명의 록 공연장까지 디오니소스는 곳곳에서 찬양되고 있다. 원래 디오니소스 신화가 내포하고 있는 '다시 태어남'의 의미는 시간이 갈수록 약화되어 가고 또 수사로 그치는 경우가 많지만, 그렇다고 해서 그 신화적 힘이 아직 소멸하지는 않은 상태로 보인다.

그리고 헤르메스의 신이 소통, 교환, 교체의 권능을 대중매체의 비약적인 발전에 힘입어 마구 행사하고 있는 것은 틀림없다. 상업의 신, 여행의 신, 신들의 메신저, 영혼의 안내자 등, 이 모든 별칭으로 헤르메스는 오늘날 인기 있는 상품 광고 속까지 침투하여 우리의 문화를 지배하고 있다. 헤르메스의 카두세우스는 모든 것을 되살아나게 하는 신성의 힘을 표상하고 또 전달하지만, 그 진정한 초월적 상징이 상업주의의 물결에 휩쓸려 사뭇 이름이나 이미지에만 머물 위험도 다분히 갖고 있는 상태다.

두 마리의 뱀이 한 몸을 이루는 형상인 카두세우스는 헤르메스 신화의 핵심적인 요소다. 낮과 밤의 교차, 어둠과 빛의 교환, 만물유전, 계절의 순환, 국가나 단체의 흥망성쇠, 개체의 소멸과 재생을 상징적으로 의미하는 카두세우스는 다원적이고 다문화적인 현대사회에 '차이 속의 공존'에 대한 직관적인 이해를 가능케 하기도 한다. 이것이 헤르메스의 새롭게 해석될 수 있는 메시지다. 이제 결론으로 넘어가자.

우리는 신화를 통해 스스로 초월해간다

서구문화는 이제 우리 문화의 일부다. 전 지구적인 소통이 인터넷망을 통해 거의 동시에 이루어질 수 있는 이 시점에서 서양과 동양을 나누는 일은 아무런 의미를 갖지 못한다. 지금은 다양하고 다원적인 문화들이 전 지구적으로 공존하며 지구촌 문화를 이루고 있다.

상당히 오래전부터 아프로디테나 프로메테우스나 디오니소스나 헤르메스가 우리 문화 속에서도 그 얼굴과 이름과 초월적 가치들이 고스란히 등재하고 있다. 앞으로는 어떤 신화를 저 오래된 문화의 지층 속에서 불러내올 것인가? 그 문화의 지층 속에 반드시 고대 그리스의 신들만 사는 것은 아니다. 우리가 필요로 하는 초월적 힘을 가진 오래된 이름은 여럿 있다. 중요한 것은 신화의 이름이 아니라 초월에 대한 우리의 욕망이다. 우리가 스스로 우리의 운명을 만들어가는 것을 연쇄적인 신들의 등장으로 또 그 이름의 교체로 확인할 수 있었던 것처럼, 앞으로도 그러할 것이다.

일곱 번째 강의

셰익스피어, 브레히트, 한국의 탈춤

김창우 (경북대학교 독어독문학과 교수)

디지털시대에 본격적으로 돌입한 21세기에, 예술장르들은 연극을 제외하고 빠르게 디지털화 하고 있다. 종이책을 대신할 전자책이 곧 보편화할 것으로 보이며, 미술과 음악 영화는 이미 모니터 속에서 관람객과 청중 그리고 관객들과 교감하고 있고, 그 교감의 폭을 전 세계로 확장해가고 있다. 오직 연극만이 디지털화 하지 못하는 이유는 무엇인가? 그것은 연극의 장르적 특성 때문이다. 연극의 장르적 특성으로는 현장성, 일회성, 기록 불가능성 등을 들 수 있는데, 특히 연극은 관객과의 만남을 통해야만 예술창작과정이 완성될 수 있다는 현장성 때문에 Online상에서는 관객과의 교감이 이루어질 수 없어, 오직 Offline, 즉 극장공간을 방문해야만 배우들과의 교감이 이루어질 수 있는 것이다. 이러한 연극예술의 미학적 특성은 연극미학자들에게 다양한 시각을 제공하게 되고 그 특성에 따라 다양한 연극이론과 그에 따른 연극공연물들이 제작된다.

서양의 경우, 희랍의 고전극들은 먼저 공연물들이 나온 이후에 이를 이론적으로 정립하는 작업이 이루어졌다. 오늘날 우리가 희랍고전의 3대 비극 작가라고 부르는 아이스킬로스, 유리피데스, 소포클레스의 작품들이 공연된 이후에 아리스토텔레스가 『시학』이라는 그의 저서에서 연극미학을 정립한 이후, 아리스토텔레스의 연극미학은 현재까지도 그 이론적 가치를 잃지 않고 있다. 아리스토텔레스의 연극미학은 서양연극미학의 주류를 형성하면서 현대까지 이어져오고 있지만, 르네상스 시대인 17세기 영국의 엘리자베스 여왕 시절의 대중연극 극작가들에 의해서 부분적으로 수정되기 시작하였다. 특히 셰익스피어는 그때까지 철칙으로 지켜왔던 아리스토텔레스의 극작이론들을 상당 부분 수정하며 작품 활동을 성공적으로 하게 됨으로써 서양연극사의 한 분수령을 이룩하게 된다. 셰익스피어는 소위 희랍 고전비극의 3일치 법칙(시간, 장소 사건의 일치)을 지키지 않았고, 비극은 물론 희극도 집필하였고, 희극 속에 비극적 장면을 삽입하거나, 비극 속에 희극적 장면도 삽입하는 등, 아리스토텔레스가 『시학』에서 제시한 연극미학을 충실하게 따르지 않으면서도 관객들에게 인정을 받으면서 후대의 연극인들에게도 많은 영향을 끼치게 된다.

셰익스피어 이후, 아리스토텔레스의 연극미학은 20세기 독일의 극작가 겸 연출가였던 베르톨트 브레히트에 의하여 다시 한 번 크게 수정된다. 브레히트는 관객들에게 감정을 유발시키기 위해서 반드시 배우와 관객들이 극중인물들에게 감정이입을 해야만 하는 것은 아니라고 주장하였고, 마르크시스트로서 연극공연의 목적을 사회개혁에 두고, 현실을 관객들이 냉철하게 바라볼 수 있도록 유도하는 계몽연극의 미학을 전개하였다. 그런데 브레히트가 자신의 연극미학적 입장에 대하여 확신을 가질 수 있었던 것은, 그가 동양연극, 즉 중국연극과 일본연극의 공연을 보면서 자신이 주장하는 연극미학의 성공적 공연사례를 확인할 수 있었기 때문이었다. 그러나 브레히트가 간과한 측면이 있었으니, 중국과 일본의 배우들이 극중인물에 몰입하지 않는 연기를 하기도 하지만 몰입하는 연기 또한 한다는 사실을 그는 간과하였다.

동양연극의 경우, 한국, 중국, 일본의 전통연극들은 그 공연형태와 연극미학이라는 측면에서 공통분모적인 요소들을 많이 갖고 있지만, 이론적인 연극미학의 정립을 시도한 연극인으로는 중세 일본의 가면극인 『노오(能)』의 극작가이자 배우였던 제아미가 유일하다. 제아미의 연극미학은 그의 방대한 저서와 함께 현대의 연극미학 연구자들에게 소중한 연구대상으로 자리 잡고 있다. 동양3국의 전통연극 연구는 활발히 이루어지고 있지만, 전통연극의 연극미학을 현대적으로 수용하는 작업은 주로 남한에서 이루어지고 있다. 중국과 일본의 전통극인 경극과 노오 그리고 가부키(歌舞技) 등이 전통적인 공연양식을 답습하고 있는 데 반해, 남한의 마당극은 전통연극의 미학을 기초로 하여 당대인들의 삶을 담아내는 작업을 30년 전부터 해오고 있다. 마당극의 연극미학을 정립하는 작업은 지금도 진행중으로 아직 완성되지 못했지만, 세계연극의 흐름 속에서, 새로운 연극으로 자리매김될 수 있는 가능성이 풍부하다.

이제, 아리스토텔레스의 연극미학의 핵심과 셰익스피어와 브레히트의 수정을 살펴보고, 동양3국의 연극미학과 그 차이점, 그리고 마당극의 연극미학에 관하여 살펴보도록 하자.

아리스토텔레스 연극미학의 핵심

카타르시스　연극의 목적은 영혼의 정화(카타르시스)이다. 이는 작가가 인간의 감정을 작품 속에서 육화시키고, 관객이 주인공이 겪는 비극적 상황을 마치 자기 것인 것처럼 감정이입하여 '연민'과 '두려움'을 느낌으로써(정체성, 극중인물의 감정에 공감) 관객의 심성이 정화된다는 것이다. 이는 비극을 통해서만이 가능하다. 비극만이 진정한 연극예술이다(희극은 감정이입을 하지 않고 방관자적 자세를 가짐으로써 웃음을 유발한다).

신분제한　관객들은 비극적 상황에 처한 비극의 주인공의 처지에 감정이입함으로써 주인공의 고상한 심정을 체험하여 영혼의 정화작용이 이루어지게 된다.

이러한 고상한 심정은 오직 고귀한 신분을 가진 자들(왕, 여왕, 왕자, 공주, 귀족, 장군 등등)만이 갖고 있다. 따라서 비극의 주인공은 고상한 신분에 속하는 사람이어야 한다. 시민들이나 하인들의 이야기는 희극의 대상일 뿐이다. 시민들, 하인들에게는 비극의 전제조건인 삶의 고귀성이 부족하기 때문이다.

구성(Plot) 비극의 생명이고 영혼이다. 인물의 성격은 부차적이다. 사건은 시간의 연속선상에서 꼬리에 꼬리를 물고 일어나야 하며, 유기적인 연결로 이어져야 한다. 하나의 이야기에 머물러야 하고 곁가지(에피소드)를 치지 말아야 한다. (발단–상승–정점–대반전–파국)

대반전(Peripetie) 대반전으로 사건을 뒤엎고, 비극적 상황의 해결이 시작되며, 무지(無知)에서 인지(認知)로 뒤바뀐다(Anagnorisis). 오이디푸스의 경우가 이상적인 본보기이다.

3일치의 법칙 시간, 장소, 사건의 일치. 드라마가 24시간 내에 전개되어야 하며, 공연시간과 사건전개 시간이 일치해야 하고, 장소는 사건이 발생하는 곳, 사건진행 중에 에피소드가 삽입되어 사건진행이 중단되는 일이 없이 시간, 장소, 사건진행이 일치해야 한다.

이는 고대 희랍의 공연상황과 관련된 것으로, 하나의 사건이 관객들의 눈앞에서 실제로 벌어지고 있다는 환상을 일으키기 위하여 공연현실과 극중현실을 일치시키는 공연양식에서 비롯된다.

3일치의 법칙에서 장소의 일치에 관해서는 아리스토텔레스는 언급한 바 없는데, 16세기 이태리 비평가들이 『시학』 곳곳에서 행동의 통일, 하루 동안의 일이 강조되니 장소도 제한되어야 옳다고 주장하며 3일치의 법칙을 추출하게 된다.

셰익스피어(William Shakespeare, 1564~1616)

마차를 타고 유랑하는 광대들의 연극은 17세기 영국의 런던 교외에 연극을 상시적으로 공연하는 극장이 들어서고, 직업극단들의 공연이 대중관객들을 상대로 벌어지면서, 새로운 전환기를 맞게 된다. 영국 르네상스 시대는 대중연극의 토대를 형성하였고 국민연극의 전통을 확립하는 시기였다. 이 시기의 극단들은 사회적 신분 보장을 위한 방편으로 모두 귀족 후원자의 보호를 받았다. 셰익스피어가 소속되었던 극단 '의전 대신의 배우들(Lord Chamberlain's Men)'은 에섹스(Essex) 백작의 후원을 받고 있었다. 연극이 르네상스 시대에 국가적인 예술로 발전할 수 있었던 것은 학계를 중심으로 로마 고전극에 관한 관심이 고조된 덕택이었다. 학교와 대학에서 고전극의 형식과 구조에 대해서 가르쳤고, 학교에서 고전극을 배우고 습작을 했던 극작가들이 전문극단을 위해 극작품을 쓰면서부터 연극의 활성화가 시작되었다.

새로운 환경은 새로운 연극을 탄생시켰다. 아리스토텔레스의 연극미학은 이 시기에 수정된다. 로마시대의 작가 세네카의 비극에서는 공포분위기를 불러일으키는 폭력적인 행동은 무대 밖에서 행해지고, 관객은 등장인물의 대사를 통해 듣게 되지만, 엘리자베스 여왕 시대의 영국 복수극은 그 행동을 직접 무대 위에서 연기하여 관객이 볼 수 있도록 함으로써 극적 긴박감을 증가시켰다.

시간, 장소, 사건의 3일치를 지키지 않고 여러 다른 장소와 광범위한 시간의 흐름 안에서 일어나는 사건들을 복잡하게 얽힌 플롯 안에서 전개시켰다.

여러 인물들로 구성되었던 코러스는 셰익스피어 작품에서 나오는 프롤로그나 에필로그와 같이 한 인물의 역할 기능으로 약화되었다.

고전극은 희극과 비극의 장르적 구분을 분명히 하기 위하여 희극적인 요소가 비극 속에 포함되는 것을 금지하였다. 영국 르네상스 시대의 연극은 종교극과 도덕극에서부터 내려오는 전통인 진지한 주제와 희극적 효과의 병합을 계속해서 이어갔다. 비극에서는 웃음을 자아내는 기분전환의 장면을 삽입하였고, 희극에서는 축제분위기를 막는 방해요소들을 병행하였다. 연극은 점차 대중적 인기를 얻게 되었고 대도시 대중문화의 중심으로 자리잡게 되고, 국가적 차원의 예술로 발전하였다. (1613년 런던에는 8개의 극장이 있었다. 셰익스피어가 건립주주였던 지구[Globe]극장은 1599년 세워졌고, 1644년 크롬웰 청교도 공화정부의 명령으로 강제 철거된 후, 1997년에 재건축되었다.)

극장 구조 당시의 극장 구조는 연극미학의 변화와 깊은 관계가 있다. 당시의 극장은 중앙의 객석에는 지붕이 없는 원형 모양이었고, 무대와 둥글게 무대를 둘러싸고 있는 3층으로 된 부유층을 위한 좌석 관람석 갤러리에만 지붕이 덮여 있었다. 추운 겨울에는 공연할 수 없었고 조명시설은 없었다. 무대는 플랫폼 형태의 돌출무대였고, 무대 앞 중심부에 있는 1층 땅바닥 입석관객용 공간, 무대 지붕을 받치고 있는 두 개의 커다란 기둥, 무대 뒤 분장실로 가는 벽에 있는 등장인물들의 등장과 퇴장을 위한 2개의 문, 분장실의 2층에 마련된 악사용 좌석, 분장실 위쪽에 자리 잡은 기계장치를 넣는 탑실과 극장의 깃발을 거는 탑실 지붕 등이 있었다.

돌출무대 입석 및 좌석 관람석으로 둘러싸인 돌출무대는 무대와 객석을 구분하는 무대장치가 없었기 때문에 관객과의 직접적인 교감을 강력하게 주고받을 수 있었으며, 이는 연극의 저변 확대에 크게 공헌하게 된다. 셰익스피어 시대의 연극공연들이 활성화될 수 있었던 요소 중의 하나는 이러한 관객들의 적극적이고 능동적인 관극을 가능하게 한 야외 돌출무대 극장이었다. 이러한 관객들이 있었기 때문에 당시의 극장은 매일 오후에 공연을 할 수 있었으며, 극단들은 이들을 위해 레퍼토리 체제로 여러 작품들을 준비해야 했으며, 상업성과 전문성을 띠는 직업형태로서의 연극행위가 성립될 수 있었던 것이다. 그러나 당시의 인기

극작가였으며 셰익스피어의 라이벌이었던 벤 존슨(Ben Jonson)은 이 연극 활성화의 주인공들을 "예의 없고 상스럽기 그지없는 패거리"라고 경멸하였다.

프로시니엄 아치 실내 소극장이 생기면서 궁정가면극이 유행하게 되었다. 궁정에서 화려하게 행해진 가면극은 직업배우들 외에 왕자나 귀족층 자제, 왕비나 왕세자비가 배역을 담당하여 연기를 하기도 하였다. 궁정가면극은 배우의 연기보다는 화려한 무대배경, 환상적인 무대 기계장치, 정교한 무대의상 등에 초점을 두었다. 이태리에서 도입된 건축술과 무대미술로 화려한 무대를 디자인하였다. 양초로 조명을 하였고 이태리식으로 무대 뒤의 배경막을 사용하였으며, 프로시니엄 아치(액자무대에 객석으로 돌출된 반원형 무대가 추가된 형태) 무대를 도입하였다. 프로시니엄 아치는 무대와 객석을 분리시키는 경계가 되었기 때문에 극적 효과는 프로시니엄 뒤에서만 표현이 가능해졌다. 그 결과, 관객의 주의력은 배우의 대사나 연기보다는 화려한 시각적, 청각적 효과로 옮겨지게 되었다. 이후 대중극장의 돌출무대는 점차 사라지게 되었고, 프로시니엄 아치가 영국의 극장 무대를 지배하는 주요 형태가 되었다.

극적 상상력의 활용 조명과 무대장치가 없던 당시의 연극은 관객들에게 극적 환상을 일깨우기 위해 언어에 의존할 수밖에 없었으며, 배우들은 대사로 관객의 극적 상상력을 가동시켰다. 사실적 표현을 포기한 이 방식은 관객들이 관례로 받아들이면서 다양한 장면을 묘사가 가능하게 만들었고, 이는 희랍비극과는 다른 새로운 연극세계를 창조하는 미학적 기초가 되었다. 배우들의 열정과 관객의 감수성에 크게 의존하는 이러한 공연양식은 세계연극사에 새로운 시대를 열었다.

크리스토퍼 말로우(Christopher Marlowe, 1564～1593), 벤 존슨, 셰익스피어 같은 최고의 극작가들이 당시 배출될 수 있었던 것은 당시의 연극적 상황과 공연 조건 덕택이었다.

- 요정이나 마술사가 다른 인물들의 눈에는 보이지 않는 상태가 되고자 할 때, 단지 대사로만 이제부터는 자신의 모습이 보이지 않는다고 말하면 충분하였다.
- 분장이나 의상으로 변신의 완벽함을 추구하지 않고, 위장한 인물은 결코 다른 인물들이 알아볼 수 없다는 연극적 관례를 세웠다.
- 여자배역을 맡은 소년배우가 여자역할을 하다가 남장을 할 때, 외견상으로는 자신의 정체성과 같은 남자역할을 하지만 심리적으로는 남자로 위장한 여자의 어색함을 표출해야만 한다. 소년배우가 남자임을 알고 있는 관객들은 이 배우가 펼쳐야 하는 이중적인 연기의 복잡함을 만끽하게 되고, 배우의 연기에 크게 의존해야만 했던 당시의 상황이 배우 연기의 발전에 크게 기여하게 되었다.
- 장소에 대한 구체적인 사항은 무대장면보다는 대사나 인물들의 행동에 의해 감지되도록 했다. 무대배경이 없었고 장소가 특정한 곳으로 정해져 있지 않은 무대는, 관객들의 상상력이 가동되면 다양한 장소로 바뀌면서 3일치의 법칙이 갖는 폐쇄성을 극복하고 무한공간으로 확장될 수 있었다.

셰익스피어의 연극세계

셰익스피어의 연극은 사회의 질서와 안정에 가치를 둔다. 그는 르네상스 시대의 애국적 국가주의 정신, 정치 및 종교개혁에 대한 열정과 갈등 등 당시의 시대정신을 반영하였다. 동시대 관객들은 그의 연극을 통해서 영국 중심주의의적 민족의식 형성에 동참할 수 있었다. 그러나 그는 시대를 초월한 인간의 근본적인 관심사를 다룸으로써 우리 모두가 공감할 수 있는 인간 생활의 단면과 보편적 삶의 주제를 다루고 있다. 그는 근대적 민족국가로서의 영국의 정체성 형성에 참여한 국민작가이면서, 또한 보편적 인간성의 미학을 실현한 가장 인문적인 작가로 평가된다.

셰익스피어는 40여 편의 드라마를 창작하면서 고전극의 3일치 법칙을 지키지 않았고, 다양한 양식과 풍부한 소재를 사용했다. 장르적 영역도 비극, 희극, 희비극, 목가극까지 확대하였고, 장르 분류가 어려운 비극적 요소와 희극적 요소가 섞여 있는 작품까지도 집필하였다.

말로우가 기초를 닦은 무운시법(blank verse)은 셰익스피어에 의해 절정에 이르게 된다. 그의 대사의 주요 구성요소는 홍수처럼 이어지는 비유와 은유적인 언어이다.

독백　셰익스피어는 공연을 위해 작품을 썼기 때문에 르네상스 시대의 무대 구조와 극장여건에 적합한 극적장치를 사용하였다. 독백이 그 대표적인 예이다. 돌출무대를 둘러싸고 있는 관객에게 극중인물이 자신의 생각을 가장 직접적으로 전달할 수 있는 기법으로 독백은 효과적인 수단이었다. 『햄릿』에는 7개의 독백이 들어있는데 이는 극의 시작에서부터 결말까지 그동안에 일어나는 사건 전개와 심리적 갈등을 표현해주는 중요한 구조적 요소가 된다.

『리처드 3세』에서 극의 시작은 왕권을 탈취하기 위해서는 방법과 수단을 가리지 않겠다는 자신의 의도를 관객에게 알리는 리처드의 독백으로 되어 있다. 자신의 음모를 관객에게 당당히 말하는 독백은 악인의 전형적인 모습을 부각시키는 효과를 수반한다. 대중을 향한 연설도 독백과 같은 역할을 한다. 『줄리어스 시저』에서 시저가 살해당한 뒤, 안토니가 로마시민들에게 시저 암살의 부당성을 주장하기 위해 "친구들이여, 로마인들이여, 동포들이여, 내 말에 귀 기울여주시오."로 시작하는 대중연설을 하는 것도, 독백처럼 관객을 대사에 몰두하게 하는 효과가 있다. 『헨리 5세』에서는 프랑스 아진코트 전투가 시작되기 전에 군대의 사기를 북돋우기 위해 헨리 5세가 이 전투에 참여한 모든 영국군인들을 자신의 형제라고 부를 때, 관객은 영국인으로서의 애국정신과 민족의식을 공유할 수 있게 된다.

역사극과 로마시대극　셰익스피어도 당대의 다른 극작가들처럼 사극을 쓰면서 극작활동을 시작하였다. 왕권을 중심으로 일어나는 분열, 찬탈, 폐위, 내란 등을 보여주면서 튜더 왕조의 정통성과 확고한 군주제의 개념을 정당화하고자 하였다. 로마극에서 다루어지는 정치적 혼란과 내분은 단지 로마의 과거사로만 그려진 것이 아니라, 셰익스피어가 작품을 쓰던 시기의 정치 상태와 시대 현상을 제시하고 있다. 그러나 셰익스피어는 군주의 비위를 건드리거나 자신의 극단을 후원하는 귀족들에게 불쾌감을 주는 소재를 사용하지 않으려고 매우 신중하게 주제를 선택하였다.

희극과 문제극　셰익스피어의 희극의 주제는 비극처럼 진지하지만 행복한 결말을 맺는다. 문제점을 제시하지만 그 문제를 해결하지 않은 채 결말을 맺는 희극을 문제극이라 부르기도 하는데, 『베니스의 상인』, 『끝이 좋으면 다 좋다(All's Well That Ends Well)』, 『자는 자로(Measure for Measure)』, 『트로일러스와 크레시다』 등이 이에 속한다. 문제극은 해결보다는 문제점에 대한 비판적인 시각을 제시하고 있다.

비극　셰익스피어의 위대한 비극은 그의 일생 중 암흑기로 불리는 시기에 집필되었다. 그가 비극에 주력한 원인은 10살의 어린 나이에 세상을 떠난 외아들 햄넷(Hamnet)의 죽음이었다. 비극의 주요 주제가 아버지와 자식들 간의 관계에 초점을 둔 것은 자식을 잃은 그의 슬픔을 시사하고 있다. 아들이 죽은 해에 썼던 『존 왕(King John)』에서 적군의 포로가 된 어린 아들 아서 때문에 비통해하는 콘스탄스의 슬픔은 아들 잃은 셰익스피어의 애달픈 상실감을 잘 반영하고 있다. 가장 유명한 사랑의 비극인 『로미오와 줄리엣』은 가장 초기에 쓰인 비극으로, 이후의 비극보다 극구성이 단순하고 철학적인 면이 결핍된 작품으로 평가된다.

4대 비극으로 불리는 『햄릿』, 『오셀로』, 『리어왕』, 『맥베스』는 복수, 질투심, 가족, 야망에 대한 비극이다. 이 비극들의 주인공들은 왕족이거나 사회적 지위가 높은 인물들로서 그들의 성격적 결함이나 과오는 치명적이며 비참한 결과를 만들어낸다. 인물들이 자신들의 인간적 약점으로 인해 내적인 고통을 겪고 위기와 파국을 맞게 되는 성격비극의 특징을 지닌다. 맥베스와 이아고는 셰익스피어가 창조한 악인의 정형으로 손꼽히고 있다.

셰익스피어의 작품들이 전 세계에서 꾸준히 공연되고 읽히는 것은 그가 추구했던 본질적 삶에 대한 질문이 현재에서도 상관성을 지니기 때문이며, 또한 그가 창조한 인물들에 내재된 인간성과 상상적 유대감을 형성할 수 있기 때문일 것이다.

베르톨트 브레히트(Bertolt Brecht, 1898~1956)

아리스토텔레스가 정립한 서양의 연극미학은 르네상스 시대의 영국 극작가들, 특히 셰익스피어에 의해 부분적으로 수정된 이후, 18세기 독일의 레싱(Lessing, 1729~1781)에 의해 비극의 주인공이 시민계층으로 내려오는 '시민비극'으로 다시 수정된다. 이 시기에 감정이입의 미학도 프랑스의 디드로(Denis Diderot, 1713~1784)에 의해 수정된다. 20세기에 들어와 독일의 브레히트는 아리스토텔레스의 연극미학의 핵심 중의 하나인 배우의 극중인물로의 감정이입에 대한 견해를 이론적으로 비판하고, 동양연극(중국, 일본)의 영향을 받아 '서사극(Episches Theater)'이라는 새로운 연극미학을 이론적으로 정립하였다.

극작가로서의 성공을 가져다준 첫 작품인 『서푼짜리 오페라(Dreigroschenoper)』(1928) 이후, 브레히트는 히틀러가 정권을 잡은 1933년까지 일련의 혁명을 주제로 한 '학습극(Lehrstück)' 연작들을 발표했고, 서사극에 관한 이론적 저술 또한 병행하였다. 1933년 2월 프라하로 도피한 이후, "헌 구두보다 더 자주 망명지를 바꾸면서" 모스크바를 거쳐 미국 캘리포니아로 갔다가 2차 대전이 끝난 후 스위스를 거쳐 동독으로 귀국하여 1949년에 '베를린 앙상블(Berliner

Ensemble)'을 창단하고 이후 1950년대 세계연극을 주도하며 극작가, 연출가, 연극이론가로 명성을 날렸다. 망명시절에 그의 후기 대작들, 『갈릴레이의 생애(Das Leben des Galilei)』(1938), 『억척어멈과 그 자식들(Mutter Courage und ihre Kinder)』(1939), 『사천성의 착한 사람(Der gute Mensch von Sezuan』(1941), 『코카사스의 백묵원(Der kaukasische Kreidekreis)』(1944) 등을 집필하였으며, 자신의 연극미학을 담은 『연극을 위한 작은 지침서(Kleines Organon für das Theater)』를 1948년에 집필하였다. 『투란도트 또는 결백조작 대회(Turandot oder Der Kongreß der Weißwäscher)』(1954)를 끝으로, 그는 1956년 8월 14일 심장마비로 사망하였다.

브레히트 서사극의 핵심이론은 다음과 같다.

- 감정은 반드시 감정이입이라는 수단으로만 불러일으킬 수 있다는 생각은 잘못이다.
- 배우는 극중인물과 배우 자신이라는 두 가지 연기대상을 갖는다.
- 음악, 무대미술, 대사, 연기, 조명, 의상 등의 요소들을 따로 분리한다.
- 종합예술로의 용해를 지양한다. (예: 슬픈 장면에 슬픈 대사, 슬픈 음악, 슬픈 조명을 사용하지 않는다.)

사회적 게스투스(sozialer Gestus) 배우는 감정이입을 통한 극중인물로의 몰입이 아니라, 일부러 거리를 두고 시위를 하듯 보여주는 게스투스를 통해 극중인물을 표현해야 한다. 게스투스는 기존의 배우들의 언어와 동작이 주관적인 감정이나 생각을 드러내주는 데 그치는 것을 보충하려고, 브레히트가 인물들 상호간의 사회적인 관계를 보여주는 보다 포괄적인 개념으로 발전시킨, 몸짓에 대한 개념이다. 제스처가 의사전달을 하는 과정에서 말에 부수적으로 첨가되는 개인적인 몸짓, 손짓, 발짓을 의미하는 주관적인 개념인 반면, 게스투스는 개인적인 행동을 결정짓는 사회적 관계까지 포괄하는 상호 주관적이고 사회적인 개념이다.

낯설게 만들기(Verfremdung) 서사극의 대표적 개념으로 알려진 '낯설게 만드는 효과(Verfremdungseffekt)'란, 배우와 관객의 극중인물로의 몰입을 막기 위한 수법이며, 평소에 친숙하여 지나치던 사실들을 낯설고 기묘하게 만들어 그 사실들이 눈에 띄도록 하여, 새롭게 인식될 수 있도록 만드는 일종의 강조수법이다. 그 구체적 방법으로는 간접화법의 3인칭 사용, 직접화법과 간접화법의 혼용, 말하는 속도에 차이를 주거나 반복, 동작을 아주 빠르게 혹은 아주 느리게 함으로써 강조, 평범한 사건에 역사성을 부여, 평범한 사건을 과장하는 방법 등이 있다. 극적 환상을 깨고 연극이 가짜임을 드러내주기 위하여 조명기기들을 일부러 노출시키고, 연극을 진행시키고 논평하는 역할을 갖는 노래를 삽입하고, 브레히트 커튼이라고 불리는 조잡한 천조각의 커튼을 막으로 사용하기도 한다.

전통극	서사극
관객은 극중 사건에 휘말림	관객은 극중 사건의 관찰자
관객을 극 속으로 몰입토록 유도	관객이 몰입 않고 판단토록 유도
불변적 인간	가변적 인간
결말에 대한 긴장감	과정에 대한 긴장감
인과적 유기적 연결	병렬적 구조

거리극(Straßenszene) 서사극의 기본모델은 '거리극(Straßenszene)'이다. 거리극이란 브레히트가 서사극의 기본골격으로 제시한 가두장면극의 일종으로, 교통사고의 목격자가 자기가 목격한 것을 사람들에게 설명하는 것으로, 설명자

는 사고 당사자로 감정이입하지 않고, 청중들도 이를 기대하지 않는다는 것으로, 연극도 이처럼 감정이입 없이 이루어질 수 있다는 것이다. 목격자의 시위의 목적은 사고를 못 본 사람들이 사고의 윤곽을 알고 판단할 수 있도록 도와주는 것이다. 주제가 바뀌면 그대로 '연극장면(Theaterszene)'이 되는 것이다. 거리극의 특징은 설명자가 묘사 도중 자신의 의견을 왕왕 첨부한다는 것이며, 브레히트의 서사극에서는 '합창단(Chor)'이 이에 해당한다. 거리극의 구성(plot)은 역사적 소재가 그러한 것처럼 꾸며낸 이야기가 아닌 측면도 있고, 또 '만일 이러저러했다면 사고가 안 났을 텐데'라는 가정 아래 얼마든지 꾸며낸 이야기가 들어설 수도 있으므로, 예술연극의 골격이 충분히 될 수 있다. 시위의 대상은 항상 사회적으로 실제 의미가 있는 것이어야 한다. 극중인물의 성격으로부터 사건을 끌어내지 말고 사건이 성격 형성에 영향을 끼치도록 한다. (사고에 영향을 끼치지 않는 개인적 차원의 타고난 성격은 가능하다.)

거리장면	연극장면
시위	묘사/연기
시위자	묘사자/연기자, 배우
시위된 것	묘사된 것/역할, 극중인물

비유극(Parabel) '과학시대의 연극'을 주창한 브레히트는 과학적인 지식과 방법론을 도입하여 비유극이라는 드라마 양식을 선호하였다. 그는 현실의 한 단면을 탐구해야 할 대상으로 분리해 낸 후, 이 단면에 대한 구체적인 인식을 관객들이 얻을 수 있도록 해준다. 사회의 특정한 기능과정을 인식 가능하도록 만들기 위해 추상화, 즉 축소, 집약, 단순화 과정을 거쳐 모델을 설정하는 방법은 자연과학적이면서도 변증법적인 인식방법이다. 브레히트는 이러한 자연과학의 인식방법을 연극에 도입해 사회의 법칙을 관객에게 보여준다. 또한 비유극은 망명으로

인해 독일의 현실을 다룰 수 없었던 그가 가졌던 외부여건에 기인한 선택이기도 하였다. 그러나 단순화시킨 모델을 통해 관객들이 현실인식을 과학적으로 실행하도록 유도하는 비유극은 독일 이외의 나라에서 그 사회의 구조적 모순이 본질적으로 동일한 경우에는 공통적인 비판기능을 수행할 수 있음으로 해서 세계 여러 나라에서 특히 자본주의의 구조적 모순이 존재하고, 군부와 파쇼정권에 대한 저항이 실존하는 나라에서는 자주 공연될 수 있었다. 동독 건국 초기에는 "지금", "여기"를 외치는 사회주의 리얼리즘 문화정책으로 말미암아 찬밥 신세를 면하지 못했던 브레히트였지만, 그의 비유극은 제3세계 민중연극과 연계되면서 세계 각국의 무대에서 공연될 수 있었다.

부정의 부정(Negation der Negetion) 브레히트는 의도적으로 극중인물을 부정적으로 묘사하여 관객들로 하여금 이 부정적 인물의 부정적 행위를 재차 부정하도록 하는 수법을 사용하였다. 종래의 극중인물들은 연극이 진행되는 과정에서 의식이 바뀌는 양상, 즉 부정적 인물로 출발하여 긍정적 인물로 바뀌는 것과는 대조적이다. 대표적인 부정의 대상으로는 『억척어멈과 그 자식들(Mutter Courage und ihre Kinder)』에 나오는 억척어멈과, 『조치(Die Maßnahme)』에 나오는 젊은 동무(Der Junge Genosse)를 들 수 있다.

브레히트의 연극관 젊은 시절의 브레히트의 예술관은 오락(Unterhaltung)이 아니라 교육(Belehrung)으로서의 예술이었다. 그는 부르주아 연극을 현실을 몽롱하게 망각하게 하는 마약에 비유했으며, 극장을 이러한 마약을 파는 곳이라고 비판하였다. 예술을 사회변혁의 수단으로 보았던 젊은 시절의 브레히트의 가장 과격한 실험은 '학습극(Das Lehrstück)'의 형태로 나타났다. 학습극이란 1920년대 말, 30년대 초에 브레히트가 실험했던 일종의 실험극으로, 혁명적 집단 스스로 깨우치고 스스로 교육하기 위한 연극모델이었다. 학습극은 '관객에게 보여주기 위한 연극(Schaustück)'이 아니며, 주제를 담는 연극도 아니고, 아마추어 연기자들이 스스로의 경험을 첨가하기 위한 고품질의 문학적 가대본이다. 변증법적 사고를 훈련하여 변증법적으로 사고하고 그에 따라 정치적으로 행동할 수 있는 능력을 키워주는 것이 학습극의 목적이다. 학습극의 원칙은 역할 바꾸기, 여러 가지 행동양식의 섭렵, 라디오 녹음기 같은 기자재의 적극적 활용 등을 들 수 있다.

말년의 브레히트의 연극관은 교육에서 오락으로 바뀌었다. 오락을 연극의 본령으로 이해하고, 오락의 테두리 속에서 교육이 이루어질 수 있어야 한다고 수정하였다. 변혁이 이루어져야 한다는 점을 인식하는 데서 오는 기쁨, 이것이 가능하다는 것을 연극을 통해 확인할 때의 즐거움, 현실의 질곡과 모순의 근본원인을 알게 되는 배움의 즐거움이 바로 브레히트가 말하는 오락인 것이다.

제3세계 민중극과 브레히트의 수용 제3세계 연극계가 브레히트에 관심을 갖게 된 이유는 브레히트 작품의 비유적 우화적 측면과 함께 그 서사적 구조 그리고 음악, 무용, 대사, 움직임 등 연극을 구성하는 요소들의 분리적 활용이 제3세계의 전통적 연극방식, 소위 전근대적이라는 굿의 양식과 유사하기 때문이며, 서구연극의 폐쇄적 형식과 액자무대 그리고 수동적 관객으로 대변되는 서구연극에 대한 배격이라고 할 수 있으며, 그의 연극이 문화제국주의에 대한 대항의 모델 구실도 하고 있기 때문이다.

아랍지역에서 석유채굴과 연관된 내용으로 인해 1960~70년대 가장 빈번하게 각색되어 공연된 작품이 『예외와 규칙(Die Ausnahme und die Regel)』이었다. 석유가 풍부한데도 가난이 지배하던 당시 아랍의 현실에서는 당연한 결과였다. 석유자원 확보와 관련된 강대국들의 아랍국가들에 대한 착취와 침탈이 아직도 전쟁의 형태로 지속되고 있다는 현실을 직시하면, 브레히트의 이 작품은 아직도 각색의 대상으로 손색이 없는 작품이 분명하다.

국내에서는 군사정권 시절 브레히트에 관한 책조차 금서로 지정되었던 만큼, 공연을 통해 국내 관객들과 만날 수 없었으며, 동구 사회주의 붕괴 이후에는 점차 사회주의에 대한 관심이 적어지면서 자연스럽게 관객들과 만날 기회를 상실하고 말았다.

탈춤과 굿의 연극미학

서양의 전통무대극이 무대와 객석의 분리를 가정하여 소위 제4의 벽이 존재하는 '창문연극'이라면, 동양 3국(한국, 중국, 일본)의 연극은 무대와 객석이 동일한 시공에 존재하며, 제4의 벽이 없고, 연극이 가짜임을 드러내고, 관객의 극적 상상력에 직접 호소하며, 관객과의 약속을 통해 연극을 진행한다. 일본연극은 막부시대 장군들이 후원자였고, 상업극으로 시작된 측면 때문에 정치사회성이 배제되었고, 이승과 저승의 이야기, 윤회 같은 형이상학적이고 철학적인 관념적 주제들, 사무라이들의 주군에 대한 충성, 남녀 간의 애절한 사랑 등등을 주로 다루었다. 따라서 내용보다는 형식이, 세련된 연기와 현란한 테크닉 위주로 발전하면서 상업연극으로 관객들에게 볼거리를 제공하는 데 주력하였다. 중국연극은 민중적 영웅들의 이야기가 주조를 이루면서 권선징악의 테두리를 크게 벗어나지 않는 주제들을 주로 다루었다. 이에 반해 한국연극은 영웅들의 이야기가 아닌 민중들 자신의 이야기를 다루었고 계층들 간의 갈등을 첨예하게 부각시킨 정치사회극의 성격을 갖고 있다. 탈춤과 굿의 연극 미학적 특징은 배우와 관객들이 한데 어우러지는 판을 짜서 집단적인 신명을 유발한다는 것이다. 극중 장소와 공연장소를 일치시키고 관객들이 들어올 틈새를 설정하는 관객 위주의 드라마투르기를 사용한다는 점이다. 이는 배우와 관객들이 함께 빚어내는 연극예술로 관객들의 수동적인 관극자세를 지양하게 된다. 한국 전통연극의 연극 미학적 특징으로는 이 밖에도 흑백논리의 지양, 적대세력에 대한 비판과 자기성찰, 반쪽 영웅의 수법, 여성 해방적 시각 등을 들 수 있다.

극중 장소와 공연장소 극중 장소와 공연장소의 일치를 통해 관객은 배우와 동일한 시공에 존재하게 되고, 따라서 관객과 배우의 즉흥적 교감이 가능해진다.

틈새 관객과 배우가 동일한 시공에 존재함으로써 신명 있는 관객이 극 속으로 뛰어들어올 수 있는 장면이 많이 있다. 탈춤공연에 익숙한 관객들 중 신명난 관객들이 자발적으로 참여하게 된다. 탈판은 이런 관객의 참여를 미리 계산에 넣고 짠 판이라는 점이 중요하다. 통영오광대의 길놀이인 『사또놀이』나 남사당패 『꼭두각시 놀음』의 이시미 거리는 재판극의 형식이므로 관객들은 자연스럽게 스스로의 판결을 내리도록 유도된다. 사또놀이의 경우, 양반을 욕보일 때 구경꾼의 존재는 필수적이고, 관객들은 마을사람들 역할로 출연하는 셈이다. 이러한 틈새를 설정하는 연극미학은 관객 위주의 드라마투르기라고 부를 수 있다. 이는 태극을 음과 양으로 나뉘어 있다고 보지 않고, 음과 양이 하나를 이룬 태극이라고 보는 것과 같이, 배우/관객, 무대/객석의 관계를 원래부터 맞서는 두 개의 요소가 아니고 애초부터 하나인 관계로 파악하는 연극미학으로 볼 수 있다(Theatre의 어원이 그리스어 teatron이고 이것이 쳐다보는 것을 의미한다는 것은 그리스인들도 연극의 본질을 연기행위가 아니라 관극행위로 보았다는 추측을 가능케 한다).

자기성찰 한국의 전통극은 민중과 민중의 적대세력으로 나누는 이분법적 흑백논리를 지양하고 자신의 추한 모습까지도 드러내는 자기성찰의 측면을 갖고 있다.

반쪽 영웅 홍동지 일곱 동네 장사로 설정된 홍동지는 산받이(서양의 코러스와 유사한 극적기능을 갖는 남사당 특유의 극적 장치로 잽이가 맡는다)의 선동과 지시에만 따르는 반쪽 영웅으로 설정된 인물이다. 홍동지는 기운만 있을 뿐, 그

기운을 어디다 쓸지 모르는, 자의식이 결핍된 인물이다. 홍동지의 이시미 퇴치는 산받이의 선동과 사주로 이루어진다. 홍동지는 이시미에게 물렸던 박첨지를 구해준다. 그러나 홍동지는 이시미를 격퇴한 후, 그 껍질과 이시미의 눈 야광주를 제물포에 가 팔아, 혼자서 호의호식하는 부정적 인물로 설정되어 있다. 홍동지는 일하는 자가 아니며, 홍동지의 이시미 격퇴는 억압으로부터의 해방과 새로운 가치관, 새로운 인생관을 지향하는 근대적 인간의 자세를 보여주지 않는다. 홍동지의 이러한 비민중적 자세는 관객들의 실망을 겨냥한 의도적 설정으로 남사당패 '꼭두각시 놀음' 드라마투르기의 압권이다. 드라마투르기 수법으로, 브레히트의 '부정의 부정' 수법과 동일하다.

여성 해방적 시각 전통극 속의 여인들은 당시의 지배적인 남존 여비적, 유교적 윤리도덕을 감수하며 이를 인내하는 인간들이 아니고, 적극적으로 현실적 삶을 헤쳐나가는 진취적 인간들이다.

소무 별 볼일 없는 밑바닥 인생의 전형으로 설정된 인물이 소무이다.

늙은 노장과 젊은 취발이의 소무 쟁탈과정에서 취발이가 승리하여 소무를 취하는 것으로 보이지만, 소무는 취발이의 엽전꾸러미를 보고 나서야 취발이에게 응함으로써 사실은 소무가 취발이를 취하는 것이다. 그러나 여성을 대하는 자세에서 취발이 역시 남존여비적 자세를 취하고 있으므로 소무는 여기에 저항한다. 아기에게 젖먹이기를 거절하는 것은 여성만이 갖고 있는 유일한 저항수단을 사용하는 것이다. 강제로 젖을 물릴 수는 없기 때문이다.

미얄 처첩 간의 갈등과정 속에 나타난 미얄의 모습은 다소곳한 현모양처형의 인간이 아니다. 미얄은 인간으로서 누려야 할 권리를 당당히 행사하고 여성 억압적인 유교적 윤리관을 거부하는 인간이다. 미얄은 말없이 집을 나갔다가 젊은 첩까지 끼고 돌아온 남편에게 당당하게 자기주장을 펴고 이혼을 요구하는 적극적 인간이다. 미얄은 오랜만에 만난 영감과의 반가움을 여성상위의 체위로 정사를 벌이는 것으로 표현하는 능동적인 여인이며, 아내로서의 임무에 소홀하지 않았고(여름이면 여름옷, 겨울이면 겨울옷, 철철이 옷을 해 입혔고), 가사노동은 물론 농사도 같이 지어 세간 장만에도(백 집을 돌고 돌아 깨진 그릇 모으고 모아 불리고 또 불렸던 세간) 제 몫을 다한 여인이다. 나무하러 갔다가 호랑이에게 물려 죽은 아들 탓을 핑계로 조강지처를 버리고 젊은 첩과 살려는 영감에게 미얄은 더 이상 미련을 두지 않고 헤어지자고 하며 살림을 나누어 줄 것을 요구하는 당당한 여인이다. 불공정한 세간나누기에 분노하고, 자신의 만류에도 불구하고 신당을 부수다가 동티가 나서 영감이 쓰러지자 자신을 끝까지 배신하며 박대했던 남편에게 미얄은 한 치의 미련도 없이 "동네방네 키 크고 코 큰 총각 우리 영감 내다 묻고 나하고 같이 살아 봅세."라고 외친다. 미얄은 실용적이고 현실적인 사고의 여인이다.

도끼누이　『양주별산대놀이』의 도끼누이는 가부장적 유교질서 밑에서도 인간으로서 누려야 할 권리를 당당히 행사하고, 어머니 세대인 미얄에게 가해진 여성억압적 윤리관을 거부한다.

남자들로 구성된 탈패들의 연극 속에 이러한 여성적 시각이 담겨 있다는 사실은 자신들의 추한 모습들까지도 드러낼 수 있었던 자기 성찰적 자세를 가늠할 수 있게 한다.

마당극　마당극은 탈춤과 굿의 연극미학을 창조적으로 계승하고 현대적으로 수용하며, 서구연극 또한 비판적으로 수용하여, 현대 한국인의 삶을 한국인의 언어와 한국인의 몸짓으로 담아내려고 하는 1960년대 말부터 시작된 문화운동의 결과물이다. 한국의 마당극은 독재정권에 저항하는 시회개혁운동의 차원에서 진보적 문화운동의 일환으로 시작되면서 새로운 연극을 향한 시도로 태동한 것이다. 마당극은 배우와 관객이 함께 어울려 소통하는 연극으로, 오늘날의 연극이 어떻게 존재해야 마땅한가, 진정한 연극정신은 과연 어떠한 것이어야 하는가를 절실히 추구하는 과정에서 새롭게 창출된 예술이념이고, 따라서 극 양식 개념을 넘어선 가치 개념이다.

여덟 번째 강의

일제 강점기 민중 생활

박현수(영남대학교 문화인류학과 교수)

보편성과 특수성

바야흐로 우리 눈에 보이는 모든 것이 변하려 하고 있다. 보이는 것은 그것만의 변화로 끝나게 내버려두지 않는다. 우리의 후배와 후손들은 시냇물이 무엇인지 강물이 어떤 것인지 모르게 될 것 같다. 일본인 야나기는 이민족인 조선의 광화문이라는 조그만 건축물의 파손을 앞두고 한 편의 글을 써서 식민지는 물론 제국의 지식인들을 울렸다. 이제 우리는 같은 민족으로 분류되는 사람들이 광화문 파괴와 비교할 수 없는 엄청난 일을 저지르는 모습을 보고 발만 동동 구르고 있다.

우리는 이제까지 우리가 겪은 무서운 속도의 문화변동을 인류사에 유례가 없는 현상이라고 생각했다. 지금 우리 안전에서 전개되는 모습으로 극에 달한 변동도 그러나 준비기간을 가진 사건이다. 어느 시대에나 사람들은 세상 풍속의 변화를 이야기했지만 이 시대의 변동은 실로 지구사적인 것임을 누구나 인정한다. 동시대적 변동은 4백 년 전부터 시작된 자본주의와 세계체계 구성의 가속작용의 결과라고 할 수 있다.

18세기 후반에 들어서면서 서구의 '선진' 열강은 직접 한국에 영향을 주기 시작하였으며, 세계사에 있어서 같은 단계에 있던 일본은 순식간에 제국주의에 편승하여 이웃에서 지배자로 바뀌었다. 일본의 제국주의가 갖는 특징들은 미숙한 자본주의 단계에서, 지리적으로나 문화적으로 가까운 이웃을 식민지로 만들었다는 데에서 비롯한다.

교과서적 제국인 영국이나 불란서는 식민주의에 있어서 대조적이지만 미국, 러시아, 일본과 다르다. 앞의 두 제국이 먼 곳의 민중들을 지배하였지만 뒤의 세 제국은 카펫을 깔듯이 철도를 깔면서 정복했다. 그럼에도 불구하고 식민지배의 본질은 보편성이 강하다. 제국주의의 이러한 일반원리를 경시한 채 독특성을 강조하는 태도는 위험할 수 있다. 일제하의 우리 생활도 세계적 수준의 보편성을 깔고 균형감 있게 살펴야 한다.

개항 이후 중상주의적 외국문물의 침투는 즉각적으로 우리네 생활에 변화를 주었다. 이런 모습은 관찬 사료보다 개인 기록에서 쉽게 확인된다. 개항되던 해에 태어난 백범 김구의 어린 시절 기록이 좋은 예가 된다. 자본주의가 한국에 말뚝을 박는 모습도 최태영의 회고에서 극명하게 나타난다. 세계사적 보편성과 개인사적 특수성은 서로 연결되어야 의미를 보여준다.

모든 제국이 침략과 지배를 위한 일반적 인프라를 구축하였다. 교역을 위한 도량형과 화폐, 그리고 언어가 통해야 했다. 통신과 운송을 위한 설비가 필요했으며, 시간과 계약제도가 그러했다. 이를 위해서는 식민지의 자연과 인문에 대한 이해가 전제가 되었으며 식민통치를 정당화하는 교육과 문화가 필수적이었다. 식민지 조선의 생활도 급속히 재편되었다. 의식주와 도로, 통신시설이 달라지고 달력과 시간제도가 달라졌다. 그러나 식민지 시대에 사시미나 스시를 먹어본 사람은 별로 없었다. 기모노나 유가타를 입어본 사람은 전혀 없었다. 그럼에도 불구하고 바도꼬로(場所)라는 단어를 써보지 않은 사람은 없었다. 정신적인 것이라

하여 물질적인 것보다 변화속도가 느린 것은 아니다. 눈에 보이는 경치나 거리에서 들리는 온갖 소리도 달라지고 피할 수 없는 냄새도 달라졌다. 그러나 일제 강점기 생활의 모습은 오늘날의 우리네 생활보다는 오히려 조선시대의 그것에 더 가까웠을지 모른다.

역사의 원근법

한국의 인문학도들이 십 년 전에 가까운 옛날의 民衆生活을 記錄하고 解釋하자고 모여들었다. 사회나 문화 變動의 過速에 대한 현기증을 참을 수 없었기 때문이다. 공자도 급변하는 시간이 사람을 타락시키고 있다고 하여 걸핏하면 "古之君子는…" 하였다. 인류 역사에서 변화를 심각하게 느낀 것은 19세기의 서구인들이었을 것이다. 변화는 사회나 문화에 그치지 않고 자연에서도 일어나고 있다. 인류의 역사와 비교할 수 없을 만큼 유구한 역사를 가진 까치나 감나무를 보라. 해류나 기후를 보자. 자연이나 생태의 변화도 결국은 인간의 문화변동의 결과에 지나지 않는다.

碧初의 『林巨正』을 처음 읽은 1970년대에, 나는 30년대의 그 벽초가 1970년대보다 1500년대에 더 가까운 사람이 아닌가 생각하였다. 그러나 지금은 그 70년대조차 16세기에 더 가까웠던 것이 아닌가 생각하게 된다. 우리가 살아온 이 시대는 그만큼 중요하다. 변화의 주체였던 우리와 우리 부모도 그렇다.

그러나 우리와 우리 시대는 합당한 대우를 받지 못하였다. 공간적으로나 시간적으로나 사회적으로나 가까운 것은 별로 관심을 끌지 못하였다. 원래 가까운 것이 크게 보이게 마련이다. 원근법 없이는 살 수도 없다. 遠近法은 회화의 表現技法일 뿐만 아니라 우리의 事物認識 方法이기도 하다. 그것은 공간에만 적용되는 것이 아니다.

단위시간당 역사교과서에서 차지하는 페이지 숫자는 확실히 가까운 시대가 많다. 그러나 그렇다고 해서 우리의 시대, 20세기가 제대로 대접받고 있는 것은 아니다. 현대사의 중요성을 주장하는 것은 일반 원근법 때문만이 아니다. 20세기의 특수한 의미가 이런 주장을 강요하는 것이다.

시간적, 사회적, 문화적 원근법은 우리에게 現代 生活歷史 작업을 요구한다. 홉스봄에 의하면 진정한 역사는 사회역사(history of society)여야 하며 그것은 역사의 하위 부분 또는 특수 분야로서의 사회사(social history)이기를 거부해야 한다. 이러한 명제는 우리가 구체적으로 추진해야 할 역사연구에도 그대로 적용되어야 할 것이다. 역사란 생활역사(history of life)일 수밖에 없으며 그것은 결코 기존 역사(학)의 部分(學問)일 수 없을 것이다. 이 거창한 개념은 오늘날의 긴박한 상황에 구체적으로 적용되어야 한다. 그렇다면 현시점에서 우리가 현재의 사회와 문화를 이해하고 기존 역사학이 채 수행하지 못한 현대사 연구에 기여하기 위해 해야 할 일은 무엇인가 생각해 보자. 가까운 것에 대한 경시와 아울러 개발의 열기 및 세대간의 傳承空間 축소가 植民地時代와 6·25 시대의 자료를 말살하고 있다. 모든 학문이 경계를 넘어 해야 할 중요한 것은 이 시대를 위해 앞선 시대의 자료를 남기고 다음에 올 시대를 위해 이 시대를 증언하는 일이다.

무엇을 할 것인가 – 새로운 史料

知的 遠近法에 의해 가까운 과거의 자료에 대한 수요는 상대적으로 크지만 공급은 부족하다. 개발의 열기와 세대 간의 傳承空間 축소가 일제시대와 6·25 시대의 자료를 말살하고 있다. 동시대인을 위해 거듭 일회용 역사를 서술하는 것보다 중요한 것은 이 시대를 위해 앞선 시대의 자료를 남기고, 뒷시대를 위해 이 시대를 증언하는 일이다.

문자 기록을 중요시하는 나머지, 유물, 유적이나 口述, 口傳 자료를 보조자료 정도로 생각하는 것이 문헌 사학을 비롯한 인문학의 전통이다. 현장의 자료를 중시하는 인류학에서조차도, 스스로 자기네 생활과 역사를 기록하지 못하고, 타인에 의해 기록되지도 못한 '역사 없는 사람들'의 역사는 history가 아닌 ethnohistory라는 이름으로 연구되어 왔다. 그러나 새로운 한국 인문학에 있어서 바람직한 것은 식민주의를 극복하여, 이들의 역사를 ethnohistory가 아닌 진짜 history로 복권시키는 일이다. 자신들의 역사는 과학적이고 믿음직하지만 문자기록이 없는 연구대상자의 그것은 신화적이며 믿음직하지 못하다는 생각에서 딴 이름을 붙이는 것이야말로 자민족중심주의의 노출이다.

일제의 문헌자료

식민지 시대 조선인의 생활을 보여주는 자료로서는 조선인들에 의한 다양한 기록들과 아울러 일제 측에 의한 기록들이 있다. 일제의 식민지 조선 문화 기록과 연구는 일제 측의 조건, 조선 측의 조건, 그리고 양자 사이의 식민주의적 관계에 의해 설명된다. 메이지유신 이후 일본은 미숙한 자본주의 하에서 지리적으로 가깝고 비교적 문화적 동질성이 강한 조선을 식민지화하였다. 이른바 漢學과 國學, 洋學의 학문적 전통과 아울러 文明開化의 풍조 속에서, 1868년의 메이지유신 이후 제2차 대전에서의 패전으로 식민지 조선을 상실하기까지 전개된 조사와 연구는 식민주의의 전개과정에 조응하여 다음과 같이 5개 시기로 구분된다.

제1기(1868~1894): 메이지유신 직후부터 나타난 식민주의는 조선에 대한 침략적 조사와 정탐을 부추겼다. 參謀本部의 兵要地誌 조사라는 군사적 정탐과 무장 상인들의 조선 시장조사로 특징을 이룬다.

제2기(1894~1905): 청일전쟁 이후 노일전쟁에 이르는 기간은 상인들의 內陸시장 조사가 강화되는 한편, 전문적인 조사단체들이 출현하여 중국과 조선 등의 지역조사가 다양해지는 시기였다.

제3기(1905~1919): 조선에 대한 일본의 독점적 지배권이 확립되어 통치당국이 통치체제의 확립을 위해 법관행과 조선의 전통적 제도를 조사하는 데 열중하였다. 조선에 앞서 식민지가 된 대만에서의 조사 경험이 참조되었으며 조선총독부 중추원이 조사를 주도하였다.

제4기(1919~1931): 조선 민중의 저항에 대처하여 '문화정치'를 표방하면서 보다 철저하고 능률적이며 세련된 통치를 위해 종래의 옛 문헌 연구에서 나아가 당시의 '실태'에 대한 실제적이고 경험적인 조사를 중요시하게 된 시기였다. 조선의 촌락에 대한 광범한 조사가 시도되어 조선총독부 '調査資料'가 간행됐다.

제5기(1931~1945): 일제의 대륙침략전쟁으로 후방이 된 식민지 조선의 치안 확보와 수탈이 요구되어, 이를 위한 철저한 조사가 이루어진 시기였다. 경성제국대학을 중심으로 문헌연구와 현지조사를 조화시키는 아카데미즘이 출현하지만, 침략전쟁은 이의 성장을 제약했다.

일본의 식민지들은 종주국과 지리적으로 가까운 곳에 있었으며, 이른바 同文性이라는 말로 표현되는 문화적 동질성을 가지고 있었다. 또한 높은 문명을 이루고 있었다. 이러한 건으로 말미암아, 일제의 경우에는 식민지 연구에 있어서 인류학적 학문들의 비중이 서구 제국의 경우만큼 높을 수 없었다. 민족학이 주로 대만의 고산족과 남양의 미개 민족들을 연구한 데 비하여 조선, 만주, 대만의 漢族사회에 대한 연구에는 법률학, 역사학 등도 크게 참여하였다. 이러한 학문들은 모두 文裝的武備라는 이념 아래 식민주의에 연루되었으며 일제의 영역확장과 함께 학문의 대상 지역을 넓혀갔다.

지리적 근접성과 문화적 유사성은 일본의 사회와 문화에 대한 연구의 연장선상에서 식민지의 그것들을 연구할 수 있게 하였다. 토지 및 이에 관련된 제도, 민사법적 관례, 그리 민속학적 대상에 관한 조사가 이러한 연장선을 이루며 진행되어 통치정책 상의 '內地延長主義'를 뒷받침하였다. 우리는 일제 측의 문헌주의를 결코 벗어나지 못한 조사에 머물 수 없다. 거기에 머문다는 것은 기존의 역상학적 문제를 그대로 수용하는 일이다. 새로운 자료 없이 새로운 역사 없다.

구술 전기의 수집과 해석

이 세상의 수많은 문자 기록 없는 미개사회의 역사를 ethnohistory라 하듯이, 문자가 아닌 이야기(구술)로 된 개인의 전기는 biography가 아니라 생애사 또는 생애담(life history)이라는 말로써 차별해왔다. 그러나 역사 없는 사람들의 역사를 기록하자면 구전자료를 문자자료와 동등한 것으로 인정해야 하며, 생애담을 전기와 동등하게 대우해야 한다. 흔히 문헌자료보다 구전자료의 신뢰도를 얕보지만, 구전자료는 문헌자료만큼만 불확실하다. 구전자료를 문헌자료의 보조자료로 생각할 수 있다면 문헌자료를 구전자료의 보조자료로 인정하는 것도 가능하다. 일제 강점기는 아니더라도 노근리 사건의 실상과 최종길 교수 사건의 진상을 밝히는 데에 위 두 가지 종류의 자료들이 각각 어떤 몫을 하였는지 살피면 우리는 많은 것을 깨닫게 된다.

문헌자료에 의해 일제의 식민통치가 어떠했는지 밝히는 일도 중요하지만 더욱 중요한 것은 구전자료로써 당시의 생활을 알아내는 일이다. 어차피 이에 대한 이야기들은 사람마다 서로 다른 인식을 바탕으로 다르게 서술할 것이지만, 우리는 기록되지 않은 부분을 찾아내어 새로운 역사를 구성해야 한다. 이를 위해 시급한 작업은 口傳 傳記의 수집일 것이다. 일제 강점기를 살았던 사람들은 많이 남지 않았다. 이 시대의 증거물들이 인멸되고 있듯이 증인들도 사라져가고 있다.

여러 기관과 개인이 이미 적지 않은 전기류를 간행하였고 '논픽션'이라는 사건기록들도 나왔다. 그러나 대부분이 자기의 처지를 변호하는 명사들의 것이거나 큰 사건의 뒤안길을 이야기하는 데에 그치고 있다. 민중생활의 역사를 내세우는 일련의 책들도 대개 문헌주의를 벗어나지 못했다. 개인의 역사건 사회의 역사건, 문자로 기록된 것들은 이미 우리에게 고정된 모습으로 주어진 것들이지만, 구전자료들은 우리가 열어놓고 만들어갈 수 있는 것이다.

구술을 통해 전기를 남겨야 할 사람들이 사라지고 있듯이, 이를 읽고, 듣고,

이해할 수 있는 사람들도 줄어들고 있다. 구술 텍스트를 해석하고 분석하여 설명해주는 일 또한 긴급한 일이다. 자료 수집은 이러한 작업과 함께 진행되어야 한다. 시대와 문화를 함께했던 사람들의 감추어진 상식이 동원되어야 하며 드러나지 않는 감수성이 발휘되어야 한다. 이미 문헌을 통해 밝혀진 문화적, 역사적 지식이 총동원되어야 함은 당연하다. 구술 자료의 체계적이고 능률적인 수집을 위해서도 구전자료의 보조자료에 대한 고찰은 결코 경시될 수 없다.

전기를 구술 받는 일은 우리가 자료를 제공받는 일이지만, 한편으로는 제공자들에게 표현의 기회를 주는 일이며 그들의 개인사에 시민권을 부여하는 일이다. '역사 없는 사람들'의 역사는 구술자료를 일차적 토대로 하며, 구술 역사는 구술 자서전을 기본으로 한다. 우리 주변에 신세타령을 들어줄 사람이 없어 답답해하는 노인들이 아직 있다는 사실은 다행스러운 일이다.

현대문화의 고고학

생활의 자취를 연구해야 할 고고학은, 개발의 치다꺼리에 바쁜데다가, 가까운 일제 강점기의 자취를 가볍게 보는 逆遠近法의 전통에 빠져 있다. 문화재 당국도 마찬가지여서, 현대사의 유물, 유적은 방치되거나 이미 대부분 파괴되었거나 급격히 파괴되고 있다. 후세의 고고학자들에게 이 시대는 고고학 자료의 공백기로서 평가될 것이 분명하다. 골동 애호가는 물론 학계로부터도 아무런 대접을 받지 못한 채 사라져 가는 한두 세대 전의 유물 유적은 영화나 방송 드라마 제작자들의 관심밖에 끌지 못하고 있다. 초기 산업혁명을 상징하며 농촌의 공업을 대표하는 양조장과 정미소들은 물론, 식민지 지배자로 군림하던 일본인들의 주택들도 보존되어야 한다.

한국의 20세기 문화를 증언하는 하찮은 유물들이 우리 주변에서 사라지는 동안에 생활유물들은 어느새 미국의 스미소니안 박물관에 모여 있다. 제국주의적 문화재 약탈을 탓하기에 앞서 이러한 '시시한 쓰레기'들을 보살피고 이용해야 한다. 지금 도심의 판자촌은 재개발이라는 이름으로 철거가 끝나가고 있다. 많은 농촌의 마을들이 수몰되고 그곳의 유적들도 거기에 포함되어 식민지 시대의 증거가 사라지고 있다.

문학작품의 사료가치

문학작품은 사실주의를 표방하는 소설의 경우에도 픽션이라는 울타리 안으로 피신할 수 있어, 자료적 가치는 역사와 다르다. 기록과 소설의 사료적 가치 차이는 본질적인 것이 아니다. 역사와 사료 비판이 참되지 못한 부분을 가려내는 네거티브한 작업이라면 문학 자료의 사료 비판은 참된 자료를 골라내는 포지티브한 작업일 것이다.

현대 생활 문화의 역사를 총체적으로 구성하는 데에 나타나는 자료의 공백을 채우고 그 시대의 전체적 에토스를 이해하는 데에 있어서 소설은 중요한 자료가 된다. '典型性'을 추구하는 문학작품들은 다른 자료들에 비하여 문화적, 사회적 事象을 밀도 높게 정제하고 있는 경우가 많다. 자료의 原初性이라는 시각에서 볼 때 역사소설보다 중요한 것은 작가가 살았던 사회와 시대를 배경으로 집필한 당대소설 작품이다. 追體驗보다는 直接體驗이 진짜에 가까운 자료를 제공하기 때문이다.

일제 강점기를 그린 작품들을 이용하기에 앞서, 우리는 자료적 부분과 허구적 부분을 구분해 놓아야 한다. 그러나 이러한 작업은 동시대 사람이 아니면 어려운 일이다. 작가 자신의 설명과 동시대에 동사회를 살아온 사람들의 텍스트 분석이 필요하다. 이러한 작업이 시급한 것은 이러한 사람들도 생명에 한계가 있기 때문이다.

이상과 같은 자료들을 조사 정리하여 식민지 시대 조선인들의 생활과 문화를 발굴·정리한다면 그것들은 어차피 일차적 결과물로서 출판물, 테이프, 사진, 필름의 형태를 지니게 될 것이다. 그러나 이들은 이차적으로 박물관 전시물, 문학 및 예술 작품의 소재, 학술 활동의 기초자료가 될 것이며, 궁극적으로 시민사회에 크게 기여할 것이다. 결과물들뿐만 아니라 작업의 과정 자체가 많은 사람들에게 큰 기여를 하게 된다. 학술활동을 하는 사람들이나 예술적 활동을 하는 사람들에게 보통 사람들의 일상생활에 뛰어드는 기회는 소중한 경험이 될 것이다. 불특정 다수의 시민들에게 이 작업은 자기 확인과 자기표현의 기회를 줄 것이다.

옛날과 옛날이야기

최근 한국에서 일어난 현대사에 대한 관심은 歷史라는 말과 過去事라는 말을 구분시켜 주고 있다. 또한 역사를 역사학의 학문영역에서 시민사회의 영역으로 풀어주고 있다. 이제 차츰 역사란 특정계급만의 것이 아니라는 생각이 대중화되고 있다. 人類學은 이른바 역사 없는 사람들에 대한 연구에서 출발하였지만, 자의식적인 자기 성찰로 역사에 접근토록 하였다. 인류학의 역사 연구는 특히 한국 생활역사 연구에 많은 것을 보여준다.

역사가들이 역사를 서술(historiography)할 때 인류학자들은 문화를 서술(ethnography)하였다. 역사가들이 他時代의 무한한 事象에서 취사선택하여 역사를 구성한다면 인류학자는 他文化 또는 他民族의 무수한 사상을 취사선택하여 에트노그라피를 작성한다. 그런데 두 가지 작업은 독립된 별개의 작업일 수 없다. 역사는 여러 사회에서 나름대로 문화적으로(문화에 의해) 짜인다. 그 逆의 명제도 타당하여 문화의 틀은 역사적으로 짜인다. 문화란 본질적으로 과거의 소산이며 과거에 대한 담론은 문화 속의 중요한 부분이다. 그것은 거기에 그냥 있는 것이 아니라 여기서 엮어내는 것이다. 역사 연구는 문화 연구일 수밖에 없으며 문화 연구와 역사 연구를 구별하는 것은 무의미하다.

문화 연구를 위해서나 역사 연구를 위해서나 우리가 우선적으로 연구하지 않을 수 없는 것은 한국 현대 생활 역사다. 한국 인류학의 경우 긴급한 것은 가까운 과거에 관한 연구다. 한두 세대 전의 사회와 문화에 대한 연구의 경우에도 역사학은 문헌을 중요시하는 나머지, 유물과 유적, 그리고 구전 자료 발굴에 소홀하였다. 이러한 작업이야말로 인류학이 주도적으로 수행할 과제다. 여기서 중요한 당면 연구과제로 등장하는 역사란 過去之事 그 자체를 말한다.

누구나 땅 자체와 이를 묘사한 地圖를 별개의 것으로 인식하고 있으며 文化 자체와 그것에 대한 敍述인 에트노그라피를 구별한다. 하지만 過去之事 그 자체와 이에 대한 서술을 歷史 또는 history 등의 이름으로 同一視하거나 혼동하는 일은 흔한 일이다. 공간이 극복될 수 있는 데 반하여 시간은 극복될 수 없으므로, 땅이나 문화는 지도나 에트노그라피 없이도 확인할 수 있지만 과거지사는 이에 대한 서술 없이 확인하기 어렵기 때문일 것이다. 그러나 적어도 개념상 양자는 구별되어야 한다. 역사라는 말로 표현되는 두 가지 개념, 즉 존재로서의 역사(Geschichte), 즉 과거지사와 인식으로서의 역사, 즉 역사담론(History)이 동일시될 경우에는 역사가의 책임회피가 쉬워지기 때문이다.

흔히 역사는 언제나 새로 써야 한다고 주장한다. 그러나 역사 서술이 一回用이라면 이와 과거사의 관계는 어떻게 되는 것일까. 역사허무주의를 최소화하자면, “써야 한다”를 “쓸 수밖에 없다”라고 수정하여 M. 블록이나 E. H. 카를 수용해야 할 것이다. 불가능한 줄 알더라도 과거의 실체에 도달하려 노력하는 것이 필요하다. 우리는 어떠한 에트노그라피도 한 문화의 실체에 이르지 못한다는 것을 알면서도 이에 접근하려 노력하는 것이다. “모든 역사는 동시대의 역사”라고 한다면, 모든 에트노그라피는 자기 민족, 자기 문화의 에트노그라피일 것이다. 그것은 “자기 문화와 타문화의 대화”일 것이다. 모든 대화가 상대방에 대한 실체 확인을 바탕으로 하듯, 역사와 민족지는 대상 시대와 대상 문화에 대한 정확한 인식 없이 성공할 수 없다.

실증주의 사학의 보수성에 대한 역사학계의 반발은 근래에 과거가 '어떠하였는가'라는 문제보다 '어떻게 보고 있는가'라는 문제에 비중을 두게 하였다. 이러한 경향과 무관하지 않겠지만 인류학에서도 사람들은 세상과 옛날을 '어떻게 이야기하는지' 밝히려 애쓰고 있다. 과거사에 대한 인식과 이의 서술은 문화의 중요한 항목인 만큼 이러한 노력은 한국 문화 연구의 중요한 공백을 채우는 작업이다.

아홉 번째 강의

통일문제의 역사적 재조명

전현수(경북대학교 사학과 교수)

통일문제 이해의 관점

통일의 의미 통일은 다르게 표현하면 곧 분단의 극복이다. 그러나 통일이란 단순히 '분단 이전의 상태로 되돌아가는 것'을 뜻할 수는 없다. 21세기 오늘의 시점에서 이러한 복고적 통일은 이미 그 의의를 상실했다. 우리가 되돌아가야 할 '분단 이전의 상태'는 이미 역사적 사실로 되었다. 통일은 결코 소극적 차원의 단순한 '재통일'(Reunification)이 아니라, 적극적인 차원의 '새로운 통일'(New Unification)이어야 한다. 우리가 이루어야 할 통일은 민족의 앞날과 관련된 문제이다. 이 때문에 과거로의 복귀가 아니라 미래를 향한 새로운 역사의 창조 작업으로 이해되어야 한다.

통일은 하나의 과정으로서 세계적 보편성과 민족의 특수성을 반영하는 것이어야 한다. 통일이 인류의 보편가치와 제도, 질서를 확장해가는 과정이며 결과라는 점을 인정한다면, 통일의 상(像)은 자명해진다. 곧 통일이란 민족구성원 모두의 자유와 복지, 인간존엄성을 보장하고 인류공영에 이바지하는 민족공동체를 이룩하는 것에 다름 아니다.

첫째, 지리적 측면에서 말하자면, 통일은 곧 국토의 통일이다. 우리 민족은 수천 년 동안 한반도라는 지리적 공간 속에서 하나의 생활권을 이루면서 살아왔다. 통일은 민족성원 모두 한반도 내의 어느 곳이든 자유롭게 왕래하고 거주할 수 있는 터전을 마련하는 것을 의미한다. 물리적 의미에서 국토는 불변적이지만, 생활권으로서 국토의 의미는 나날이 변화하고 있다. 우리 강토는 남과 북의 온 겨레가 더불어 가꾸어 가야 할 새로운 삶의 터전이 되어야 하는 것이다.

둘째, 정치적 측면에서 볼 때, 통일은 국권의 단일화를 뜻한다. 우리 민족은 오랫동안 단일한 정치체제 속에서 살아왔다. 국가와 민족이 하나로 일치해서 살아온 장구한 역사에 비교하여 볼 때 현재 우리가 겪고 있는 50여 년 분단역사는 결코 긴 것이 아니다. 남북 간에 단일한 정치체제를 만드는 것은 어렵지만 통일의 중심 과제가 되어야 한다.

셋째, 경제적 측면에서 보면, 통일은 민족경제권의 통합을 뜻한다. 남과 북은 현재 자유 시장경제체제와 사회주의 경제체제로 나뉘어져 있고 경제생활권 또한 남북으로 단절되어 있다. 분단 이전에 우리 민족은 단일 경제권을 형성해 살아왔다. 나라와 나라 사이에도 경제적 이익을 위해 통합이 이루어지는 오늘의 현실에서, 민족의 공동복리를 증진해 나가기 위한 경제권의 통합은 실로 시급한 과제가 아닐 수 없다.

넷째, 사회적 측면에서 볼 때, 통일은 국민의 통합을 뜻한다. 현재 남북한은 서로 다른 사회체제 아래 서로 다른 국민으로 존재하고 있다. 따라서 통일된 조국에서 남북한 주민을 하나의 '국민'으로 통합해 나아가는 것 또한 중대한 과제이다.

다섯째, 문화적 측면에서 볼 때, 통일은 문화적 이질성을 극복하고 동질성을 회복하는 것이다. 우리 민족은 같은 언어·문화·전통을 지니고 살아왔다. 그러나 오늘날 남북 간의 동질적 요소가 부분적으로 파괴됨으로 말미암아 민족 정체성의 상실마저 우려되고 있는 실정이다. 남과 북은 함께 과거의 문화로 되돌아갈 수도 없으며, 그렇다고 각자 현재의 문화만을 고집할 수도 없다. 남과 북이 함께 민족전통 위에 서서 민족의 앞날을 밝히는 새로운 문화를 창조해 나아가야 한다.

이처럼 통일은 다면적인 의미를 지닌다. 이러한 다면적 의미의 통일을 지리적 분단·정치적 분단·민족적 분단으로 이어진 과정과 관련지어 단순화시킨다면, 통일은 곧 국토도 하나(국토통일), 제도도 하나(정치적 통일), 민족도 하나(민족통일), 생활도 하나(경제·사회·문화적 통일)로 되는 것이라고 규정할 수 있다. 다시 말해, 통일은 둘로 나누어진 국토와 제도, 민족이 모두 '참다운 하나'로 거듭날 때 그 목적과 내용이 완성되는 것이라 하겠다.

통일의 당위성과 필요성 국토와 민족이 남북으로 분단된 이래 통일을 위해 많은 제안과 논의가 있었고 그 실천을 위해 적지 않은 정책적 노력도 경주되었다. 우리 민족의 남북분단사는 다른 측면에서 보면 통일운동사이기도 하다. 통일은 민족의 한결같은 숙원인 동시에 지상과제이다. 그렇다면 우리는 왜 통일을 해야 하는가? 이런 질문에 대한 답은 너무도 당연하여 오히려 소홀하게 취급되었는지도 모른다. 그러나 이제는 당위의 차원에서뿐만 아니라 현실적 필요의 차원에서 그 의미를 곰곰이 되새겨야 할 시점에 이르렀다. 우리는 왜 통일을 이루어야 하는가?

첫째, 우리는 유구한 역사를 거쳐 단일 민족국가를 유지해 왔다. 지구상에 우리민족만큼 오랫동안 단일 민족국가로서의 정치·문화 전통을 유지해온 국가는 일찍이 없었다. 50여 년의 분단사는 우리 민족의 유구한 역사와 전통이 외부의 강요에 의해 중단된 부끄러운 역사이다. 면면히 끈기 있게 이어져 온 단일민족 공동체가 외세에 의한 분단 때문에 일시적으로 훼손된 것이다. 우리 민족이 '부자연스럽게 느끼는' 분단의 장벽을 허무는 일은 단일 민족국가로서의 전통을 계승하고, 나아가 민족정기를 회복하는 연장선상에서 너무도 당연하며, 기필코 이뤄야만 한다.

둘째, 남북 분단의 고통과 불안을 더 이상 지속시켜서는 안 된다. 우리 민족은 6·25전쟁이라는 동족상잔의 비극도 경험했다. 이산가족의 생이별 고통 역시 생생하게 남아 있다. 뿐만 아니라 남북 간의 첨예한 군사적 대립으로 '전쟁에 대한 불안'은 여전히 깊은 그림자를 드리우고 있다. 자유와 인권을 상실한 채 어두운 삶을 살고 있는 북한 동포의 고통 또한 이루 헤아릴 수 없을 정도이다. 이 같은 민족적 고통과 불안을 후세에 넘겨줄 수는 없는 일이다.

셋째, 무한 경쟁 시대를 이겨나가기 위해서는 과도한 분단 비용을 생산과 복지 증대를 위한 재원으로 전환시켜야 한다. 세계에서는 국제 경쟁력을 확보한 국가만이 살아남을 수 있다. 이러한 상황에서 남북한이 소모전을 지속한다면, 경쟁력이 약화되어 하류 국가로 전락할 가능성도 배제할 수 없다. 정치적 분단 비용 역시 만만치 않을 것이다. 주변국들이 남북한을 분리해서 지배하고자 하는 기도가 그것이다. 주변국들의 편의에 따라 남북한이 좌지우지되지 않고, 또 굳이 부담하지 않아도 되는 비용을 주변국들이 강요하지 못하도록 해야 한다.

넷째, 통일이 이루어지면 우리는 21세기 국제사회의 주역으로 부상할 수 있다. 한국은 세계 10위권 안팎의 교역대국이다. 여기에 북한의 노동력과 자원이 결합된다면 민족의 경제력은 더욱 도약할 수 있을 것이다. 나아가 지정학적 위치를 적극 활용하여 한반도 주변국들 사이의 '안정자' 내지 '균형자'로서의 외교 역량을 발휘할 수 있다. 탈냉전시대의 보편 경쟁에서 성공적으로 살아남아 민족 번영의 기쁨을 누리기 위해서는 반드시 통일이 이루어져야 한다.

이와 같이 통일의 필요성이 그 어느 때보다 절실해진 지금, 통일을 위한 최선의 방법은 무엇일까? 이에 대해 올바른 입장을 견지하기 위해서는 분단의 배경과 통일 민족국가 수립운동의 역사에 대한 올바른 이해가 전제되어야 할 것이다.

분단의 배경과 의미

미소의 분할점령과 미소공위의 실패　진주만 공격으로 일본과 전쟁을 하게 된 미국은 전쟁 초기부터 당시 일본의 식민지이던 한반도 문제에 관심을 가지기 시작했다. 미국정부는 1942년경에 이미 일본 패전 뒤 조선을 독립시키되, 그 전에 일정 기간 동안 연합국의 공동관리로 신탁통치할 것을 구상했다. 이 구상은 연합국의 카이로선언에서 "일정한 절차를 밟아 조선을 자유 및 독립 국가로" 만든다는 결의에 반영되었고, 이후 얄타회담과 포츠담회담에서도 전후 한반도의 신탁통치가 확인되었다.

그러나 소련이 대일전에 참전하게 되자 상황은 급변했다. 미군보다 앞서 소련군이 한반도를 점령하게 된 것이다. 소련군의 참전에 당황한 일본은 8월 10일 항복 의사를 통고했다. 11월 초에나 일본 규슈(九州)에 상륙할 예정이던 미국은 소련의 한반도 진격에 대응하여 북위 38도선 이북의 조선에서는 소련군이 일본군의 항복을 접수하고, 38도선 이남에서는 미군이 항복을 접수하도록 하자는 내용의 '일반명령 제1호'를 소련에 제안했다. 소련은 한반도 전체를 점령할 수 있었음에도 불구하고 '일반명령 제1호'에 이의를 제기하지 않았다.

미·소 양군의 한반도 분할점령이 이후 한반도 분단의 한 가지 전제조건이 된 것은 사실이지만, 38선의 획정과 분할점령 자체가 곧 한반도의 장기간 분단을 의미하는 것은 아니었다. 38도선은 당초부터 민족분단선으로 그어진 것은 아니었다. 미·소 양군이 각기 일본군의 항복을 접수하고 무장해제할 구역을 획정하기 위해 미국이 일방적으로 긋고, 소련이 이에 동의함으로써 이루어진 하나의 경계선이었다. 전쟁 중에 연합국들은 전후 한반도에 대해 신탁통치를 실시하는 것에 합의했지만, 한반도를 몇 개의 지역으로 분할해서 신탁통치하겠다는 것은 아니었다.

38도선 획정과 미·소 양군의 분할점령 상태를 기반으로 하여 1945년 12월 연합국은 한반도문제를 해결하기 위해 모스크바 3상회의를 개최했다. 이 회의에서 조선인이 임시정부를 구성하여 5년간 신탁통치를 받게 한다는 한국문제에 대한 결정이 채택되었다. 3상회의 결정은 한반도에 남북을 통일한 임시정부를 수립하여 38도선과 미·소 양군의 분할점령 상태를 해소하고, 임시정부가 연합국의 감독과 원조 내지 후견을 받으면서, 5년간 한반도 전체 지역을 통치하다가, 총선거를 실시하여 국민의 지지를 가장 많이 받는 정치세력에게 정권을 넘겨줌으로써, 한반도에 완전한 독립국가가 수립되게 한다는 것이었다.

모스크바 3상회의 결정이 전해지자 미·소 양군의 분할점령을 극복하고 남북 전체를 포괄하는 임시정부를 수립하여 38선을 철폐하는 문제보다, 즉시 독립이 아니고 5년간 신탁통치를 받아야 하는 점이 더 크게 부각·강조되어 반탁운동이 일어났다. 우익진영에서는 반탁은 애국이며 즉시독립의 길이고, 찬탁은 매국이며 식민지화의 길이라고 주장하며 신탁통치 반대운동을 전개했다. 이에 반해 좌익 진영에서는 모스크바 결정이 조선을 독립국가로 부흥시키고 민주주의 기초 위에서 국가 발전을 원조하기 위한 것이라 주장하며 이에 대한 '총체적 지지'를 표명했다. 반탁론과 찬탁론의 대립을 계기로 이후 정치정세는 급격히 좌우대립의 방향으로 나아갔다.

한국에 신탁통치를 실시하기 위한 남북통일 임시정부를 수립하고자 개최된 미소공동위원회도 반탁세력의 미소공위 협의 참가 문제를 둘러싼 미소의 대립 속에 표류하다가 결렬되고 말았다. 미국 측은 한국인민이 반대하면 신탁통치는 실시되지 않을 것이라고 선전하여 신탁통치를 반대하고 즉시독립을 요구하는 남한우익의 반탁운동을 고무했다. 미국 측의 이러한 행동은 우익을 한국인민에게 진정한 애국자로 소개하여 우익의 신망을 높여 임시정부에 참여하는 것을 용이하게 하고, 미국은 한국의 독립을 지지하는 국가로 소련은 신탁통치를 강요하는 국가로 비치게 하며, 모스크바 3상회의의 결정을 지지하는 좌익을 곤경에 빠트리려는 목적을 추구하는 것이었다.

이에 반해 소련 측은 모스크바 결정을 정확히 실천할 것을 주장하여 이 결정을 지지하는 정당·사회단체와만 협의할 것을 요구하고, 정당·사회단체로 하여금 이 결정에 지지한다는 선언에 서명하도록 '조건을 제기하는' 전술을 취했다. 소련 측은 이러한 전술이 남북한 좌익에게 유리한 조건을 조성하여 좌익이 다수를 점하는 정부를 구성할 수 있게 해주는 반면, 반탁세력을 정부에 끌어들여 우익이 다수를 점하는 정부를 수립하려는 미국 측의 계획을 좌절시킬 수 있다고 보았다.

미국은 정돈 상태에 빠진 미소공동위원회를 진전시키기 위한 방안으로 미·영·중·소 4개국 회의를 요구하면서 보통선거에 의한 남북 각각의 입법기관 설치를 제의했다. 이에 대해 소련은 임시정부 수립문제를 4개국 회의로 가져가는 것은 부당하며, 남북 별개의 입법기관을 구성하는 것은 남북의 분열을 조장하는 일이라 하여 거부했다. 이렇게 되자, 미국은 소련의 반대를 무릅쓰고 한반도문제를 자국 추종세력이 절대적으로 우세한 유엔으로 이관했다. 이로써 미소공동위원회는 완전히 결렬되고 모스크바 3상회의 결정에 의한 남북통일 임시정부 수립은 실패하고 말았다.

통일 민족국가 수립 운동의 좌절 미소공동위원회의 실패는 남북통일 임시정부 수립의 실패였지만, 우리 민족사회 내부의 통일민족국가 수립운동은 계속되었다. 해방정국의 좌·우익 정치세력은 처음부터 신탁통치를 수용하는 대신 38도선을 경계로 좌·우익이 각각 따로 두 개의 국가를 세우려 했던 것은 아니었다. 한때 우익의 한국 민주당·국민당과 좌익의 조선공산당·인민당은 '4당 성명'을 발표하여 모스크바 3상회의 결정을 받아들여 남북 전체를 통치하는 임시정부를 수립하고, 신탁통치 문제는 그 후에 해결한다고 주장했다. 그러나 정당통일운동도 신탁통치 문제를 둘러싼 좌우 대립의 벽을 넘지 못하고 끝내 좌절되고 말았다.

이후 통일 민족국가 수립을 위한 노력은 여운형과 김규식이 중심이 된 좌우합작운동으로 연결되었다. 합작운동을 주도한 여운형·김규식 세력은, 궁극적으로는 민족통일을 추진하는 데 목적을 두었다. 즉, 남한에서 좌우합작을 이루어 남조선과도입법의원을 장악하고, 그것을 북쪽과의 협상기구로 삼아 남북합작을 추진하여 통일 민족국가를 수립하려 했던 것이다.

그러나 좌우합작운동을 후원한 미군정의 의도는 달랐다. 남북통일 임시정부 수립을 통한 남북통일보다는, 남쪽에서 미군정의 기반을 다지기 위해 과도입법의원을 성립시키는 데 더 큰 무게를 두고 있었던 것이다. 한편, 소련군정도 좌우합작운동이 남한의 우익세력과 미군정의 지위를 강화시킬 것이라 보아 좌우합작운동을 반대하고 남북한에서 좌익진영을 강화하는 노선을 추구했다.

좌우합작운동은 그 추진세력인 중도파와 후원자였던 미군정과의 목적의 차이, 소련군정의 반대, 민족 내부의 일부 세력의 분단 책동 등을 극복하지 못하고 실패했다. 그러나 이 운동은 일제 강점기 통일전선운동을 계승한 통일 민족국가 수립운동이었으며, 이후 분단시대 내내 전개될 평화통일운동의 출발점을 이루었다.

한국문제가 유엔으로 이관되자 유엔에서는 유엔 감시 아래 남북한 총선거를 실시하여 정부를 수립하고 미·소 양군을 철수시킨다는 결정이 채택되었다. 소련의 거부로 유엔 감시하의 남북한 총선거 실시가 불가능해지자 유엔 소총회는 가능한 지역, 즉 남한만의 선거를 결의했다. 결국 남한 단독선거에 의한 단독정부 수립의 길, 즉 분단국가 성립의 길이 열린 것이다.

이승만은 정읍 발언 이후 남한만의 선거를 통해 정부를 수립하자고 주장해왔고, 한민당도 이에 동조했다. 그러나 좌익세력은 물론 김구·김규식을 중심으로 하는 임정 우파도 단독정부 수립에 반대했다.

좌우합작운동을 벌였던 김규식은 여운형이 암살된 후에도 중도파세력을 규합하여 민족자주연맹을 결성하고 계속 남북 통일정부 수립운동을 전개했다. 신탁통치 반대운동을 주도했던 김구 세력은 단정세력과 결별하고 김규식 등과 연합하여 통일정부 수립노선에 서게 되었다.

김구·김규식의 제의에 따라 1948년 4월 평양에서 '전조선 정당사회단체대표자 연석회의'가 열렸고, 이 회의 이후 '남북조선 제정당사회단체 지도자협의회'가 개최되었다. '지도자협의회'에서는 ① 외국군 즉시 철수, ② 외국군 철수 후의 내전 발생 부인, ③ 전조선 정치회의 구성과 그 주도에 의한 남북한 총선거 실시와 정부 수립, ④ 남한 단독 선거 반대 등 4개항의 통일방안이 합의되었다.

서울로 돌아온 김구·김규식은 5·10 단독선거에 참가하지 않고, 단독정부 수립 반대세력을 결집하여 민족문제의 자주적 해결을 목표로 통일독립촉진회를 결성했다. 이들은 1948년 8월과 9월 남북에서 각각 단독정부가 수립된 후에도 두 분단국가의 정당성을 부인하고 통일민족국가 수립노선을 계속 고수했다.

1948년의 남북협상은 해방 전 민족해방운동에 참가했던 임정·독립동맹·건국동맹·공산당·조국광복회 등 모든 세력이 참가한 통일민족국가 수립운동이었다고 할 수 있다. 내외의 분단책동이 이미 강화된 후에 너무 늦게 추진되어 실효를 거둘 수 없었으나, 이 협상운동 역시 평화적 통일민족국가 수립운동의 일환이었던 것이다.

6·25 전쟁의 교훈 미·소 양군이 분할 점령하는 상황으로 해방을 맞은 한반도 주민들이 통일민족국가 수립 문제와 관련하여 택할 수 있었던 길은 크게 두 가지였다고 할 수 있다.

그 하나는 연합국들이 그어 놓은 38도선을 경계로 하여, 우익은 미군이 점령한 남쪽에 친미 자본주의국가를 수립하고, 좌익은 소련이 점령한 북쪽에 친소 사회주의국가를 수립하는 길이었다. 이 길은 현실적으로 쉬운 길이기는 했지만 민족이 분단되는 길이었고 김구 등 많은 사람들이 예측한 것처럼 동족상잔의 비극을 불러올 수 있는 길이었다.

또 하나의 길은 38도선을 없애고 통일민족국가를 수립하는 길이었다. 그러나 이 길은 훨씬 어려운 길이었다. 38도선을 경계로 미·소 양군이 남북을 분할점령하고 있는 조건에서, 한반도 전체에 친미 자본주의 국가를 수립하는 길을 소련이 용납할 리 없었고, 친소 사회주의 국가를 수립하는 것은 미국에서 용납할 리 없었다. 따라서 통일국가를 수립하기 위해서는 대외적으로 친미반소도 아니고 친소반미도 아닌, 동아시아에서 미국과 소련의 대립을 완화시키는 완충지대 역할을 할 수 있는 그런 국가를 수립하는 것이 바람직했다. 대내적으로는 순수 자본주의국가도 아니고 순수 사회주의국가도 아닌 중도적 노선의 좌우 연립성 정부를 수립하는 길이었다. 이 길은 대단히 어려운 길이었다.

그러나 35년간 무단적, 전제적 식민통치를 받다가 해방되어 근대적 정치 훈련과 경험을 쌓을 기회를 못 가졌던 한반도의 정치세력들과 그 주민들은 모두 두 번째 길을 택할 만한 정치력을 발휘하지 못한 채, 결국 쉬운 첫 번째 길인 분단의 길을 걷고 말았다.

평화적으로 통일민족국가를 수립하는 일이 실패로 돌아가고 분단국가들이 수립된 후 남북의 지배세력은 무력으로라도 통일민족국가를 수립하려는 통일전쟁론으로 기울어졌다. 북한의 김일성 정권은 국토완정론을 주장했고 남한의 이승만 정권도 북진통일론을 주장했다. 이후 남과 북에서 각각 한 차례씩 분단된 민족을 무력으로 통일하려는 전쟁을 기도했다. 처음에는 북쪽에 의해 통일될 뻔했으나 유엔군의 참전으로 이루어지지 않았고, 유엔군의 38선 이북 진격으로 남쪽에 의해 통일이 이루어질 뻔했으나 중공군의 참전으로 실패로 돌아갔다.

6·25 전쟁은 3년 1개월 동안 계속되어 쌍방에 약 150만 명의 사망자와 360만 명의 부상자를 내면서 한반도 전체를 초토화했지만, 결국 분단국가 사이의 국경선인 38도선을 휴전선으로 대체시키기만 한 채 휴전되고 말았다. 또 이 전쟁은 안으로는 민족분단을 더욱 고착화시키고, 이승만 정권과 김일성 정권이 이후 독재체제로 나아가는 계기가 되었으며, 밖으로는 동서 양진영의 냉전을 격화시키는 계기가 되었다.

평화적으로 통일민족국가를 건설하려 했던 '해방공간'의 노력들이 무위로 돌아간 후 남북 분단국가들이 무력통일을 기도한 이 전쟁에 대해서는, 어느 쪽이 먼저 전쟁을 일으켰는가를 밝히는 일도 중요하지만, 3년간의 치열한 전쟁으로 인한 엄청난 희생에도 불구하고 남북이 다 같이 가졌던 무력통일 의도가 왜 실현되지 않았는가를 해명하는 것이 더 중요하다.

분단국가들이 성립된 지 불과 2년 후에 발발한 6·25 전쟁은 '해방공간'을 통해 한반도 전체에 통일 자본주의 국가가 성립되는 길이나 반대로 통일 사회주의 국가가 성립되는 길이 그 지정학적인 위치 때문에 불가능했음을 극명하게 증명한 전쟁이었다. 전쟁 초기에는 한반도 전체가 사회주의 체제로 통일될 뻔했고, 그 중반에는 반대로 자본주의 체제 아래 통일될 뻔했다. 그러나 한반도 전체가 그 적대 세력에 의해 통일되는 것을 반대하는 외세의 개입으로 모두 실패하고 도로 분단상태가 지속될 수밖에 없었다.

대륙세력과 해양세력이 상충하는 반도라는 지정학적인 위치와 남북의 이데올로기적 대립이 원인이 되어 분단된 한반도 지역에서, 적어도 1950년대의 상황에서는, 그 이후에도 마찬가지이지만, 분단국가의 어느 한쪽 세력이 주도해 한반도 전체를 무력으로 통일할 수는 없다는 사실을 증명한 것이 바로 6·25 전쟁이었다고 할 수 있다.

통일방안의 새로운 모색

역대 정권의 통일방안 분단정권으로서의 이승만 정권은 식민 지배에서 벗어난 후의 남북을 통한 민족사회에 처음으로 등장한 정권이면서도 그 정권의 핵심부분은 물론 하부구조도 민족해방운동 세력과는 거리가 멀 뿐만 아니라 오히려 반민족적인 세력이 온존한 정권이었다. 이 때문에 성립 당초부터 그 정통성에 취약점을 가지고 있던 이승만 정권은 일제가 채택한 강력한 반공주의를 계승하지 않을 수 없었고, 자연히 민주성을 잃고 독재체제로 나아가지 않을 수 없었다.

이승만 세력은 '해방공간'에서 통일민족국가 수립노선에 소극적이었다가 결국 분단국가 수립노선으로 나아갔던 것과 같이, 통일문제에 대해서도 반공주의적 통일론에서 시종일관 자유롭지 못했다. 이승만 정권은 성립 직후부터 김일성 정권의 해체와 유엔 감시하의 북한지역만의 자유선거에 의한 통일을 주장하다가 6·25 전쟁 직전에는 무력통일론·북진통일론으로 통일방안을 바꾸었다. 제네바회담이 결렬된 이후에는 다시 '북한만의 유엔 감시에 의한 총선거안'으로 돌아갔다. 이후 조봉암 중심의 진보당이 '남북 총선거에 의한 평화통일안'을 제기하자, 이것이 국시에 어긋난다는 이유로 진보당을 불법화하고 조봉암을 간첩 혐의로 처형했다.

'4·19 운동'으로 이승만 정권이 붕괴되고 장면 정권이 탄생했지만 그 통일방안은 여전히 답보적이고 고식적이었다. 장면 정권은 '유엔 감시 하 남북한 총선거를 통한 평화적 자유민주통일안'을 주장했다. 즉, 유엔 감시 하에 남북 총선거를 실시하여 통일을 하되, 남한체제에 의한 통일이어야 한다는 것이었다. 장면 정권의 통일방안은 이승만 정권의 통일방안을 그대로 답습한 것은 아니지만, '4·19 운동' 이후 크게 변한 국민 일반의 적극적인 평화통일 의지를 수용하지 못했다.

한편, 4·19 후 정치활동이 가능해진 혁신계 정치세력은 적극적인 통일론을 펴나가기 시작했다. 혁신정치세력의 통일론은 ① 유엔과 강대국의 개입을 배제하는 민족자주통일론, ② 남북 간의 직접 협상을 통한 평화통일론, ③ 한반도의 국제적 중립화를 지향한 통일론으로 압축될 수 있는데, 중립화 통일론만을 빼고 뒷날 7·4 남북공동성명에 반영되었다.

이승만 정권과 장면 정권이 주로 일제 식민지 시대의 경찰·행정 관료를 기반으로 하여 성립된 정권이었던 데 반해, 박정희 정권은 구일본 군부 출신을 중심으로 성립된 정권이었다. 구일본군 장교였다가 해방 공간에서 좌익 진영에 속했던 전력이 집권 과정에서 보수 세력과 미국 쪽에 의해 저지 요인이 될 것을 예방하기 위해 반공을 국시로 내세운 쿠데타를 통해 집권한 박 정권은, 무엇보다도 먼저 평화통일론을 북한의 간접침략으로 몰면서 4·19 공간에서 표출된 평화통일 세력을 철저히 탄압했다.

그러나 1970년대로 들어서면서 국내외 정세는 크게 변화했다. 대외적으로는 미·소, 미·중 화해가 이루어져 남북 대결 구도 아래서의 독재정권의 유지 가능성을 약화시키는 한편, 닉슨 독트린에 의한 미국의 '두 개의 한국 정책'이 자리

잡아 가고, 유엔에서는 제3세력이 급격히 진출하여 미국의 의도대로 움직이기 어렵게 되었다. 내적으로는 민주화세력이 크게 성장하여 군사독재정권의 장기집권 의도를 위협했다.

4·19 이후 분출된 평화통일에 대한 민족적 여망이 바닥에 깔려 있는 가운데, 남북 정권 모두 미·소, 미·중 화해 정책에 대응할 필요가 생겼다. 그리고 이 같은 남북 사이의 일시적인 이해관계의 합치로 인해 7·4 남북공동성명이 발표되었다.

민족분단 후 남북 정부가 합의·발표한 최초의 공동성명인 7·4 남북공동성명은 통일문제의 원칙에 대한 최초의 합의라는 점에서, 민족통일운동사상 커다란 위치를 차지하는 것이었다. 7·4 공동성명의 통일원칙은 다음과 같은 세 가지였다.

첫째, 통일은 외세에 의존하거나 외세의 간섭을 받음이 없이 자주적으로 해결하여야 한다.

둘째, 통일은 서로 상대방을 반대하는 무력행사에 의거하지 않고 평화적 방법으로 실현하여야 한다.

셋째, 사상과 이념·제도의 차이를 초월하여 우선 하나의 민족으로서 민족적 대단결을 도모하여야 한다.

이 공동성명은, 외세 의존이나 그 개입에 의한 통일방안, 즉 남쪽에서 계속 주장해온 유엔 감시 하 총선거 통일론이 극복되었고, 적어도 표면상으로는 무력통일론이나 혁명통일론이 일단 부인되었다는 점, 상대방의 이념과 체제를 인정하는 통일론이 표면적으로나마 합의된 것이라는 점에서 중요한 의미를 가진다고 할 수 있다.

그러나 남북공동성명 발표 후의 남북 정치정세는 사상·이념·제도의 차이를 초월하여 우선 하나의 민족으로서 대단결을 도모하는 방향이 아니라, 분단국가 성립 이후 이질화한 각자의 통치체제를 더욱 강화하는 방향으로 나아갔다. 박정희 정권은 계엄령을 선포하고 국회를 해산하여 영구집권을 위한 '유신'을 선포했고, 김일성 정권도 '사회주의헌법'을 제정하여 1인 통치의 유일체제를 더욱 강화했다.

이처럼 불과 1년여 만에 '휴지화'됐음에도 불구하고 7·4 공동성명은 통일운동사상 상당한 역사적 의의를 지닌다고 볼 수 있다. 이 성명을 계기로 1950년대 이승만 정권과 1960년대 박정희 군사정권 아래서 이적론(利敵論)으로 탄압받던 평화통일론이 일단 정부 쪽의 통일방법론으로 정착되었다. 또한 7·4 공동성명은 그 저의야 어떻든, 표방된 내용 자체는 한쪽의 흡수통일이나 우위(優位) 통일이 아닌 남북의 대등(對等) 통일을 전제로 한 성명이었다는 사실이다.

7·4 공동성명이 '휴지화'된 후, 1970년대에는 남북관계에 이렇다 할 진전이 없었다. 7·4 공동성명에서 민족통일을 자주적으로 또 평화적으로 이룬다는 대원칙은 합의되었지만, 남북에 실존하는 두 국가와 통치권력을 평화적으로 하나로 만들어갈 구체적인 방법은 아직 제시되지 않았다.

1980년대에 들어서면서 남북에 현존하는 두 정권을 서로 인정하고 상당한 기간 그대로 두면서 평화적으로 통일해 가려는 방안들이 강구되기 시작했다. 1970년대부터 일부 연방제 통일안을 제시했던 북쪽에서 1980년대에 와서 다시 '고려민주연방공화국' 창설안을 제시했다. 이는 ① 남북이 서로 상대방에 존재하는 사상과 제도를 그대로 인정하고, ② 남북의 지역자치정부를 바탕으로 하면서, ③ 남북이 동등하게 참가하는 민족통일정부로서의 연방공화국을 창설하자는 것이었다.

이에 대해 남쪽에서는 연방제안을 거부하면서 대신 '민족화합민주통일방안'을 제시했다. 그 내용은 남북의 국민투표에 의해 통일헌법·통일국회·통일정부를 성립시켜 통일을 하되, 그것이 이루어질 때까지의 실천조치로서 ① 호혜평등의 원칙에 입각한 상호관계의 유지, ② 상대방의 내부문제에 대한 불간섭, ③ 각기 체결한 국제조약 및 협정 존중, ④ 서울과 평양에 상주연락대표부 설치 등을 설정한 것이었다.

이처럼 1980년대에 들어와서도 쌍방이 제시한 구체적인 통일방안에는 상당한 차이가 있었다. 그것을 정리해보면 국가는 하나로 하되 남북의 두 정부와 두 체제는 상당한 기간 그대로 두자는 것이 북쪽 안인 데 비해, 남쪽 안은 당분간 남북의 국가와 정부와 체제를 모두 그대로 두고 서로 신뢰를 구축하고 협조해나가자는 안이라고 할 수 있다.

1980년대에 제기된 남북의 통일안은 국가를 당장 하나로 할 것인가 당분간 둘인 채로 둘 것인가 하는 데는 이견이 있었지만, 상대방의 정부와 체제를 서로 인정하고 상당한 기간 그대로 두자는 데는 합의를 이루었다는 점에 주목해야 한다. 바로 1국가 2정부 2체제로 할 것인가, 당분간 2국가 2정부 2체제로 두고 신뢰를 구축하면서 협력할 것인가 하는 문제가 있었지만, 적어도 2정부 2체제를 상당한 기간 그대로 두자는 데는 합의한 것이다.

그것은 또 실존하는 두 개의 국가와 정권이 어떻게 평화적으로 하나로 되면서 통일을 이루어 갈 것인가 하는 점에 대해, 구체적인 방법이 도출되었고 또 일정한 합의가 이루어진 것이라 할 수 있다. 남북 쌍방이 모두 무력통일은 말할 것도 없고 적어도 겉으로는 흡수통일도 하지 않겠다는 것이었다.

무력통일은 물론 흡수통일도 하지 않겠다는 남북 두 정부의 합의를 바탕으로 해서 1990년대로 들어서면서 바로 평화통일을 위한 대헌장이라 할 '남북 사이의 화해와 불가침 및 교류·협력에 관한 합의서'가 채택되었다(1991. 12. 13.).

그 중요한 내용은 ① '화해' 부분에서 상대방의 체제 인정과 존중, 정전상태에서 평화상태로 전환하기까지의 군사정전협정 준수, 판문점 남북연락사무소 설치·운영 등이었고, ② '불가침' 부분에서는 상대방에 대한 무력 불사용 및 불가침, 군사분계선의 불가침경계선화 등이었으며, ③ '교류·협력' 부분에서는 자원 공동개발과 물자교류, 민족구성원의 자유로운 왕래와 접촉, 철도·도로 연결과 우편·전기통신시설 설치 등이었다.

남북합의서의 내용은 7·4 공동성명의 정신에 입각했으면서도, 그것보다 훨씬 구체적이고 실질적이며 전진적인 주체적·평화적 민족통일의 실천방안이라고 할 수 있다. 이제 주체적·평화적·대등적·점진적 통일방안은 마련되었고, 문제는 남북 정부가 그것을 얼마나 충실히 이행하느냐 하는 문제만 남게 되었다.

남북정상회담과 협상통일의 길 자본주의체제인 서독에 의해 사회주의체제인 동독이 흡수통일되자, 한반도의 경우도 자본주의체제인 남쪽에 의해 사회주의체제인 북쪽이 흡수통일되리라 기대하는 경우가 많았다. 특히 김일성 주석이 사망하자 성급한 경우는 북쪽이 6개월 이상, 다소 길게 잡는 경우라 해도 3년 이상 견디지 못하리라는 관측이 많았으나, 10년이 지난 지금도 남쪽에 의한 흡수통일 가능성은 희박한 것 같다. 한반도의 경우 전쟁통일도 흡수통일도 불가능한 가장 큰 이유는 반도라는 지정학적 위치 때문이라 할 수 있다.

러일전쟁 때와 같이 한반도에서 대륙세력이 강화되는 경우는 해양세력이 불안하다는 핑계로 전쟁을 도발했고, 20세기 전반기와 같이 해양세력인 일본에 포함되는 경우 한반도는 대륙침략의 발판이 되었다. 2차 대전이 끝난 후에는 양대 전승국, 즉 대륙세력 소련과 해양세력 미국이 이 지역을 분단함으로써, 대결 속의 세력균형이 이루어졌다. 그로부터 반세기가 지나고 미·소 대결구도가 무너진 후, 한반도 지역의 주민들은 전쟁통일도 흡수통일도 안 되며 오직 협상통일의 길만이 있다는 사실을 이해하게 되었고, 그 결과가 2000년 남북정상회담으로 나타났다고 할 수 있다.

6·15 남북공동선언에서도 7·4 남북공동성명에 이어 자주적 통일 문제가 다시 거론되었다. 한반도 통일과 관련해 자주적 통일 문제가 중요하게 다루어지는 것은 역시 지정학적 위치 문제와 깊은 연관이 있다. 외세 개입 없는 자주적 통일안의 가장 중요한 과정의 하나는 남북정상회담이며, 특히 남북의 자주적 접촉과 교섭에 의해 이루어지는 정상회담이라 할 수 있다. 2000년 남북정상회담은 적극적 화해정책(포용정책)에 의한 신뢰구축 결과라 할 수 있으며, 외세 개입 없는 남북만의 합의에 의한 정상회담이라고 할 수 있다. 분단은 외세 개입의 결과였다 해도 통일은 남북의 자주적 역량에 의존할 수밖에 없을 것이다.

돌이켜보면, 한반도의 분단이 지속된 것은 한·미·일 공조체제와 조·중·소 공조체제 지속의 결과였다. 궁극적으로 한·미·일 공조체제와 조·중·러 공조체제를 깨트리고 남북 공조체제를 이룸으로써 한반도의 통일을 성취해내는 것이 바람직하지만, 이것이 현실적으로 불가능하다는 점을 감안하면 한·미·일 공조체제와 조·중·러 공조체제의 강도를 점차 낮추어가는 한편 남북공조체제의 강도를 높여가는 과정이 자주적 통일의 방향이라 할 수 있을 것이다.

이번 정상회담에서는 남북 쌍방이 연합제안과 '낮은 단계의' 연방제안 사이에 공통점이 있다는 데 합의했다는 점이 중요하다. 현재의 남북 두 정부 위에 군사·외교권을 가지는 하나의 국가를 따로 두는 것을 미루고, 현 남북 두 정부가 그대로 각기 군사·외교·내치권을 가지되 앞으로 남북 정상회담과 각료회담 및 국회회담 등을 통해 어떻게 통일을 이루어갈 것인가를 토의하고 구체안을 마련하자는 데 합의한 것이다.

당장 군사·외교권을 가지는 국가를 남북 두 정부 위에 두는 일이 비현실적이라는 점에 인식을 같이하고, 연합제안과 연방제안으로 평행선을 그어갈 것이 아니라 두 안의 방향을 조금씩 바꾸어감으로써 그 합치점을 찾아내자는 데 합의한 것이라 할 수 있다. 지금까지 고집했던 비현실적 명분을 죽이고 현실적·실사구시적으로 통일이 가능한 방향을 찾아가자는 데 합의한 것이다.

결론적으로 2000년 정상회담은 남북 집권당국자들이 전쟁통일은 말할 것 없고 흡수통일도 반대하면서 긴 시간이 필요한 협상통일의 길로 들어섰음을 말하며, 한·미·일 공조체제와 조·중·러 공조체제에만 속해 있던 한반도의 남북이 이제 조심스럽게 남북 공조체제를 이루어가려는 조짐을 보이기 시작했고, 종래 평행선을 달리면서 대립했던 남쪽의 연합제 통일안과 북쪽의 연방제 통일안이 접합점을 찾게 되었음을 말한다. 그리고 그것은 베트남식이나 독일식이 아닌 한반도식 통일이 이제 시작되었음을 말해주는 것이다.

열 번째 강의

장자연 사건과 재벌 세습의 문제

이득재(대구가톨릭대학교 러시아어학과 교수)

들어가기

2010년 11월 초, 광고 모델로 활동하던 박혜성 씨가 자살했다. 지난해 장자연 모델 출신 연예인이 자살한 이후 또 일어난 연예인 자살 사건이다. 박혜성 양의 죽음도 자살이라는 죽음의 형태가 충격을 주었지만 장자연 씨의 자살은 성 상납 리스트 파문으로 그 충격이 더 컸다. 그러나 2009년 3월 7일, "저는 나약한 신인 배우입니다. 이 고통에서 벗어나고 싶다."라는 유서를 남기고 죽은 장자연 씨의 사건은 장자연 씨가 술 접대를 강요했다는 사실을 알린 소속사 대표와 전 매니저만 처벌을 받고 용두마사미로 끝났다. 한 방송사가 장자연 씨가 유력 인사들에게 술 접대와 성 상납을 강요당했다는 보도를 내보내자, 여론에 밀린 경찰은 장자연 문건에 연루된 20명을 검찰에 송치했다. 그러나 소위 '유력 인사'는 아무도 처벌받지 않았다. 네티즌들은 "그녀의 죽음에 책임이 있는 재벌과 유력 인사들은 여전히 떵떵거리며 살고, 참 개운치 않다."라는 반응을 보였다.

박혜성 씨가 자살하기 한 달 전, MBC 〈PD수첩〉은 검찰 스폰서 문제를 보도했다. 장자연 씨 같은 모델들이 업자들과 검사들 사이에 있었고 돈 봉투가 오고갔다는 당시 보도 내용은 장자연 씨 성 상납 리스트에 이어 또 다시 충격을 주었다. 재벌과 유력 인사에 이어 검찰이 성 상납에 직접 연루된 사실이 언론에 의해 공개되었기 때문이다. 그러나 이 사건 또한 유야무야로 끝났다. 검찰은 자정 노력 운운하며 진상규명위원회 설치 쇼를 했지만 성 상납 유력 검사장 및 검사들은 버젓하게 살고 있다. 드라마 〈대물〉에서는 신임 검사 권상우가 정치인을 소환했다는 이유로 옷을 벗었지만, 현실에서는 성 상납을 받은 정황이 충분한데도 해당 검사장 및 검사들은 옷을 그대로 입고 일하고 있다.

주지하다시피 한국 사회는 어떤 일이 벌어지더라도 약한 자는 처벌받지만 강한 자는 처벌받지 않는 구조를 갖고 있다. 강자에게는 약하고 약자에게는 강한 이 처벌구조는 짐승 사회에서나 볼 수 있는 일이다. 삼성 재벌은 수많은 범법 사실에도 불구하고 이건희 회장의 사면 복권에 이어 아무런 반성 없이 또 다시 전략기획실을 설치하였다. 이건희 회장에 의한 그룹 경영이 전면화된 것이다. 이에 반해, 태광 그룹, C& 그룹은 사무실 압수 수색까지 받았다. 이유는 단 하나, 삼성은 강자이고 태광 등은 그에 비해 약자이기 때문이다. 재벌, 유력 인사, 검찰 등은 한국 사회에서 각종 불법을 저질러도 절대로 처벌받지 않는다. 재벌, 유력 인사, 검찰만 그럴까. 언론, 대학, 병원 등 권력에 손을 댈 수 있는 곳은 언제든지 처벌을 피해갈 수 있다.

혹자는 이렇게 생각할지 모른다. 1998년 IMF 경제위기 시절에 터진 오현경 섹스비디오 파문, 2년 뒤에 나온 백지영 사생활 동영상 파문, 그리고 연예인 누드 연기 교육, 가수 나훈아의 신체훼손설 등에서 보듯이, 문제의 핵은 연예인들의 도덕적인 해이에 있다고 생각할 수 있다. 2005년 1월에 터진 '연예인 X파일' 사건에서 그 파일에 담긴 99명의 연예인의 사생활이 보여주듯이 연예인들의 성적이고 도덕적인 해이 현상이 모든 문제의 원인이라고 생각할 수 있다. 그러나 모든 연예인들이 다 그런 것도 아니고 일부 연예인들에 대해 탐탁지 않은 느낌을 지울 수는 없지만, 그것이 장자연 씨 같은 연예인을 자살로 몰고 간 원인은 되지 못한다고 말할 수 있다. 최근까지도 언론은 홍콩의 온바우닷컴을 인용해 연예인 X파일 2탄, 3탄을 쏘아대고 있는데, 그 보도대로 설령 K양이 재벌 2세와의 하룻밤으로 1억 7천만 원을 벌었든 안 벌었든 간에, 한국 사회에서 연예인과 연관된 각종 사건들이 끊이지 않고 터지는 것은, 한국 사회에서 처벌받아야 할 사람들이 계속해서 처벌받지 않고 있는 약육강식의 짐승사회 논리가 지속적으로 작동하고 있는 것과 밀접한 연관이 있다. 성 상납, 술 접대, 검찰 스폰서 등 대중의 흥미를 유발시키고 황색언론들의 기를 한껏 세워주는 일들이 지속성을 갖고 작동하는 구조나 약육강식의 논리가 지속적으로 작동하는 구조나 결국 같은 구조를 갖고 있다는 말이다. 따라서 짐승사회의 논리가 지속적으로 작동하는 한, 장자연 씨의 자살 같은 사건은 계속 나올 수밖에 없고 이번 문제를 연예인 개개인 문제로 돌리는 것은 문제의 핵심을 비켜나가는 일이 될 것이다. 따라서 억울한 죽음이 반복되지 않으려면 비판과 비난의 화살은 유전무죄, 약육강식의 논리가 통하는 이 사회 자체로 향해져야 한다. '이 사회 자체로 향해져야 한다'고 필자가 말할 때 그 말이 뜻하는 바는, 누가, 무엇이 그 논리를 통하게 만드는 것인가 하는 점을 밝혀야 한다는 것이지, 막연하게 사회를 거론하자는 것이 아니다. 권력이 존재하고 있고 그것이 작동하는 한, 그 거대한 권력의 구심력에 누구든 말려들어갈 수밖에 없기 때문이다. 누가 그 권력의 구심을 손아귀에 쥐고 있는가, 그 권력은 어떠한 작동 원리를 통해 움직이고 있는가.

현대판 노예제 사회

장자연 씨 자살 사건을 말하는데 웬 노예제 문제냐고 반문할 수도 있겠다. 21세기 스마트폰을 사용하는 시대에 웬 노예제 사회 문제냐는 반문도 마찬가지다. 그러나 한국 사회는 외형적으로는 고도자본주의 시기로 접어들었지만 사회를 움직이는 원리는 노예제 내지는 봉건제 사회에서 벗어나지 않았다. 이것은 경제적인 측면에서도 마찬가지다. 직접 고용과 고용 안정이 보장되었던 시대와 달리 자본주의가 신자유주의라는 외피를 입고 나서부터는 자본가와 노동자 사이에, 노예제나 봉건제에서나 볼 수 있는 주인과 노예의 변증법이 다시 작동하기 시작했다.

이명박 정권은 2010년 들어서서 노동부를 고용노동부로 바꾸고 '국가고용전략회의'를 통해 노동의 질 유무와 관계없이 무조건 고용률 60%를 달성하는 데 혈안이 되어 있다. 그러다 보니, 임금 수준과 무관하게 대학 안팎을 '묻지마식 취업'이 지배하고 있고, 학생은 학생대로 교수들은 교수대로 스펙과 취업 경쟁에 내몰리고 있다. 그러나 그 결과는 저임금화일 뿐이다.

청년 유니온이 전태일 열사 40주기를 맞아 20~30대 청년 노동자들의 실태를 조사한 결과, 61.6%가 월 200백만 원 이하의 임금을 받고 전문대 졸업 청년 노동자의 경우 71.4%가 150만 원 이하, 25세 이하 청년의 경우 29.2%는 100만 원 이하의 임금을 받고 일하는 것으로 드러났다. 이미 사회 각 분야(비정규직 교수, 사회서비스 노동자 등)에 시간제노동이 정착되어 있기도 하다. 이것들을 고용의 형태로 이야기하면 결국 간접고용이라는 단어로 축약시킬 수 있을 것이다. 사내 하청, 위장도급 등 편법고용, 외주화, 파견 노동 등이 이미 지배적으로 일반화되어 있는데, 이것은 어찌 보면 결국 사람장사를 법적 제도적으로 합법화한 것일 뿐이다. 외주화의 경우 A 회사가 노동자를 고용해 B 회사에게 외주로 넘기면 B가 C에게 다시 하청을 주는 간접고용의 방식은 다단계 하청을 통해 사람을 사고 팔아넘기는 과정과 사실상 같은 것이다. 노예제, 봉건제도 아닌데 현대판 노예제도가 작동하고 있는 셈이다. 상품을 대량생산해내는 것만 다르지, 사회시스템은 여전히 노예제이자 봉건제인 것이 오늘날 자본주의이고 세계자본주의의 모습이다.

이러한 노예제를 닮은 사회시스템은 한국 사회 도처에 장착되어 작동하고 있다. 시시때때로 언론에서 터지는 연예인들의 노예계약도 그것이지만, 대학가에서 축제 때 등장하는 노예놀이 등은 한국 사회가 지배와 복종의 양식이 장착된 사회라는 사실을 적나라하게 보여주는 것이다. 김민수 경지지사의 성희롱 발언 등 정치인들, 대학교수들의 성희롱 발언은 다반사이고 성폭력에까지 이르는 경우도 왕왕 있다. 여성에 대한 남성의 지배를 가족주의 내지는 가부장제로 설명할 수도 있지만[1] 더 큰 맥락으로 보면 자본주의 시스템 안에 여전히 주인과 노예의 변증법이 작동하고 있고 자본주의 시스템이 노예제/봉건제 + 자본주의적인 상품생산양식이기 때문이다. 복불복 게임 같은 경우도 그렇다. 까나리 액젓을 마시고 견디는 그 거대한 고통의 과정을 지나야만 위대한 인간으로 승격되는 입문 과정은 까나리 액젓을 통해 지배와 복종의 양식을 내면화시키는 과정일 뿐이다.

장자연 성 상납, MBC 〈PD수첩〉의 검찰스폰서 폭로, 연예인 스폰서 성 상납 문제, 연예인 X파일 사건 등 한국 사회에 성과 연관된 문제가 끊이지 않는 이유는 궁극적으로 한국 사회가 사람장사를 부추기는 사회이기 때문이다. 장자연 씨 자살 사건이 자본주의 사회 구조와 무슨 연관이 있느냐고 반문할 수 있지만, 가장 근본적으로는 주인과 영주 행세를 하는 자본가와 노예 내지는 매매상품으로 전락한 노동자의 자본주의적인 구조가 사회 안에 투사될 때 성 상납 등, 성의 상품화 현상이 지배적으로 나타나기 때문이다. 봉건제 시대에 영주가 노예의 집사람과 잠자리를 했다면, 오늘날 소위 유력 인사들이 성 상납을 받는 것은 스스로를 권력을 쥔 영주라고 생각하기 때문에 가능한 것이다.

필자는 IMF경제위기 이래, 오현경 씨의 섹스 비디오 파문 이후 연예인의 성 상납 문제가 화제가 되된 이유는 한국 사회가 급격하게 신자유주의를 받아들이면서 노동자를 사고파는 물건으로 생각하는 구조가 정착되기 시작했고 그것이 점점 더 굳어지기 시작한 데에 있다고 생각한다. 그렇지 않고서야 IMF경제위기 이후 연예인 문제가 불거지기 시작하고 연예인 X파일 사건이 터지더니 급기야는

1 이종영, 『성적 지배와 그 양식들』, 새물결, 2001.

장자연 씨가 자살을 선택한 상황을 설명할 수 없기 때문이다. 자살이라는 극한적인 선택은 한국 사회가 노동자라는 인간을 매매물건으로 보는 분위기가 정점에 오른 것과 무관하지 않다는 것이다. 노동자를 인간으로 보지 않고 노동력으로 보는 것이다. 심지어는 크리넥스 노동자라는 말도 있으며 회사 장부에서는 노동자를 비품 처리하지 않는가. 이러한 사회 분위기 속에서 낮에는 노동자가 매매상품으로 밤에는 여자가 성매매상품으로 거래되는 거대한 시장이 한국 사회 안에서 작동하고 있는 것이다. 한국 사회 도처에 밤을 밝히는 술집들의 간판과 모텔들의 간판은 한국 사회가 거대한 음란의 스펙터클 현장으로 전환했다는 증거이지만, 그 거대한 음란의 스펙터클 뒤에는 양육강식, 유전무죄, 지배와 복종, 주인과 노예의 원리들이 뒤섞여 작동하게 만드는 권력의 음란성이 숨어 있다. 그 음란한 권력은 나의 가족 이외의 모든 것, 심지어는 같은 가족 구성원도 나의 가족이 아니라고 판명날 경우 여지없이 토사구팽한다.

필자는 그 음란한 권력의 핵심에 세습의 문제가 있다고 생각한다. 그리고 한국 사회가 정치적인 민주화의 과정에 있으면서도 도대체 세상 변하는 모습을 보여주지 못하는 것은 '가족유사성의 구조'가 변하지 않기 때문이고, 이 구조가 세습에 의해 유지 보존되기 때문이라고 생각한다.

필자는 이러한 측면에서 뜬금없는 것 같지만 자본주의, 노예제와 봉건제를 언급한 것인데, 이런 측면에서 본다면 자본주의의 발전 과정은 우리가 교과서에서 배웠듯이 노예제, 봉건제 이후의 다단계 발전이 아니라 마트료시카[2]식의 발전 과정으로 진행되어 왔다고 말할 수 있다. 봉건제라는 인형 안에 노예제라는 인형이 자본주의라는 거대한 인형 안에 노예제와 봉건제라는 작은 인형이 들어가 있는 식으로 말이다. 앞에서 필자가 말한 가족유사성의 구조와 같은 것이다. 이렇게

2 마트료시카는 러시아의 관광 상품으로, 큰 인형 안에 큰 인형을 닮은 작은 인형이 들어가 있고 다시 똑같은 인형들이 들어가 있다. 마트료시카라는 인형의 유사성이 반복되어 있는 것이다.

본다면 자본주의는, 한편으로는 경제적인 측면에서 상품을 대량 생산하는 실물 부문과 주식 금융 같은 비실물 부문, 그리고 다른 한편으로 노예제와 봉건제의 사회 작동 방식이 절합되어 있는 양식으로 볼 수 있지 않을까. 이 시스템 전체가 작동하도록 움직이는 보조시스템이 지배와 복종의 양식이다. 세습 문제가 장자연 사건과 연결될 수 있는 지점은 앞에서 말한 것처럼 사람 장사에 있다. 노예와 달리 주거 이동권은 보장될지 모르지만, 현장에서 노동력과 성을 착취당하는 모습은 크게 다를 바 없다. 한국 사회가 현대판 노예제 사회인 이유는 여기에 있다.

TV프로그램 〈개그콘서트〉에 '달인'이라는 코너가 있지만, 한국 사회에서 세습의 달인은 단연 삼성 재벌이다. 노조 자체를 허용하지 않는 삼성의 모습은 사람 장사 달인이나 할 수 있는 발상이다. 북한의 세습체제 못지않은 재벌들의 세습 문제는 자신들의 가족들의 안위를 위하여 노동자를 가족 바깥으로 쳐내는, 가족주의를 첨단으로 확산시켜 작동시키는 것이고, 그것을 통해 사람 장사하는 모습을 확실하게 보여주고자 하는 것이다. 노조 죽이기에 골몰하는 이명박 정권의 모습은 궁극적으로 사람 장사를 합법화하겠다는 발상이다. 사람 장사 제대로 하려면 노조가 없어져야 한다. 장사에 방해되기 때문이다. 얼마나 단순 무식한 장사꾼 계산법인가.

삼성은 왜 그렇게 세습에 연연해할까? 이건희 회장의 아들 사랑이 각별해서일까? 이건희 회장이 그만큼 가족을 사랑해서일까? 삼성이 세습에 연연해하는 이유는 딱 한 가지다. 불법으로 돈을 모으기 위해 세습에 연연해하는 것이지, 필자가 보기에는 아버지의 극진한 아들 사랑 때문이 아니다. 여기서는 먼저 재벌 세습을 위해 삼성이 동원하는 가족주의 이데올로기 문제를 살펴보자. 세습을 하는 데에는 무엇보다도 노동자 문제가 가장 거슬린다. 노동자를 가족 밖으로 쳐내지 않고서는 재벌 세습구조를 보장받을 수 없다. 삼성이 목숨을 다해 무노조를 사수하는 것은 그 때문이다.

삼성생명은 가족희망 캠페인을 통해 '가족이 희망'이라는 가족주의 이데올로기를 동원한다. 국가나 기업이 해야 할 몫을 가족에 전가하는 것이다. 국가가 희망이고 사회가 희망이어야 할 판에, 가족이 희망이라는 캠페인을 벌이는 것은 국가나 사회를 가족으로 치환시키면서 가족에게 모든 책임을 전가하는 것이다. 따라서 삼성반도체 공장에서 일하다 죽을병에 걸려도 산재 신청이 안 되는 것은 삼성이 그 문제를 가족의 문제로 바라보기 때문이다. 필자는 『가족주의는 야만이다』에서 국가나 기업이 사회를 보호해야 할 자신의 책임을 방기하고 가족을 통해 사회를 지배하는 것을 일러 '가국(家國)체제'라 이름 붙인 바 있다. 가족이 희망이라는 것은 기업이 자신의 사회적 책임을 은폐시키고자 하는 이데올로기이고, 그것만큼 효과적인 방안이 없다. 문제가 액수는 아니지만, 삼성의 사회적 공헌 액수가 이건희 회장 일가의 부패한 재산에 비하면 조족지혈이라는 것 또한 두말할 필요가 없다.

삼성은 1997년부터 '또 하나의 가족'이라는 기업 광고 캠페인을 시작했다. 『디지털 타임스』는 2007년 9월 7일자 기사에서 삼성의 기업 광고 캠페인을 두고 다음과 같이 말한 적이 있다.

> 소비자 참여라는 '2.0시대 정신'을 반영한 새 기업광고 캠페인이 최근 '삼성 공화국'과 '2세 편법 상속' 논란 등으로 실추된 삼성전자의 이미지를 진정한 가족의 모습으로 승화시킬 수 있을지 주목된다.

주지하는 대로, 삼성은 초법, 불법, 위법, 편법, 탈법 등 법을 거스르는 데 있어서 타의 추종을 불허하는 달인이지 삼성 '공화국'이 아니다. 공화국이라는 말과 삼성의 이미지는 절대로 어울릴 수 없다. 공공의 이익을 추구하는 공화주의가 삼성 일가의 이익을 위해 삼성 전체와 대한민국 사회 전체를 동원하며 가족 이미지, 글로벌 판타지를 악용하는 삼성 '공화국'일 수는 없다. 삼성 공화국이라는 말은 폐기되어야 마땅하다. 이 말 자체가 자꾸 삼성 판타지를 만들어내기 때문이다.

신문기사에서는 진정한 가족으로의 승화를 주목하겠다고 하지만, 삼성이야말로 진정한 가족의 모습, 또 하나의 가족이라는 이미지를 내세워 삼성 가벌의 추악한 면모를 은폐하는 데 탁월한 역량을 보이고 있다.

삼성의 가족희망 캠페인의 이중성(너는 내 가족이 아니다)

위의 그림은 삼성생명의 가족희망 캠페인의 이중성을 나타내고 있다. 왼쪽 그림은 가족의 이미지를 내세운 광고 장면이지만, 삼성의 기업 광고 전략은 소비자를 가족으로 승격시켜 소비를 촉진시키고 자본의 이익을 극대화하려는 삼성 자본의 전략 그 이상도 그 이하도 아니다. 진정한 삼성가족으로의 승화 운운하는 것은 삼성공화국이라는 말만큼이나 불온하고 위험한 단어다. 삼성 이전에 대우 재벌은 『대우가족』이라는 신문을 만들었다. 김우중 회장은 대우의 노동자들을 가족 구성원으로 대체 치환하고 노동자들을 가족처럼 '대우'한다고 했지만, 정작엔 대우 계열사 공금 횡령으로 감옥에 갔다. 삼성전자의 기업 광고인 '삼성－또 하나의 가족'은 대우 재벌의 이 신문을 광고로 바꾼 것뿐이다. 삼성이 2만여 명의 고객 투표를 거쳐 선정한 훈이 캐릭터는 훈이의 훈남 이미지를 동원해 추악한 삼성 가벌의 이미지를 훈훈한 가족의 이미지로 포장한 것이었다.

위의 그림 오른쪽에서처럼, 삼성에 있어서 노동자는 비가족이다. 삼성 자본에 있어서 노동자는 소비자처럼 자본의 이익을 위해 잠시 가족 안으로 포섭되는 존재가 아니라, 삼성 가벌을 위해 희생의 대상으로 전락하고 삼성가족으로부터 퇴출되어야 하는 존재다. 삼성은 삼성 재벌만이 아니라 대한민국 사회 전체도 집과 가족의 이미지로 포장한다. 삼성이 진출해 있는 베트남, 인도 등에서도 마찬가지다. 삼성이라는 또 하나의 가족 이미지는 무노조경영과 저임금 착취라는 삼성 자본의 이미지를 억압하는 기능을 한다. 남북전쟁 이후 미국의 부와 권력을 싹쓸이한 떼강도 귀족(robber barons)마냥, 삼성은 대한민국 사회의 부와 권력을 싹쓸이한 그 힘으로 민주공화국의 헌법까지 유린하는 초법적인 삼성 가벌의 흉물스러운 이미지를 은폐하는 것이다. 삼성이 집 밖에서는 글로벌 경영을 하는지 몰라도 집구석으로만 들어오면 가족과 비가족을 분리하고 비가족을 솎아내며 한 국민국가로서의 대한민국을 가족으로 둔갑시켜 가족을 착취하거나 비가족을 죽여대는 것이 삼성 자본의 본질이다. 그러면서도 피해자 가족 안으로 돈 몇 푼 들이밀면서 가족 안에서 조용히 끝낼 일이지 왜 가족 '바깥으로' 문제를 떠들고 다니냐고 협박한다. 삼성SDI에서 노조를 만들려고 고군분투하는 최 모 차장이, 이윤보가 윤리를 강조하는 이건희 회장이 사실은 회사 돈을 비자금으로 횡령한 범죄자였다고 고백하지 않았는가.

삼성은 재벌을 기업으로 치환하고 가벌을 기업으로 포장한다. 황우석 박사만 바꿔치기의 달인이 아니다. 황우석은 삼성자본처럼 막대한 자본력이 없었기에 혼줄이 났지만, 삼성은 대한민국 성장 기여도 1위라는 이유 하나만으로 혼줄은 커녕 평창 동계올림픽 위원장직을 꿰차고 앉았다.

독자들에게는 조금 미안한 말이지만 조금 어려운 개념을 사용하면, 삼성 자본에 있어서 노동자는 비체(abject)다. 비체란 말 그대로 비체(非體), 즉 몸이 아니다. 따라서 땀, 콧물처럼 몸 바깥으로 배출되는 것을 가리켜 비체라 한다. 영락물(零落物)이라고도 한다. 비체란 개념은 프랑스의 여성주의 이론가인 줄리아 크리스테바가 만든 것으로서, 체계와 질서를 교란시키는 것이기에 밀려나고 분리되어야 할 것이다. 삼성가족에 있어서 노동자는 비가족이자 비체로서 가족 바깥으로 추방되어야 할 존재이고 삼성 자본에 있어서 노동자는 소비자처럼 자본의 이익을 위해 잠시 가족으로 포섭되는 존재가 아니라 늘 패대기쳐야 할 이물질일 뿐이다. 삼성은 일찍이 몸의 원리를 파악하기라도 한 듯, 마치 땀이나 오물처럼 노동자를 가족이라는 신체 밖으로 추방한다. 그러지 않고서야 삼성 자본을 위해 반도체 공장에서 일하다가 백혈병 등 중병으로 수십 명이 목숨을 잃지는 않았을 것이다. 앞의 그림에서 보듯이, 노동자는 '또 하나의 가족'이 아니라 '또 하나의 희생'이었을 뿐이고 삼성자본이 말하는 '또 하나의 가족'이라는 이미지는 철저한 사기극을 연출하는 것일 뿐이다.

삼성이 가족주의 이데올로기를 동원하여 삼성 이건희 회장 일가, 가벌과 자본의 본질을 은폐하는 데에는 삼성전자의 '또 하나의 가족'이라는 기업 광고만 있지 않다. 삼성은 노동 현장에서 가족주의를 탁월하게 구사한다. 이른바 사수라는 것을 현장에 두고 사수가 신입사원의 사수가 되게 함으로써 노동자라는 신분과 노동자들의 관계를 가족 관계로 바꿔치기 하는 데 능수능란한 것이 삼성이다. 그리하여 노동자들의 관계를 사수 언니와 신입동생의 가족 관계로 바꿔치기 함으로써 노동자들의 불만을 가족 간의 대화로 해소하고 불만이 공적으로 표출되지 못하도록 억압하는 것이다. 삼성의 이러한 인적 관리는 광고를 통해 가족 이미지를 동원하는 방식에 이어 삼성이 얼마나 치밀하게 가족주의를 이데올로기적으로 악용하는지 잘 보여주는 사례다. 대한민국이라는 하나의 국민 국가를 가족으로 둔갑시켜 노동자 착취를 가족이라는 판타지를 통해 소멸시키고 더 나아가 베트남, 인도, 중국 등 아시아 전체에 삼성가족의 이미지를 덮어 씌워 아시아 노동자의 저임금 착취 방식을 은폐하는 데 도가 튼 것이 삼성의 본질이다. 삼성의 글로벌 경영이나 스포츠, 문화 예술을 통한 사회적 환원이라는 것은 삼성이 쓰는 판타지 소설의 '복선'일 뿐이다. 가족 중에서 비가족을 솎아내고 가족과 비가족을 동시에 통제, 착취하는 삼성자본의 본질은 이제 세습 현장에서 절정에 이른다.

재벌 세습의 현장

과거 안기부 X파일로 만천하에 공개되었듯이, 삼성은 가장 윤리적인 글로벌 기업이 아니라 '가장 치졸하고 추악한' 국내 재벌로 낙인 찍힌 바 있다. 노무현 대통령은 자살로 끝났지만, 삼성은 재벌 프렌들리 이명박 정권의 도움으로 다시 불사조처럼 살아나 일선에 복귀했다. 최근에는 전략기획실을 다시 부활시켰다. 한 나라의 대통령의 죽음과 이건희 회장의 부활이라는 역설적인 상황에서 우리는 어쩔 수 없이 대한민국의 부와 권력을 싹쓸이한 '떼강도 귀족'들의 힘을 목격한다.

삼성이 겉으로는 글로벌 스탠더드를 언급하지만, 정작 글로벌 스탠더드를 적용시키려고 할 경우 글로벌 스탠더드를 거부한다는 것은 잘 알려진 사실이다. 첼시 구단과의 광고 계약을 통해 겉으로는 문화적 지구화를 꿈꾸는지 모르겠지만 삼성이 추구하는 세계 초일류기업이나 글로벌 컬처 뒤에는 홍석현 사주와 이건희 회장의 처남매부지간이라는 야만적인 가벌(家閥) 관계, 숱한 로비를 통해 정계, 학계, 경제계, 언론계 인사들을 붙여놓은 '끈끈이주걱'이 숨어 있었던 것이다.

가족의 울타리 안에 들어오는 자와 안 들어오는 자, 즉 가족과 비가족, 나와 적을 확실히 구별해 처리하는 배타적인 가벌관계에 바탕을 둔 재벌의 모습은 조폭영화를 상기시키기에 충분하다. 따라서 이건희 회장을 Super Father(초부[超父])로 모시는 가벌구조를 이용하여 삼성과 중앙일보사는 출판, 스포츠, 레코드, TV, 스포츠신문, 방송위성, 통신위성, 라디오 등을 문어발처럼 거느리고 있는 일본의 요미우리 그룹 같은 기업구조를 구상하고 있는지도 모를 일이다.

삼성은 그야말로 가족 관계로 똘똘 뭉쳐 있다. 『시사인』은 2010년 11월 13일자 기사에서 '피자에 숨은 방정식'이라는 제목 하에 재벌의 세탁 증여가 어떻게 이루어지는지 김상조 경제개혁센터 소장의 말을 빌려 보도했다. 김상조 소장에 따르면, 분사(分社)가 재벌의 전형적인 세탁 증여 방식이라는 것이다. 여기서 분사란, 조선호텔의 핵심 부서인 조선호텔베이커리가 사업을 분사해 2005년 1월 데이앤데이 주식회사를 설립한 것을 말한다.

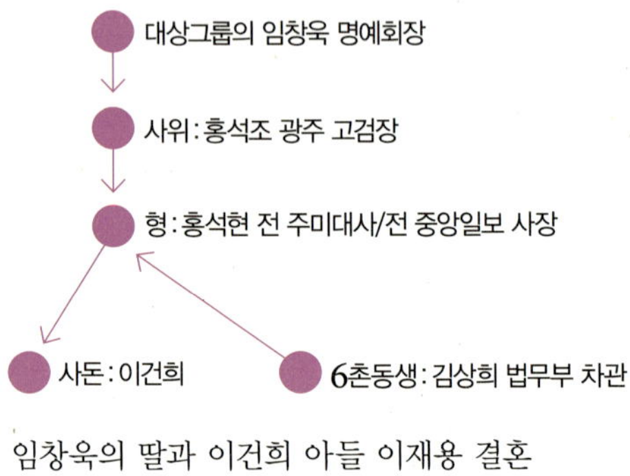

삼성 재벌의 세습구조

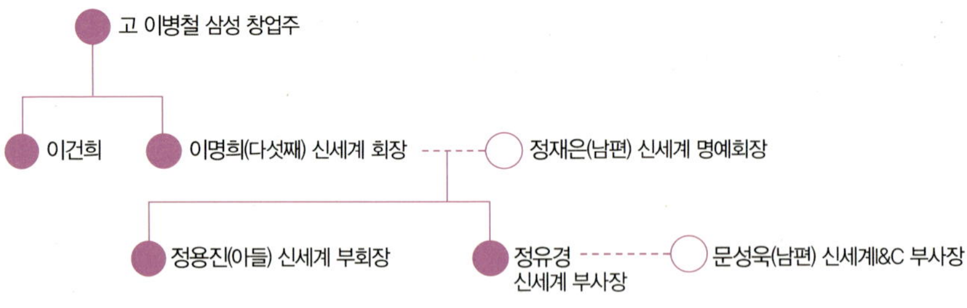

신세계 그룹 가계도

주지하다시피 조선호텔은 이건희 삼성 회장의 동생 이명희 씨가 회장으로 있는 신세계 그룹의 계열사였다. 이명희 씨는 딸 정유경 씨를 이용해 세탁 증여를 했다. 정유경 씨는 신세계 부사장으로서 데이앤데이의 주식 중 40%를 소유하고 있는 대주주이기 때문이다. 가족에게 증여를 하되 돈 세탁을 위해 정유경 씨를 대주주로 앉힌 것이다. 이 회사의 주식 45%를 차지하고 있는 조선호텔은 데

이앤데이를 분사시키지 않았다면 큰 이익을 낼 수 있는 베이커리 사업을 대주주 일가에 양도하고 정유경 씨는 조선호텔의 기회이익을 편취한 것이다. 데이앤데이의 매출액 규모는 현재 1600억 원으로, 모회사인 조선호텔의 매출액과 비슷한 것으로 알려져 있다. 이 경우 조선호텔 주주 이익은 훼손되고 이러한 행위는 배임죄에 해당되는 것이다. 그러나 2008년 검찰은 참여연대가 2006년에 제기한 배임 혐의 소송에 대해 무혐의 처분을 내렸다. 오히려 적반하장 격으로 당시 신세계는 참여연대를 명예훼손 혐의로 고소했다. 신세계 그룹 분사의 경우에는 삼성 일가가 가족에게 몰아준 돈이 1600억 원에 불과하지만 삼성 그룹 전체적으로 가족 구성원을 동원해 자기 가족에게 몰아준 돈은 수조 원에 이른다. 삼성의 일가가 순환출자 방식을 통해 삼성재벌 그룹 전체를 지배하는 방식은 워낙 잘 알려져 있는데, 이것을 간단히 살펴보면 다음과 같다. 분사를 통한 세탁 증여 방식은 순환출자를 통한 편법 상속에 비하면 조족지혈 수준이다.

- 1995년 삼성그룹 이건희 회장은 외아들 이재용에게 60억 8000만 원을 증여.
- 이재용은 삼성그룹 비상장 계열사인 에스원 주식 12만여 주를 23억 원에 매입.
- 삼성엔지니어링 주식 47만 주를 19억 원에 매입.
- 얼마 후, 두 회사를 상장시켜 보유 주식을 605억 원에 매각.
- 시세 차익 563억 원 남김. 이 돈은 이재용이 에버랜드 전환사채를 저가로 구입하는 데 사용됨.
- 이재용 증여세 16억 원 납부.
- 1996년 10월 30일 에버랜드 이사회는 주당 8만 5천 원대인 에버랜드 전환사채를 주당 7700원에 125만 4천여 주(96억 원) 발행 결의. 이는 자사 지분 62.5%에 해당.
- 1996년 12월 3일 이건희 회장 등 개인주주와 삼성전자, 제일모직, 중앙일

보, 삼성물산 등 법인주주들이 주주배정을 포기한 뒤 에버랜드 이사회는 이재용 남매에게 실권주 125만 4천 주 배정.

- 이 전무는 에버랜드 전환사채를 사들인 뒤 주식으로 교환해 에버랜드의 최대 주주로 등극.
- 1998년 에버랜드는 삼성 계열사의 지배권을 가지고 있는 비상장사 삼성생명의 주식을 9천 원에 구입하면서 삼성그룹의 지주회사격이 됨.
- 이건희 회장은 같은 삼성생명 주식을 6개월 뒤 사재 출연하면서 주당 70만 원이라고 주장.
- 2000년 6월 29일 법학 교수 43명이, 이건희 회장 등을 33명 특정경제가중처벌법의 '업무상 배임죄'(형법 356조) 혐의로 고발.
- 2003년 12월 1일 서울중앙지검, 공소시효 만료를 하루 앞두고 여론에 떠밀려 허태학, 박노빈 전·현직 에버랜드 사장을 불구속 기소.
- 헐값 발행을 공모하거나 지시한 증거가 없다는 이유로 이건희 전 회장은 무조사.

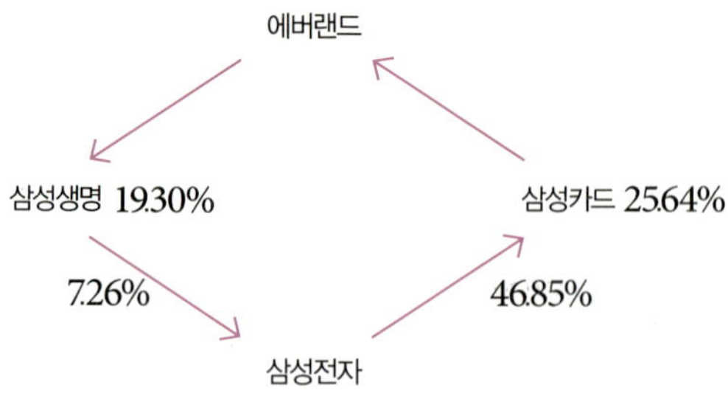

삼성의 순환출자 구조
(이건희 회장 및 계열사 다른 주식 39.49%, 이재용 삼성생명 전무 25.10%)

문제는 이러한 세습에 대한 욕망이 한국 사회 안에 편재되어 있고 그 욕망이 가족적 유사성의 구조를 이루고 있다는 사실이다. 요컨대 재벌만이 아니라 종교,

학교, 언론에 이르기까지 세습구조가 가족적 유사성을 이루고 있다는 것이다. 이것은 나라 전체를 가족끼리 나눠먹기 하는 북한의 세습구조와 똑같다. 북한의 세습구조는 단일하지만, 한국 사회의 세습구조는 다층적이며, 이 층들이 서로 닮은꼴을 하고 있다. 북한이 국가를 통째로 세습한다면 한국 사회는 세습이 경제 교육 종교 등 각 영역에서 이루어지고 있다. 마치 큰 상자 안에 작은 상자들이 들어 있는 꼴과 같다. 따라서 북한이 큰 상자를 통째로 자식에게 세습한다면 한국 사회는 작은 상자들을 자식들에게 세습하는 것이다. 물론 작은 상자라 해도 재벌들이 곳간에 쌓아놓은 돈이 316조 원 이상이듯이 그 규모는 막대하다.

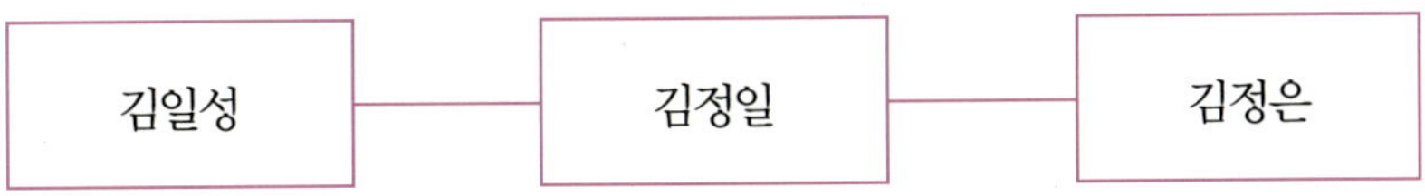

북한 사회의 세습 현장: 가족끼리 국가를 통째로 먹기

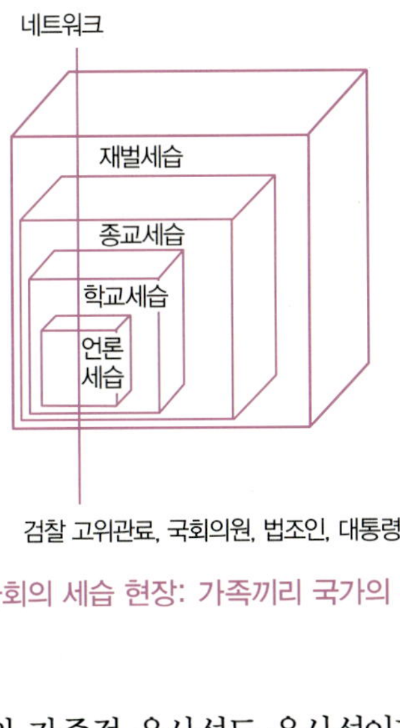

남한 사회의 세습 현장: 가족끼리 국가의 부를 나눠 먹기

북한과의 세습구조의 가족적 유사성도 유사성이지만, 정작 문제는 한국 사

회의 가족적 유사성을 바탕으로 형성된 막대한 권력 망이다. 이 망은 인적 네트워크를 구성하면서 이 망에 속해 있는 이들이 서로를 돕고 법망에서 벗어날 수 있게 해준다. 예비군 훈련을 상습적으로 빠진 재벌 3세에게 검찰이 집행 유예를 내리는 정도는 아무 것도 아니다. 이 권력 망의 효과를 톡톡히 누리는 검찰로서는 권력 망 안에서 일어나는 사건은 모두 치외법권 지대로 몰아갈 수 있다. 이 치외법권 지역에서는 어떤 법적인 효력도 무용지물이다. 따라서 성 범죄를 저지르든 성 상납을 받든 배임을 하든 횡령을 하든 혹은 세탁 증여를 하든 편법 증여를 하든, 이곳에서는 어떤 법률도 효력을 가질 수 없다. 이 권력 망과 아무 연관이 없고 각종 세습구조 외부에 있는 사람은, 그가 연예인이든 일반인이든 언제든지 검찰의 조사를 받을 수 있고 범죄자가 될 수 있다. 북한처럼 국가 단위는 아니지만 작은 규모의 세습구조 망들이 서로서로 네트워크를 이루어 악한 상호 원조 시스템을 작동시키고 있기 때문이다.

이러한 권력 망들의 상호 원조 시스템 아래에서 장자연 씨 자살 같은 사건은 언제든지 나타날 수 있다. 한국 사회 안에는 가족적 유사성을 지닌 세습구조의 근친상간 탓에 거대한 법적 공백지대가 형성되어 있기 때문이다. 장자연 씨 자살 사건과 연루된 의혹을 가장 많이 받고 있는 보수우익 신문의 가계 구조도 그렇지만, 언론만이 아니라 한국 사회에는 이러한 근친상간적인 세습구조가 뿌리 깊게 편재해 있다. 일례를 들어 보자.

조용기 목사를 중심으로 형성된 종교 세습의 구조를 보면 조카, 장인에 걸쳐온 친·인척이 세습구조의 유지를 위해 총동원되어 있는 것을 알 수 있다. 세습구조를 유지하는 재벌, 종교, 학교, 언론단체의 경우 자식들이 많은 것은 상당히 유리하다. 그 자식들을 하나하나 매개로 해서 많은 범죄 행위를 저지를 수 있기 때문이다. 이러한 예는 비단 조용기 목사만의 문제가 아니고 종교 집단만의 문제가 아니다. 대학이든 고등학교이든 마찬가지이고, 세습구조가 교회, 회사, 학교 등이 백화점마냥 망라되어 있는 구조를 갖고 있다는 것도 마찬가지다.

인형 안에 인형이 들어가 있고 상자 안에 상자가 들어가 있는 이러한 세습구조의 가족적 유사성과 그에 바탕을 두고 만들어져 있는 거대한 권력 망과 치외법권 지대에서, 장자연 자살 사건은 그야말로 아무 일도 아니다. 여러 개의 세습 구조가 다층 구조를 이루어 근친상간적인 네트워크를 형성하고 있는 이 음란한 법적인 공백 지대 안에서는 어떤 일도 벌어질 수 있고 어떤 불법도 가능하다. 이건희 삼성 회장의 사면 복권도 식은 죽 먹기다. 조용기 목사의 장남인 조희준 전 회장이 2008년 8월 특별 사면을 받은 것은 아무 일도 아니다.

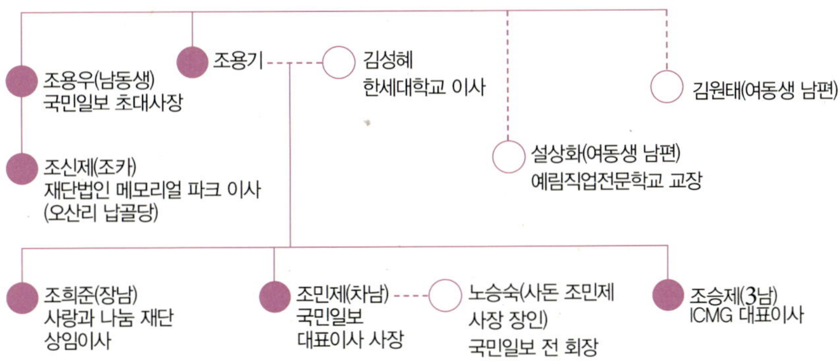

여의도 순복음 교회·『국민일보』와 관련 있는, 조용기 목사 친·인척[3]

한국 사회의 무의식 안에는 이 거대한 규모의 음란물이 자리 잡고 있다. 장자연 씨는 이 거대한 음란물의 희생자였다. 삼성반도체 공장에서 일하다 23살의 나이에 백혈병으로 죽은 박지연 씨도 이 거대한 음란 구조물의 희생자였다. 각종 세습구조물이 가득 들어찬 한국 사회에서 이 세습구조 밖으로 배제되어 있는 우리는, 바로 그 배제 탓에 이 음란 구조물의 막대한 영향을 받으며 살아가고 있

3 『시사인』, 2010년 11월 13일자.

다. 절차적 민주화가 진척되었다고는 하지만, 이 구조물이 철거되지 않는 한, 민주주의는 요원해 보인다. 재벌-언론-종교-학교의 세습구조물을 지탱시켜 주는 '끈끈이주걱' 구조가 워낙 강하기 때문이다.

나가기

사람들을 성적으로 죽이고 병으로 죽이며 폭력으로 죽여도 눈썹 하나 까딱하지 않는 이 끔찍한 세습구조. 이 구조 안에 숙주를 틀고 기생하며 살아가는 수많은 인간들…. 지금 북한의 세습구조 운운할 때가 아니다. 우리 안의 이 구조물이 우리들의 무의식에서만이 아니라 제도적으로 철거되지 않는 한, 장자연 씨 자살 같은 사건은 반복될 것이다. 세습구조에서 보듯이 구조물 자체가 반복적이기 때문이다. 이 반복의 작동은 웬만한 정당 정치의 힘으로는 멈추게 할 수 없다. 왜냐하면 이 구조물에 다들 얽혀 있기 때문이다. 정치적 민주화가 아니라 사회적 민주화가 이루어지려면 이 구조물이 사라져야 하는데, 그것은 사회변혁에 의해서만 가능하다.

열한 번째 강의

'촛불'을 어떻게 볼 것인가

김태일(영남대학교 정치외교학과 교수)

'촛불'의 의미

2008년 5월 초, 서울 청계광장에 몇 명의 여중생들이 '미친 소 반대'라는 피켓을 들고 나타났다. 이명박 정부의 쇠고기 수입 결정을 반대한다는 의견을 표명한 것이다. 그런데 이 작은 일이 우리나라 사회운동 역사에, 그리고 정치사에 얼마나 의미 있고 중차대한 사건으로 번져가게 될지 안 사람은 아무도 없었다. 그 피켓을 들고 나온 여중생 자신들은 더 말할 것도 없었다.

겨우 몇 명의 여중생으로 시작된 이 저항운동은 청소년, 청년 학생들이 함께 하고, 젊은 엄마들이 나서고, 퇴근길 화이트칼라 노동자들이 뛰어들고, 종교계와 교육계 그리고 문화예술계 등 각계 각층의 시민들이 참여하여, 순식간에 거대한 물결을 이루었다. 전국적으로 백만 명 이상이 참여하는 시위로 발전하였다. 1987년 6월항쟁 이후 최대 규모의 대중들이 집결한 것이었다. 온라인으로 현장을 생중계한 동영상을 보면서 뜻을 함께한 사람들까지 포함한다면 실로 엄청난 인구가 이 저항운동에 동참했다고 할 수 있다.

이 저항운동에서 나타난 가치와 요구 역시 다양하게 확대되어 갔다. 처음에는 수입 쇠고기의 안전성에 대한 염려가 주였으나, 시간이 가면서 이명박 정부 출범 이후 제기된 모든 갈등 쟁점들이 시위의 장에 던져졌다. 영어 교육 정책, 인권과 자유의 문제, 먹을거리의 안전성 문제, 인사정책 등 이명박 정부의 일방주의에 힘들어하던 시민들의 불만이 한꺼번에 터져 나왔다.

2008년 5월 초부터 8월 중순까지 이명박 정부의 일방주의에 저항하여 전국적으로 일어난 시민들의 집단행동과 그것을 추진한 세력, 그들의 이념을 가리켜 우리는 '촛불'이라고 부른다.

촛불의 등장 배경 – 대의민주주의의 한계

이 시위의 도화선은 이명박 정부가 미국산 쇠고기 수입을 전격 결정한 데 있었다. 미국산 쇠고기는 안전성에 있어서 논란이 있었다. 그 문제에 대해 세계 각 국가들은 자기 나라의 건강과 먹거리 안전을 위해 비상한 관심을 가지고 있었다. 그리고 그러한 염려를 통상정책에 반영하기 위해 온 힘을 쏟고 있었다. 나라마다 대응 방식은 달랐지만, 세계화 시대에는 위험도 세계화한다는 점에서 미국산 쇠고기 수입 문제는 각 나라에 가장 중요한 전략 과제가 되었다.

그런데 우리나라는 그렇지 않았다. 미국산 쇠고기의 안전성 문제를 둘러싼 쟁점들이 미처 정리되지 못한 상황에서 이명박 정부가 급하게 수입을 결정한 것이었다. 이명박 정부는 이에 대한 국민들의 불안감을 전혀 고려하지 않았다. 미국산 쇠고기 수입 문제는 통상 이익의 문제도 아니었고, 과학의 문제도 아니었다. 그 이전에, 그것은 심리적 문제, 소통의 문제, 신뢰의 문제가 되었다. 그럼에도 불구하고 이명박 정부는 일방적으로 그 정책을 밀고 나갔다. '미국산 쇠고기가 불안하다고 생각하면 사 먹지 않으면 될 것 아니냐'라는 식으로 위압적 태도를 취했다. 이것이 일차적으로 시민들을 분노하게 했으며 촛불을 들게 했다.

사실 이명박 정부의 일방주의는 정부 출범과 함께 드러났다. 이명박 대통령 당선자가 정권을 인수하기 위해 만든 대통령직인수위원회 위원장이 우리나라 영어교육 문제를 지적하면서 미묘한 미국어 발음에 대해 얘기한 것이 국민들의 분노를 샀다. 그 위원장은 '오렌지'라고 하면 알아듣지 못하니 '어륀쥐'라고 발음해야 한다고 했다. 그것은 국민들이 교육에 대해, 혹은 영어교육에 대해 어떤 생각을 가지고 있고 무엇을 가장 중요한 과제라고 생각하는지를 전혀 고려하지 않은 오만한 일방주의의 소산이었다. 소통의 부재를 단적으로 보여준 사례였다.

이명박 정부는 국민들의 생각과 말에 관심을 기울이지 않았을 뿐만 아니라 1987년 6월항쟁 이후 우리가 만들어왔던 민주주의의 수레바퀴를 거꾸로 돌려놓았다. 이명박 정부가 출범하면서 언론, 출판, 집회, 결사의 자유와 기본적 인권이 제약을 받았다. 경찰은 시위대에 대해 폭력적 대응을 주저하지 않았다. 민주화를 통해 이루어놓았던 가치들이 어처구니없이 위협 받고 있었다. 국민들은 점점 더 분노하기 시작했다. 시위현장에 나온 경찰은 물대포를 쏘기도 하고 군화발로 쓰러진 시위대를 감정적으로 공격하기도 했다. 이 때문에 촛불을 든 시위대는 점점 더 늘어났다.

이러한 일들이 진행되는 동안 민주당은 정치적 효능을 보여주지 못했다. 대의민주주의의 본질이 국민들의 희망과 요구를 국가기구의 틀 속에 넣어 실현하는 것이며, 정당은 그것을 수행하는 가장 중요한 정치기구이다. 그렇다면 민주당의 역할은 지대한 것이었다. 하지만 국민들은 민주당의 능력을 믿지 않았다. 국민들의 입장에서 볼 때, 민주당도 소통하려고 하지 않았던 전력이 있었다. 민주당은 집권하고 있을 때부터 국민들의 지지를 상실하고 있었다. 국가를 운영하는 과정에서 일관된 정체성을 보여주지도 못했다. '왼쪽 깜빡이를 넣고 우회전했다'는 비판은 민주당의 이마에 새겨진 주홍글씨였다. 민주당은 대통령 선거에서 이명박 한나라당 후보에게 큰 표 차이로 패배했을 뿐만 아니라 그 후로도 한나라당을 대체할 정당으로서 인정을 받지 못하고 있었다.

민주당의 무능력, 혹은 정치적 존재감의 부재는 그토록 많은 촛불들이 광장으로 직접 나서야 했던 상황을 설명하는 변수이다. 민주당이 만일 대의민주주의의 주요 행위자로서 제대로 된 역할을 했더라면 촛불은 등장하지 않아도 좋았을 것이다.

촛불의 등장 이유 가운데 가장 중요한 것은, 국민들이 위임한 권력을 국민들의 뜻에 따라 쓰지 않고 자기 마음대로 사용한 이명박 정부와 한나라당 때문이다. 이를 위임민주주의의 한계 혹은 위기라고 한다. 둘째는 국민들의 의견을 정확히 수렴하여 반영하는 정당의 노릇을 제대로 하지 못하고 있다는, 그래서 '불임정당'이라는 말을 듣는 민주당의 무능력 때문이다.

촛불의 주체 – 새로운 사회세력

촛불을 들고 시위를 시작한 사람들은 '촛불소녀'로 불리는 중고등학교 학생들이었다. 놀라운 일이었다. 이들은 그 전까지 저항시위에 참가하지 않았던 사회적 존재였다. 촛불소녀뿐만 아니라, 그 후 이 시위에 참가한 다양한 사람들은 그 이전 시위에 참가한 사람들과 다른 속성을 가지고 있었다. 그들은 이른바 '운동권'이 아니었다. 그들은 사회운동의 새로운 주체들이었다. 말하자면 기존의 사회, 정치운동에서 일하지 않던 시민들이 참여하여 저항시위를 주도하였던 것이다.

이들은 새로운 감각, 새로운 상상력으로 새로운 시위문화를 만들었다. 저항시위는 자유롭고 분방한 가운데 진행되는 일종의 난장이었다. 축제의 장 같은 것이었다. 참가자들은 격한 선동에 동원된 사람들이 아니었다. 사회적 소수자로서 누구보다 변화의 필요성을 느끼고 있는 사람들이었으나 기존의 민주화운동, 사회운동의 방식을 채택하지 않았다. 그것은 동원되지 않은 자발성을 바탕으로 이루어졌다.

재미있는 에피소드가 있다. 초장에 적극적으로 시위에 나와 저항에 앞장섰던 그룹은 젊은 여성들의 인터넷카페였다. '소울 드레서', '쌍코', '화장발' 같은 모임이 그것이다. 여기에서 활동하는 젊은 여성들이 이명박 정부의 일방주의에 그냥 있을 수 없다고 생각하여 시위를 하기로 결정하였다. 그리고 이웃 카페들을 찾아가서 함께해 줄 것을 부탁하였다. 연대를 제의한 것이다. 그랬더니, 어느 날 민주화운동 배경을 가진 쪽에서 만나자는 연락이 왔다. 그래서 만났다. 민주화운동을 했다는 쪽에서 물었다. "'님을 위한 행진곡'을 아시나요?" 젊은 여성들이 대답했다. "아뇨, 모르겠는데요." 다시 민주화운동 쪽이 물었다. "성명서 같은 거 써 보신 적이 있나요?" 젊은 여성들이 대답했다. "아뇨, 모르겠는데요." 결국 그 미팅은 싱겁게 끝났다. 민주화운동 배경을 가진 쪽은 이해할 수 없다는 투로 말했다. "그런 것도 모르면서 어떻게 저항시위를 하겠다고 하는가?" 그러나 젊은 여성들은 느낌이 반대였다. "아니, '님을 위한 행진곡'을 모르면 시위가 안 되나? 동요를 부를 수도 있는 거지. 그리고 그 긴 성명서를 꼭 써야 하나? 간단히 몇 줄로 댓글만 달면 다 이해하고 소통할 수 있잖아." 젊은 여성들은 그 전과는 다른 감수성을 가지고 있는 것이 분명했다.

이 에피소드가 말하고 있는 것은 다음과 같다. '촛불'을 켠 사람들은 그 전과 다른 어떤 생각과 행태, 감수성을 가지고 있었다.

'유모차 부대', 노인, 예비군, 대학생 등…, 남녀, 노소, 세대와 성별을 가리지 않고 시위에 참가했다. 시위현장은 새로운 감수성을 가진 세력들의 큰 자발적 연대의 장이었다.

어떤 학자는 그것을 '탈중심화'라는 말로 설명했다. 기존의 저항운동이 잘 조직된 참모본부의 지시에 의해 디자인된 것이라면 새로운 세력이 추진하고 있는 시위는 각 개인들이 자발적으로 참여하고 행동하는 것이었다. 자신이 직접 문제를 제기하고 행동방침을 정하는 스타일이다. '일인시위' 같은 퍼포먼스도 바로 그러한 것이었다. 지율 스님의 천성산 지키기를 생각하면 될 것 같다. 개인화와 직접행동이야말로 새로운 사회운동의 양상을 설명하는 가장 중요한 개념이다. 자기가 생각하는 문제를 직접 자기가 제기하는 것이다. 전문 운동가들에게 어려움을 호소하고 그들이 자신의 가치와 이익을 위해 싸워줄 것을 부탁하는 대리의 정치가 아니라 직접행동의 정치를 말하는 것이다.

일정한 규모를 갖춘 조직의 힘이 과거 민주화운동, 사회운동을 지탱해 왔다면, 앞으로는 개인이 운동의 주체가 될 가능성이 커졌다는 것이다. '촛불'은 그런 개인화 경향, 직접행동의 경향이라는 새로운 경향을 반영하는 시위였던 것으로 보인다.

촛불의 주장 – 생활정치 의제

이들의 주장은 한마디로 '생활정치' 아젠다였다. 생활정치 아젠다는 탈물질적 가치가 대부분이다. 생활정치 아젠다란 지금까지 개인과 가정이 담당하는 것으로 여겼던 것들–즉, 보육, 주거, 교육, 노인부양, 건강, 소비 등–을 이제 공적 예산으로 감당해야 한다는 생각에서 나온 것이다.

초기 저항운동의 주요 이슈는 역시 쇠고기 수입에 대한 문제 제기였다. 미국산 쇠고기 수입 반대가 주종을 이루며 검역 주권의 문제, 그리고 국민건강회복의 문제까지 다루어졌다. 이것이 6월 10일경까지의 사실이다. 그 이후부터는 의료보험, 공기업 민영화, 등록금 급등, 학교 자율화, 영어 몰입교육, 수도, 전기, 물의 사유화 등으로 이어졌다. 나중에는 대운하 문제를 다루지 않을 수 없었다.

기존에 제기한 아젠다의 우선순위는 중요하지 않다. 아젠다의 다양성과 복잡성이야말로 생활정치 아젠다의 특징이다.

촛불의 투쟁형식 – 문화제

'촛불'의 힘은 새로운 매체, 다시 말하면 디지털 미디어로부터 나오는 것이었다. 촛불시위는 인터넷, 아고라, 모바일, 아프리카와 같은 영상 중계 매체 등 디지털 세계를 기반으로 하였다.

기존의 사회운동은 조직을 바탕으로 이루어진다. 분명한 규약과 조직을 대표하는 인물, 그리고 실무인력까지 있다. 조직 운영에 필요한 회비를 구성원들이 부담해야 한다. 그러나 촛불의 기반은 그러한 것과 전혀 다른 것이었다. 결사체의 성격이 완전히 달랐다. 촛불은 디지털 미디어를 매개로 역동적으로 모인다. 디지털 미디어가 가지고 있는 동시성, 광역성, 다중성은 오프라인에 있는 시민들을 순식간에 저항적 디지털 시민이 되도록 했다. 그리고 촛불은 정치적 유목민이라 불릴 정도로 가입, 탈퇴 등이 자유롭고 조직적 구속력을 가지고 있지 않다.

기존 정당, 시민운동의 지도력은 존재하지 않는 가운데, 촛불세력은 대단히 창조적인 투쟁방법으로 시민사회의 희망이 되려고 했다.

우선, 촛불의 모임이 '촛불 문화제' 형식을 갖추었다는 점을 지적하고 싶다. 생활정치의 복잡한 문제들을 재미있고, 편안하게 전달하는 형식으로서 문화제는 제격이었다. 문화제는 저항과 꿈이 한데 어우러져 참가자나 보는 이를 즐겁게 한다. 축제의 장이란 소통의 장이기도 했다. 노래와 춤, 연극 등이 정치, 저항, 사회운동과 함께 어우러져 새로운 꿈을 만들어내는 창의로운 공간이 바로 문화제이다.

촛불 문화제는 우리에게 큰 교훈을 주었다. 정치와 놀이가 자연스럽게 하나가 되면서 새로운 형식을 만들어냈던 것이다. 어떤 유익한 메시지도 재미라는 형식을 갖추지 않으면 소구력을 갖지 못한다는 것을 보여주었다.

촛불 문화제를 지켜본 사람들은 잘 알겠지만, 자신들이 하고 있는 일이 저항시위인지 놀이인지를 잘 알 수 없을 정도로 재미의 요소가 컸다. 재미를 만드는 방법 또한 다양했다. 사물놀이를 비롯하여, 노래, 개그, 연극, 포스터 등을 통하여 그 자리에 참석한 사람들이 집단적 정체성을 가지도록 했다. 창조적 문화 활동과 저항적 정치운동이 하나가 되어 그토록 많은 사람들의 마음을 하나로 묶어 세웠던 것이다. 공감, 감응이 시대정신을 대표하는 말이라면, 바로 그것을 문화코드를 통해서 해결해 왔다는 것이다.

전망과 과제 – 바리케이드 vs. 발코니

'촛불'이 민주주의에 어떤 영향을 주었나? 그것은 민주주의의 공고화에 기여했다. 민주주의의 공고화란 형식적이고 절차적인, 그리고 정치적 민주주의로부터 실질적이며 사회경제적 민주주의로 심화하는 것을 말한다. 정치적 민주주의에서 생활세계의 민주주의로 규범이 내면화되는 것을 말한다.

'촛불'은 대의제 민주주의의 한계를 보완하였다. 앞에서도 지적하였지만, 우리나라 대의제는 심각한 한계를 가지고 있다. 국민의 권리를 위임한 후 정치적 소통을 하지 않는 정치인이 있을 때 그것을 바로잡을 수 있는 방법이 없다. 촛불은 그런 위임민주주의의 한계를 극복할 대안이 되었다. 촛불은 참여민주주의의 실현을 통해 대의민주주의의 한계를 넘어섰다.

촛불은 또 생활세계의 민주화에 어떻게 기여할 것인가를 보여주었다. 촛불은 생활정치의 단초를 보여주었다. 그동안 개인과 가족이 해결해야 한다고 생각해왔던 보육, 주거, 노후, 건강과 같은 아젠다를 공적 논의의 장으로 끌고 나왔다. 그런 것이야말로 생활세계를 민주화시킨 동력이었다.

어쨌든 촛불은 참여민주주의의 실현을 통해 기존 대의민주주의의 한계를 극복하고 생활세계의 민주화를 통해 민주주의의 규범을 내면화하는 데 기여하였다.

촛불이 한국정치에서 이렇게 중요한 역할을 했다. 하지만 이에 대한 전망은 나누어진다. 촛불이 계속 그런 역할을 해 주어야 하며 해 줄 것이라는 전망이 있는가 하면, 촛불의 역할은 한정되어 있으며 그것이 대의체계를 대신할 수는 없기 때문에 제한된 범위 내에서만 역할을 하도록 해야 한다는 주장도 있다.

촛불은 정당정치의 부진을 배경으로 나타났다. 정당이 시민과 소통하며 그들의 뜻과 이익을 대표하지 못하고 있기 때문에 시민들이 직접 나선 것이다. 참여민주주의의 방편으로 등장한 것이다. 그래서 촛불은 시민들의 정치참여 활성화에 기여하였고, 생활정치 의제와 같은 새로운 의제를 발굴했으며, 참여정치의 새로운 동력을 보여주었다.

앞으로도 촛불의 역할은 계속되어야 할 것이다. 우리나라 정당정치, 대의정치의 발전이 하루아침에 이루어지지 않을 것이기 때문이다. 집권여당은 대통령을 지원하는 제도적 장식물이 되어 있고 야당은 무기력하다. 정당들은 자기들이 어떤 가치와 이익을 대변하는 것인지를 분명히 하지 못하고 있다. 그렇다면 여전히 직접민주주의의 장치로서 촛불이 필요한 것이다.

1987년 6월항쟁 이후 바리케이드를 사이에 두고 권위주의적 국가권력과 저항 시민들이 대치하는 상황은 사라졌다. 민주주의 실현의 장은 바리케이드로부터 의사당의 발코니로 옮겨갔다. 시민들은 이제 바리케이드 넘어 돌멩이를 던지지 않는다. 우리가 종이돌멩이라 부르는 투표용지를 던질 뿐이다. 의사당의 발코니와 투표함에 던지는 종이돌멩이가 우리나라 민주주의 실현에 시금석이 되고 있다.

그런데 촛불은 왜 필요한가? 소통을 거부하는 정치 엘리트와 불안정한 민주주의의 미래 때문이다. 민주주의가 위협 받고 있지만 의사당 내 소수파들의 정치적 효능감은 땅에 떨어져 있다. 이런 상황이 다시 촛불의 등장을 요구하고 있는 것이다.

그렇다고 촛불이 모든 문제를 해결해 주는 것은 아니다. 촛불의 힘이 중요한 것은 분명하지만 궁극적으로는 제도정치, 정당정치의 활성화를 통해서 대안을 찾아야 한다. 제도정치의 기재로서 선거, 정당, 의회는 가장 중요한 위치에 있으며 앞으로도 있을 것이다.

선거, 정당, 의회를 개혁하고 그것들이 제자리에서 기능을 하도록 대의민주주의를 올바로 실현하는 것이 중요하고 동시에 촛불로 대표되는 참여민주주의 과정도 내실화해야 한다. 말하자면, 대의민주주의와 참여민주주의를 균형 있게 발전시켜야 한다.

이에 대해서 두 가지 염려가 있다. 하나는, 촛불은 단지 대의민주주의가 잘 되지 못해서 나온 것일 뿐이며, 따라서 촛불의 역할이 커지면 제도정치에 큰 부담이 될 것이라고 보는 견해가 있다. 다른 하나는, 선거, 정당, 의회와 같은 정치

개혁 없이 '촛불'과 같은 광장민주주의의 힘이 정치문제 해결의 관건이라고 보는 입장도 있다.

둘 다 문제다. 촛불의 동력만으로 할 수 있는 일은 대단히 제한적이다. 그렇다고 현존하는 정당의 가능성에만 희망을 거는 것도 문제다. 광장민주주의와 대의민주주의가 서로를 보완하여 힘이 될 수 있는 방법을 찾아야 한다. 촛불의 동력을 계속 살리고 그것을 제도정치 개혁으로 구체화할 것인가를 모색해야 한다.

열두 번째 강의

지역통합

이정태(경북대학교 정치외교학과 교수)

서론

지역통합의 정의, 유인요소, 이론　지역통합은 서너 개 국가의 정부, 비정부기구 및 민간부문이 공통이익을 목적으로 하여 공식적·비공식적 협력을 지속적으로 유지하는 것을 말한다. 지역통합에서 전제가 되는 조건은 지역 국가와 국민 사이에 경제, 안보, 종교 또는 문화적 유대가 존재해야 한다는 점이고, 이때 지역의 경계 구분은 지역차원의 결집을 모색하는 핵심그룹의 주관적 인식에 따라 판단되는 경우가 많다. 예를 들어, EU의 경우 6개국에서 출발해 27개국이 되었지만 여전히 터키의 회원국 자격을 둘러싼 논란이 계속되고 있는 것은 EU의 확대에 있어서도 같은 문제에 직면하고 있기 때문이다. 실제 유럽의 정체성을 어떻게 규정할 것인가에 따라 EU 확대의 범위와 대상 국가들이 달라진다.

이론적으로 지역통합이 이루어지게 되는 근거는 첫째, 지리적으로 인접한 역내 국가들이 공통의 문제를 보다 쉽고 효과적으로 대처하는 데 유리하다는 점, 둘째, 공통의 배경 및 접근방법의 공유에 대한 가설, 셋째, 근접성과 상호의존성이다.

지역통합을 이끄는 가장 중요한 유인요소는 첫째, 지역정체성이다. 내부적 요소로서 공통의 문화 및 종교와 외부적 요소로서 공통의 안보 및 경제적 위협요인이 그것이다. 둘째, 지역 리더십의 존재 여부이다. 지역통합이 현실화되기 위해서는 필수적으로 개인 또는 국가에 의한 강력한 리더십이 존재해야 한다. 유럽통합의 경우에도 프랑스와 독일이 강력한 리더 역할을 수행했고, 유럽연합집행위원회(Commission)와 사법재판소라는 중심기구가 있었다. 동남아국가연합(ASEAN)의 경우는 인도네시아가 그 역할을 담당했고, 아랍연맹은 이집트가, 북대서양조약기구(NATO)는 미국이 주도했다. 셋째, 내부적·외부적 위협 역시 지역통합의 중요한 유인요소이다. 내부 또는 외부의 위협에 대한 공통인식이 지역협력을 강화한다. 유럽통합의 경우를 보면, 냉전 시기는 소비에트의 팽창이라는 위협의 존재가, 탈냉전 시기는 미국의 단독패권이 통합을 자극하게 된다. 아랍연맹의 경우도 이스라엘에 대한 공통의 증오심이 작용하고 있다. 넷째, 국내 정치적인 요인도 지역통합을 추동하거나 지체시키는 중요한 요인 중의 하나이다. 국내 정치연합이 무역개방 및 경제통합에 영향력을 행사하는 경우인데, NAFTA의 경우 노조, 농부, 핵심기업 등 지역통합 반대세력이 정치집단에 영향력을 행사한다. 마지막으로, 지역통합에 있어 가장 본질적인 유인요소는 경제적 요인이다. 지역의 경제적 상호의존성을 확대하고 경제와 정책의 상호보완성을 높일 수 있다는 기대 때문이다. 개발도상국의 경우는 지역통합에 대한 보상체계 여부도 중요한 요소가 된다. 지역통합을 통해 시장의 규모화에 따른 해외투자 촉진 이익도 누릴 수 있다. 한편, 경제적 상호의존성이 지역통합을 촉진시키는 결정적인 요인이라는 점에 대해 부정적인 견해를 가진 연구자도 있다. 레이븐힐(John Ravenhill)은 국가의 정체성, 공동체 의식, 공통 이익에서 경제적 상호의존이 미치는 영향은 미미하다고 주장한다. 상호의존의 증대가 각국 정부에 협력에 대한 압력을 행사할 수는 있지만 협력이 자동적으로 발생하는 것은 아니라는 것이다. 예를 들어, ASEAN의 경우는 지역주의가 나타난 후 상호의존성이 증가하였고,

일본을 포함한 아시아 국가들의 경우는 아시아지역에 속해 있지만 수출시장은 북미에 편중되어 있는 경향을 보이는 개방적 지역주의 형태를 보였다.

최근 진행되는 지역통합은 1980년대 이후 소련과 동유럽의 공산주의 붕괴와 세계경제체제의 변화, UR 협상 결과의 불확실성 등을 배경으로 새로운 추세를 보이고 있다. EU 등 기존 지역통합체들의 기능이 확대·심화되면서 무역블록을 형성하는 움직임이 가시화되었다. 정치적으로는 세계화 진행과정에서 국가의 고립화와 주변화를 막는 수단으로 삼으면서, 경제적으로는 무역장벽 철폐, 시장 확대를 촉진하는 기제로 활용하고 있다. 지역통합의 범위도 경제 중심에서 안보 및 정치적 영역으로 광범위하게 확대되었고, 이슈들도 양국 간 관계 내지 지역 문제 중심에서 마약 밀매, 환경 훼손, 난민 문제 등 초국가적 영역으로 확대되었다.

지역통합을 설명하는 이론은 연방주의와 기능주의로 대별된다. 연방주의는 정치적 통합이 중심이라는 것이고, 기능주의는 경제 등 각 영역들의 기능을 통합한 후 최종적으로 정치적 통합에 이른다는 것이다. 현재 성공적인 지역통합 과정을 걷고 있는 EU의 경우가 대표적인 기능주의적 통합이론으로 설명된다.

기능주의는 1940~1950년대 미트라니(D. Mitrany)에 의해 주창된 통합이론으로, 경제, 사회, 기술, 인도 등 비정치적 분야에서의 상호협력의 경험이 다른 분야로 확산되어 궁극적으로 영토를 기초로 한 정치적인 통합을 촉진한다는 논리다. 기능주의적 통합론은 인간을 합리적 존재라고 전제하고, 갈등보다 조화를 추구할 것이라는 성선설적 인간이성론을 바탕으로 하고 있다.[1]

1950~1960년대에 들어서는 기능주의에 정치적 의지를 부가해야 한다는 논리를 가진 신기능주의가 유럽석탄철강공동체(ECSC)를 계기로 등장했다. 기능적 수단을 통해 연방통합을 이룩한다는 목적 하에 기능적 통합과정에서 정치적 기

1 기능주의는 ① 기능을 강조하면 법, 제도, 권위체를 경시하게 되고, ② 전쟁의 주원인은 약자가 아니라 강자이며(Kelsen), ③ 통합 변수와 폭력적 갈등과의 관계를 설명할 수 없다(Russet)는 점에서 비판을 받는다.

구가 만들어지고, 이는 초국가적 차원에서 형성된다는 논리를 전개했다. 내용들을 보면, ①기술적 업무와 권력이 정치를 구성한다고 보고, ②정치 엘리트의 역할을 중시하며, ③통합은 정부를 통해 진행되어야 하고, ④국제기구는 통합의 수단이라는 것이다.[2]

지역별 지역통합기구

시기별	지역별	국제기구
1950년대 이후	유럽과 소비에트블록	– 북대서양조약기구(NATO, 1949~) – 서유럽동맹(WEU, 1955~) – 바르샤바조약기구(WTO, 1955~1991) – 유럽의회(Council of Europe, 1948~) – 유럽석탄철강공동체(ECSC, 1952~) – 유럽원자력에너지공동체(Euratom, 1958~) – 유럽경제공동체(EEC, 1958~) – 경제상호원조회의(COMECON, 1948~1991)
	중남미	– 미주기구(OAS, 1948~) – 리오협정(RIO Pact, 1947~) – 중미공동시장(CACM, 1961~) – 안데스공동체(AC, 1969~) – 카리브공동체(CARICOM, 1973~) – 라틴아메리카자유무역연합(LAFTA, 1969~1980)

2 신기능주의는 ① 내부변수에 치중하여 외부변수를 고려하지 못하고, ②경제통합이 위주가 되어 지역적 특수성과 자의성이 강하고, ③ 현실적으로 지도력이 부재하다는 점 등으로 비판된다.

시기별	지역별	국제기구
1950년대 이후	서아시아 및 동아시아	– 중앙조약기구(CENTO, 1950년대) – 동남아시아조약기구(SEATO, 1954~1975) – 동남아시아국가연합(ASEAN, 1967~)
	중동	– 아랍연맹(Arab League, 1947~)
	아프리카	– 아프리카통일기구(OAU, 1964~2002)
1980년대 이후	유럽	– 유럽안보협력회의(CSCE, 1975~) – 유럽경제공동체–유럽연합(EEC–EU, 1992~) – 독립국가연합(CIS, 1991~)
	아시아 및 아시아태평양지역	– 아시아태평양경제협력기구(APEC, 1989~) – ASEAN지역포럼(ARF, 1994~)
	남미	– 남미공동시장(Mercosur, 1991~) – 미주자유무역지대(FTAA, 1994~) – 북미자유무역협정(NAFTA, 1993~)
	중동	– 걸프협력회의(Gulf Cooperation Council, 1981~)
	아프리카	– 서아프리카경제공동체(ECOWAS, 1975~) – 남부아프리카개발공동체(SADC, 1992~) – 동남아프리카공동시장(COMESA, 1994~) – 아프리카연합(AU, 2002~)

유럽연합

유럽연합의 개념과 성격 유럽연합(European Union, EU)은 대외적으로 단일 정치체인 하나의 정치적 단위임과 동시에 내부적으로 회원국이라는 정치적 연합체로서 독립적 주권을 가진 국가이다. 따라서 유럽연합은 국제정치의 행위자임과 동시에 국제정치의 장(場)이기도 하다.

유럽통합을 자극하게 된 배경으로는, 우선 1, 2차 세계대전 이후 제국주의 붕괴와 더불어 유럽지역이 미·소의 주변세력으로 전락하게 되었다는 점, 둘째, 경제적으로 일본에 밀려 2등지역화 되었다는 점, 셋째, 안보적으로 소련 및 동유럽 사회주의에 대한 방어기능의 강화가 필요했다는 점, 넷째, '유럽정체성'에 대한 유럽인들의 공통인식이 확산되었다는 점을 들 수 있다.[3]

따라서 유럽통합의 성격을 다음과 같이 규정할 수 있다. 우선, 안보적으로 세력균형의 원칙에 근거하여 내부적으로 독일, 외부적으로 미국과 소련의 부상을 염두에 두고 특정국가의 패권화를 견제하는 데 주안점을 두어, 상호협의와 양보를 통해 유럽의 평화 유지에 주력하였다. 둘째, 경제적으로는 비유럽권의 유럽 진출을 저지하는 방어적 의도를 가진 보호주의 정책과 동시에 유럽의 비유럽권 진출을 위한 공격적 의도가 포함된 개방정책을 동시에 추구하였다. 예를 들어, 미국과 더불어 세계시장의 통합에 동참하면서도 동시에 유로화를 만들어 유럽블록을 강화하는 이중성을 보여준다. 셋째, 정치·군사적으로는 세계 문제에 대한 유럽의 공동대응과 효과적 개입 의도가 내포되어 있다.

3 유럽의 정체성과 관련하여 유럽성(European-ness)은 첫째, 80% 이상의 그리스도교도 비율, 둘째, 80% 이상의 인도유럽어 사용자의 비율, 셋째, 90% 이상의 카프카스 인종의 비율, 넷째, 12명 이하(인구 천 명당)의 영아사망률, 다섯째, 10% 이하의 문맹률, 여섯째, 25% 이하의 농업종사자 비율, 일곱째, 50% 이상의 도시거주비율, 여덟째, 0.5% 이하의 인구증가율 등을 든다.

유럽통합과정 유럽통합의 계기가 된 것은 윈스턴 처칠(Winston Leonard Spencer Churchill, 1874~1965)이 1946년 9월 19일, 스위스의 취리히에서 행한 〈유럽합중국과 유럽평의회 창설〉 연설이다. 그 연설에서 처칠은 "유럽 국가들의 화해와 통합"을 역설하고 "독일과 프랑스가 유럽합중국 건설에 앞장서 줄 것"을 제안했다.[4]

유럽통합은 초창기부터 오늘날에 이르기까지 다양한 시도를 통해서 꾸준하게 진행되어왔다. 유럽통합 초창기였던 1950년대에는 벨기에, 프랑스, 서독, 이탈리아, 룩셈부르크, 네덜란드(1951) 등 6개국이 참가한 유럽석탄철강공동체(European Coal and Steel Community, ECSC), 프랑스의 주도 하에 시도되었지만 프랑스의회에서 비준 실패로 성립되지 못한 유럽방위공동체(EDC), 1957년 로마조약에 근거해서 성립한 유럽경제공동체(European Economic Community, EEC) 등이 중심이 되어 유럽통합의 토대를 다졌다.

유럽통합의 발전기였던 1960~1970년대는 국가 간의 협력 네트워크가 강화되고 공동체가 공고화된 시기로, EC 집행위가 회원국들을 대표해서 협상에 참여하는 등 국제 행위자로 등장했다. 회원국 간의 공산품 관세를 전면 폐지하고, 대외공동관세정책을 마련하여 관세의 동맹을 정착시킨 관세동맹(Customs Union, 1968), 유럽 경제·금융 통합의 단계적 실현 계획을 제시한 베르너 보고서(Werner Report, 1968), 정책결정 과정에서 영향력을 행사할 수 있는 유럽정상회의(European Council, 1975), 유럽통화제도(European Monetary System, 1979) 등을 구축했고, 회원국의 확대가 이루어졌다. 1973년 덴마크, 아일랜드, 영국이 가입한 1차 확대, 그리스(1981), 포르투갈, 스페인(1986)이 가입한 2차 확대가 이루어졌다.

4 그러나 처칠은 '영연방(The British Commonwealth Of Nations)'의 주축국(主軸國)인 영국이 '유럽합중국'에 참여하지는 않고 미국과 더불어 우방으로서 이를 지원할 것임을 언급했다.

유럽통합의 도약기는 1980~1990년대이다. 국가별 장벽을 제거하여 실질적 자유이동을 보장하고 공동시장을 단일시장으로 발전시킨 유럽단일의정서(1986년), EC 회원국 중 벨기에, 프랑스, 독일, 룩셈부르크, 네덜란드, 포르투갈, 스페인 7개국이 국경선에 대한 물리적 장벽을 철폐하고, 여행자들은 여권 확인절차를 생략하게 된 셍겐 협약(1990)이 서명되었다. 특히 EC에서 EU로 명칭을 변경하고 유럽시민권을 인정한 마스트리히트조약(TEU, Maastricht Treaty on European Union, 1992. 2. 7.)은 유럽통합을 새로운 단계의 통합체로 탈바꿈시켰다. 유럽중앙은행 창설과 단일통화 사용을 위한 경제통화동맹, 사회부문의 노동조건 통일, 공동방위정책이 포함된 하나의 국가로서의 유럽연합(EU)을 출발시킨 것이다. 초기 12개국의 회원국이 참가하였으며, 1999년까지 유럽공동통화를 창출할 것을 약속하였다. 이어서 관세 없는 공동시장(1993. 1.), 독불 통합군을 기초로 유럽군단 창설(1993. 11.), EU의 초국가적 성격을 강화하는 내용의 암스테르담 조약(1997), 단일 유럽시장의 구축, 마스트리히트 조약, 암스테르담 조약, 아젠다 2000으로 이어지는 20세기 마지막 개혁과정 완성, EU 제도의 개혁과 신속대응군(Rapid Reaction Force), EU 확대를 위한 준비에 동의(The Treaty of Nice, 2000)가 시도되었다.

회원국의 확대도 계속되었다. 1995년 현재 오스트리아, 핀란드, 스웨덴이 참가하였고, 2004년까지 참가한 폴란드, 헝가리, 체코, 슬로바키아, 슬로베니아, 리투아니아, 라트비아, 에스토니아, 키프로스, 몰타를 포함하여, 현재 27개국 회원국이 있다.

EU(European Union)의 단일화폐인 유로(EURO)는 현재 오스트리아, 벨기에, 핀란드, 프랑스, 독일, 이탈리아, 룩셈부르크, 네덜란드, 영국, 덴마크, 아일랜드, 스웨덴, 그리스, 스페인, 포르투갈 등 15개 회원국이 유통하고 있다. 유로는 7종의 지폐와 8종의 동전으로 구성되어 있으며 유로의 제작·발행은 각 나라가 독자적으로 실시하고 있다.

유럽통합의 성공 이유 유럽연합(EU)은 현재 가장 성공한 지역통합체 모델로 여겨진다. 유럽연합이 성공할 수 있었던 이유로는 첫째, 인권, 자유 민주주의 같은 공통의 가치를 추구하는 공통의 이데올로기와 정치체제가 있었다는 점, 국가들이 완전히 개방되어 인적·물적 정보의 교류가 자유로웠다는 점, 둘째, 전후 평화에 대한 열망이 초국가적인 기구의 존재를 원했기 때문에 통합 논의에 대한 공감대가 형성되었다는 점, 셋째, 기능주의적 접근에 공감하고 지속적으로 추진해온 통합을 위한 각국 지도자들의 노력이 있었던 점 등을 들 수 있다.

동남아국가연합(ASEAN)

동남아 국가연합의 성립, 성격 동남아국가연합(ASEAN, Association of Southeast Asian Nations)은 싱가포르, 인도네시아, 말레이시아, 브루나이, 필리핀, 태국, 베트남, 캄보디아, 미얀마, 라오스 등의 10개국으로 형성된 동남아시아지역의 지역통합체이다. 동남아지역에서 최초 지역협력의 필요성이 제기된 것은 한국전쟁의 자극과 미국의 동아시아전략에 근거한다. 1954년, 공산주의 확산에 대한 안보위협에 대응해서 동남아조약기구(SEATO, Southeast Asian Treaty Organization)가 창설되지만 서방국가들의 지나친 개입을 우려한 말레이시아와 인도네시아의 방관으로 실패하게 된다. 그 후 1961년 동남아연합(ASA, Association of Southeast Asia)이 설립되었으나 성과를 거두지 못했고, 1963년 필리핀이 마필린도(Maphilindo) 공동체 구상을 제안하였으나 인도네시아의 수카르노(Sukarno) 대통령의 강경정책으로 무산되었다. 당시 제3세계의 탄생을 예고하는 반둥회의(1955)가 개최되어 평화10원칙, 강대국에 의한 세계질서 거부, 비동맹, 상호원조에 의한 발전 도모가 국제환경의 추세였음을 감안하면, 동남아국가들의 통합노력은 적절한 시도였다고 평가된다.

난항을 겪던 동남아지역 통합은 결국 1967년 8월 8일, 태국이 주도한 방콕선언(Bangkok Declaration)을 통해 태국, 싱가포르, 인도네시아, 말레이시아, 필리핀 등 5개국으로 구성된 ASEAN(이하 아세안)을 탄생시켰다. 방콕선언의 구체적인 내용을 보면 다음과 같다.

> 아세안 회원국들은 ①동남아의 안보적 위협에 대응하여 상호협력을 통한 공동대처를 추진하고, ②주변 강대국들의 동남아 패권 쟁탈전에 대한 중립을 보장하고, ③역내 국가들 사이의 경제적 고충을 해결하며, ④일본과 호주 등 해양 국가들과도 폭넓은 협력을 강화하여 결과적으로 동남아 국가들의 평화와 발전을 기약한다.

아세안은 창립 초기부터 대외적으로 비정치적이고 비군사적인 목적과 중립성을 표방하였으나, 지속된 냉전과 베트남 전쟁으로 인하여 안보영역을 무시할 수 없는 상황이었다. 1975년 베트남이 통일되고 인도차이나반도가 공산화되자, 이듬해(1976) 아세안은 정상회담을 통해 '아세안 화합선언'과 '동남아우호협력조약'을 채택했다. 이 조약 제2조에는 "체결국 간에는 동등한 위치에서 상호독립과 주권, 영토적 권리를 존중하고, 서로간의 내정 문제에 개입하지 않으며, 평화적 방법에 의해 갈등을 해결하고, 무력 사용이나 위협을 배제한다."라고 명시하였다. 이는 역내 회원국 사이의 협력뿐만 아니라 역내 평화와 안전 강화에 관한 결속을 다짐한 것으로 보인다.

아세안의 확대와 ASEAN10의 실현 동남아지역의 안정에 전환점이 된 것은 1985년 소련의 페레스트로이카(perestroika)이다. 사회주의 종주국 소련의 개혁개방정책의 표명은 인도차이나반도의 공산국가들의 정책 변화를 추동했다. 1986년 베트남이 도이모이(Doi Moi, 쇄신) 정책을 추진하면서 시장경제체제로 전환한 것은 주변 공산국가들의 경제적 자유화 추구를 가속화시켰다. 1988년 태국 역시 '전장에서 시장으로(From Battlefield To Market)' 정책을 선회하고 아세안 국가들과 인도차이나 국가들과의 관계 개선과 경제협력 강화를 주창했다.

이러한 분위기에서 1992년 싱가포르선언(Singapore Declaration)이 조인되어 아세안자유무역지대(AFTA, 1992)의 결성이 합의됐다. 아세안지역포럼(ARF, 1994)이 창설되어 안보협력이 강화되었고 회원국 확대가 진행되었다. 1995년 베트남, 1997년 미얀마, 라오스, 1999년 캄보디아가 가입함으로써 동남아 국가들이 모두 참여한 ASEAN10이 완성되었다.

ASEAN10을 완성한 후 아세안은 내부결속을 공고하기 위한 다양한 방안들을 강구했다. 동북아지역과의 연계를 위해 '동아시아 협력에 관한 공동선언'을 채택하고 한국, 중국, 일본을 포함한 ASEAN+3을 결성했다.

ASEAN의 장·단기 목적 및 한계 아세안은 경제와 안전이라는 본질적인 목표 달성을 위해 역내외 환경 및 조건을 최적화하려 다음과 같은 면에서 노력한다. 첫째, 정치 발전이다. 정의롭고 민주적이며 조화로운 환경을 조성하고, 인권과 의무의 증진, 민간 대 민간의 교류 증진을 꾀하고 있다. 둘째, 규범 형성 및 공유이다. 동남아우호협력조약을 강화하고, 남중국해 행동선언 실행 및 아세안 대테러협약 등을 강화한다는 방침이다. 셋째, 갈등 예방이다. 신뢰 구축, 갈등 예방적 조치, ARF 과정, 비전통적 안보이슈에 대한 협력을 강화하고 있다. 넷째, 갈등 해결 노력이다. 분쟁 해결 메커니즘을 강화하여 평화와 안정의 유지를 위한 지역협력을 발전시키고 지원 이니셔티브를 개발한다는 계획이다. 다섯째, 평화 구축이다. 인도주의적 지원, 갈등 이후 재건 및 복구를 위한 개발협력을 강화하며, 평화 구축 촉진을 위한 자원 동원 메커니즘을 설립하려 한다. 여섯째, 경제협력이다. 동남아 시장 단일화를 통한 국제경쟁력을 강화하고, 국가들 간의 경제적 격차와 다양성을 해결하며, 자본주의적 발전모델과 사회주의적 발전모델의 이질성을 극복하는 데 주력한다. 일곱째, 사회통합이다. 사회·문화적 이질성을 극복하는 것이다. 범

불교권과 범이슬람권의 종교적 이질성과 인종문제, 화교문제를 극복하려 한다.

이러한 노력에도 불구하고, 아세안은 지역통합체로서 많은 문제점들을 가지고 있다. 우선 역내 문제로 리더십의 문제가 있다. 유럽연합의 프랑스와 독일 같은 리더국가의 존재가 뚜렷하지 않다. 인도네시아와 태국이 일정한 역할을 하지만 자국의 제약요인들 때문에 한계가 있다. 회원국들의 경제발전의 문제, 남중국해 문제도 남아있다. 국제환경적으로도 중국과 일본의 경쟁, 중국과 미국의 냉전적 갈등구조가 여전히 존재하고 있으며 최근 중국의 부상에 따른 위험요인도 증폭되고 있다.

그러나 동시에, 현재 아세안은 최적의 발전기회와 조건들을 맞고 있다. 중국의 부상 및 동아시아지역의 발전에 따른 다양한 이익 공유의 기회가 생기고 있다. 중국, 인도, 영국, 말레이시아가 적절한 균형을 이루고 있는 싱가포르의 모델에서 보듯이, 역내에서는 한·중·일이 협력국가로서 자리하고 있고, 전략적인 측면에서 미국과 중국의 균형, 중국과 인도의 균형, 중국과 일본의 균형이 유지되고 있다. 여기에 아세안 국가들의 노력이 가중된다면 향후 아세안은 동남아지역을 뛰어넘어 세계무대에서 충분히 제 역할을 수행할 것이다.

상하이협력기구(SCO)

상하이협력기구의 성립과 성격 상하이협력기구(上海合作組織, Шанхайская организация сотрудничества, Shanghai Cooperation Organization, 이하 SCO)는 2001년 6월 15일 정식 출범한 지역협력모델의 새로운 실험체라고 할 수 있다. SCO는 소련 해체 이후 중앙아시아, 중국, 러시아 간의 국경문제 논의를 계기로 중국, 러시아, 카자흐스탄, 키르기스스탄, 타지키스탄 등의 5개국이 1996년 '상하이5'라는 지역협력체로 결집한 것이 계기가 되었다. 이 협의체가 2001년 우즈베키스탄의 가입을 계기로 '상하이협력기구'로 정식 출범하게 된 것이다.

냉전 종식과 소연방의 해체로 인해 이미 체결된 〈중소동부국경협정〉(1991. 5.)이 당해 12월 소련의 해체로 무위로 돌아가고, 중국은 해체된 독립국가연합의 주권국가들과 개별적인 외교관계를 수립하면서[5] 국경지역에 대한 질서 수립을 논의하게 되었다. 그 과정에서 중국과 러시아연방 및 중앙아시아 신생국가들은 국경지역에서의 상호간 군사력 감축과 군사부문 신뢰 강화에 관한 회담을 진행하였고, 1996년까지 계속된 회담 과정에서 국경지역에 대한 군사적 상호신뢰에 합의함으로서 5개국 정상들은 상하이5국 기제의 형성에 합의하게 되었다.[6] 출범 배경을 보면, 첫째, 소련 해체 이후 진행된 중앙아시아지역에 전략적 환경이 변화했다. 소연방의 해체로 미소 대립구도가 와해되고 중앙아시아지역에 일시적인 힘의 공백 상황이 초래되었다. 둘째, 중앙아시아지역이 가진 지정·지경학적 전략의 중요성이 부각되었다. 중앙아시아지역은 고대부터 현대에 이르기까지 동양과 서양, 유럽과 아시아, 북반부와 남반부, 기독교와 이슬람이 교차하는 전략적 요충지였고,[7] 21세기에는 미국과 러시아, 러시아와 중국, 중국과 미국의 대결구도가 심화되는 전략공간이었다. 자원 공급 면에서도 매장량 및 수송로의 통제권 확보란 점에서 핵심지역이다. 셋째, 이슬람민족주의 발흥에 대한 공동의 위험인식이 존재한다. 초기 상하이5국의 성립 기제를 보면 신생독립국인 중앙아시아3국과 러시아, 중국 모두 이슬람세력의 발흥이라는 공통의 문제를 겪고 있었다. 그 결과 이슬람원리주의자들의 테러에 대해 공동으로 대처하자는 취지에서 협의체가 출범된 것이다.[8] 넷째, 경제적 상호협력의 필요성이 증대했다. 중앙아시아 국가들의

5 러시아연방(1991. 12. 7.), 카자흐스탄(1992. 1. 3.), 키르기스스탄(1992. 1. 4.), 타지키스탄(1992. 1. 5.).

6 Mutlaq Al-Qahtani, "The Shanghai Cooperation Organization and the Law of International Organizations", Chinese Journal of International Law, Vol. 5, No. 1(2006), p. 130.

7 황성우, "상하이협력기구의 기능과 역할", 『中國硏究』, 제36권(2005. 12), p. 343.

8 1990년대 이후 중앙아시아지역에서는 이슬람극단주의 세력이 점차 확대되면서 종교적 극단주의, 민족분열주의 그리고 국제 테러리즘과 상호 결합하는 추세가 나타났다. 종교적 극단주의 활동이 테러리즘의 방식을 채용하였고, 일련의 민족분열주의 세력의 사회영향력이 확대되었다. 이러한 3대 세력은 중앙아시아지역의 민족관계를 복잡

입장에서 SCO 가입 목적 중의 하나는 중국과의 경제협력 강화이다. 실패한 구소련모델이나 격차가 큰 서구모델보다 중국식 발전 모델을 수용하는 것이 보다 바람직한 상황이었고, 중국 역시 이들과의 경제협력 강화를 통하여 SCO 내에서 중국의 지도력과 영향력을 확대할 필요가 있었다. 지역 무역블록들과 지역연합의 형성 역시 중요한 자극 기제가 되었다.[9] 다섯째, 상호 안전보장의 문제가 부각되었다. 중국과 러시아 및 중앙아시아 국가들과 7000km 이상의 국경선을 접하고 있다. 따라서 국경지역의 안정과 안전 유지, 국경지역의 경제발전과 주민 왕래의 문제는 5개국의 장기적인 선린우호관계의 발전을 위해 중요한 사안이었다.[10]

SCO의 성립과정 및 발전 SCO는 상하이5국(Shanghai Five)에서 출발했다. 상하이5국 기제가 처음 마련된 것은 중국, 러시아, 카자흐스탄, 키르기스스탄, 타지키스탄 5개국 대표가 참가한 상하이회합(1996. 4. 26.)에서였다. 이 회합에서 5국은 〈중화인민공화국과 러시아연방, 카자흐스탄공화국, 키르기스스탄공화국, 타지키스탄공화국의 국경지역에서의 군사부문 신뢰에 관한 협정〉을 체결하고 정기적인 회의체로 정식 출범하였다.[11] 같은 시기, 러시아 옐친(Boris Yeltsin) 대통

하게 만들었고, 독립 초기의 중앙아시아 국가들의 정국 불안을 조장, 경제발전의 악재로 작용했다. 또 이들의 초국가적 활동과 상호작용은 외부정치세력이나 국제범죄조직과 결탁되어 파괴력 강한 지역성 위협을 조장했다. 潘光·胡键著, 『21世纪的第一个新型区域合作组织』(北京: 中共中央党校出版社, 2006), p. 21.

9 라틴아메리카의 남미공동시장(MERCOSUR)과 카리비안공동체(CARACOM), 아시아-태평양지역의 아시아태평양경제공동체(APEC)를 비롯하여 남아프리카지역(COMESA)에서 지역기구들의 활동이 강화되었고, 중동지역을 포함해서 미국의 권역(미주자유무역지대, FTA), 태평양 주변(ASEAN+3), 범유럽(러시아+EU), 남아시아(BIMST-EU) 그리고 다른 지역단위의 경제블록들이 형성되었다. Leland Rhett Miller, "New Rules to the Old Great Game: an Assessment of the SCO's Proposed Free Trade Zone", Contemporary Asian Studies Series(2003. 2. 25), pp. 8–9.

10 王晓玉·许涛, 论上海合作进程中的综合安全理念, 『国际政治』, 北京: 中国人民大学书报资料中心(2004) p. 109.

11 G. kireev, "The Serpentine Path to the Shanghai G-5", International Affairs: A Russian Journal of World Politics & International Relations, Vol. 49, Issue 3(2003), p. 85.: 러시아(옐친), 중국(장쩌민), 카자흐스칸(누술탄 나

령과 중국의 장쩌민(Jiang Zemin) 주석이 '전략적 동반자 관계'에 서명(1996. 4.) 했다. 이는 중국-러시아 관계의 부활이자 미국과 분리된 거대세력의 형성을 의미하는 동시에, 유라시안 다자 안보레짐의 등장을 의미했다.[12] 이듬해부터 차례대로 모스크바, 알마티, 비슈케크, 두샨베에서 상하이5국 정상회담이 개최되었다. 상하이5국 기제가 상하이협력기구로 확대개편된 것은 중국 상하이에서 개최된 제6차 상하이5국 정상회의(2001. 6. 14.)에서였다. 이슬람극단주의자들(Islamic Movement of Uzbekistan)을 경험한 우즈베키스탄이 제5차 정상회의에서 정식회원국으로 가입을 요청(2001. 1.)하고 기존 5개국이 동의하는 형식으로 확대개편이 이루어졌다.[13] 정상들은 공식회의를 통해 〈중화인민공화국, 러시아연방, 카자흐스탄공화국, 키르키스스탄공화국, 타지키스탄공화국, 우즈베키스탄공화국 공동성명〉에 조인했다. 〈상하이협력기구성립선언〉, 〈테러리즘, 분열주의와 극단주의의 척결을 위한 상하이공약〉에 합의했다.[14]

SCO는 회원국 총 면적은 3018.93km^{2}로 유럽-아시아 대륙면적의 3/5를 점하며, 인구는 14억 5천 5백만 명으로 세계인구의 1/4을 차지한다. 〈상하이협력기구헌장〉과 〈상하이협력기구성립선언〉에 따르면, SCO는 각 회원국 간의 상호신뢰와 선린우호 강화, 정치, 경제무역, 과학기술, 문화, 교육, 에너지, 교통, 관광, 환경보호 및 기타 영역에서 회원국들의 협력을 고무하고, 지역 평화, 안전 및 안정보장을 위해 공동노력하며, 민주, 공정, 합리적인 국제경제 신질서를 수립하는 것을 목적으로 한다. SCO는 또한 내부적으로 '상호신뢰, 상호이익, 평등, 협상, 다

자르바예프), 키르기스스탄(아스카르 아카예프), 타지키스탄(에모말리 라흐마노프) 등이 참석.

12 Marc Lanteigne, "The Development of the Shanghai Co-operation Organization as a Security Community", Pacific Affairs, Vol. 79, Issue 4(Winter 2006), p. 606.

13 Country Profile, Kazakhstan(2006), p. 41.

14 http://www.sina.com.cn 2006年06月17日10:57 新华网(검색일: 2007. 5. 10.); Chinese Journal of International Law, Vol. 1, Issue 1(2002), pp. 411-417.

문화존중, 공동발전의 추구'를 기본내용으로 하는 상하이정신과 대외적으로 비동맹원칙, 타국이나 타 지역에 대한 비적대원칙, 개방원칙의 준수를 상호관계의 준칙으로 설정하였다.[15] 이후 러시아의 상트페테르부르크, 모스크바 회의를 거치면서 베이징에 사무국을 설치했으며, 다국연합 군사훈련을 실시했다. 〈상하이협력기구 다자간 경제무역 협력요강〉, 〈상하이협력기구 역내 반테러 기구협정〉, 〈상하이협력기구 예산〉, 〈상하이협력기구 상설조직 내 근무요원의 임금보장과 보조금 조례〉, 〈상하이협력기구 상설기구의 기술적 운용에 관한 비망록〉, 〈상하이협력기구 총리회의 연합공보〉 등의 문건들이 비준되었고, 이들 과정에서 지역안보와 경제무역이라는 SCO협력의 두 개의 축이 확정되었다.[16]

타지키스탄 수도 아스타나에서 개최된 5차 회의(2005. 7. 4.)에서는 미국 등이 중앙아시아군사기지에서 철수할 기한을 제정할 것을 호소했고 인도, 이란, 파키스탄에 옵서버 자격을 부여했다. SCO 출범 이후 안보 영역에서 협력이라는 목적성 지역기구에서 포괄적 성격의 종합지역기구로 전환되고 있다.

SCO의 목적 및 한계 SCO 출범의 모태가 된 상하이5국은 국경 분쟁 해결이라는 뚜렷한 목표를 가지고 출범했다. 그러나 2001년 SCO가 출범하면서 안보, 경제뿐만 아니라 문화와 정치까지도 포괄하는 지역협력체로 자리매김했다. 표면적으로 SCO는 해당국가 간의 분쟁 방지라는 군사·안보적 목적과 회원국 간 경제 및 에너지 협력 강화, 반테러 공동대응을 목적으로 내세우고 있지만, 실제적으로는 미국 헤게모니에 대한 견제가 주목적이다. 소위 경제능력을 가진 중국과 안보능력을 가진 러시아의 결합체라고 보는 것이 타당하다. 중앙아시아는 이들 양국 이익의 공통분모이고, 내부 완충지대이기 때문에 포함된 것이다.

15 http://news.sina.com.cn/o/2006-06-17/10579227743s.shtml(검색일: 2007. 8. 9.).

16 SCO 공식 홈페이지, http://www.sectsco.org(검색일: 2007. 7. 10.).

이 때문에, SCO는 지역협력 네트워크 속에서 불안정한 요인이 내재되어 있다. 중국과 러시아 관계에서 비롯된 불신과 이익경쟁이 상존하고, 중앙아시아 국가들의 정체성과 불안정한 요인들이 자리하고 있다. 중국과 러시아가 당면하고 있는 내부 문제 역시도 불안 요인이 되고 있으며, 미국 및 서방국가들과의 관계 정립과 SCO의 방향성 설정도 문제가 된다.

그럼에도 불구하고, SCO는 중국어와 러시아어를 공용어로 가진 유라시아대륙에 걸친 범세계적 기구로서 미국이 배제된 국제기구라는 점에서 의미가 크다. 향후 회원국의 인구, 넓이, 자원과 시장잠재력 등을 고려할 때 분명히 가장 영향력 있는 지역협력체로 자리매김할 것이다.

결론

"점균류는 한동안 수천 마리가 개별적인 단세포생물로 살면서 동료들과 무관하게 움직이다가 적절한 조건이 갖추어지면 무수한 세포들이 더 큰 하나의 유기체를 이루어 한가롭게 정원바닥을 기어다니며 썩은 나무나 나뭇잎을 먹기도 한다. 이들은 환경이 쾌적하지 않을 때는 하나의 유기체처럼 행동한다. 반면, 날씨가 시원해져서 먹을 것이 풍부해지면 동료들에게 작별을 고한다. 점균류는 단세포 생물과 무리 생활을 시계추처럼 반복한다."[17]

인간이 무리를 짓는 것, 지역통합은 같은 맥락에서 파악될 수 있다. 아프리카 초원에서 서식하는 버섯흰개미가 높이 4미터나 되는 탑 모양의 둥지를 만드는 것처럼 인간들도 힘을 합하면 집단이 가진 총합을 훨씬 뛰어넘는 '초유기체'를 만들 수 있다고 기대하는지도 모른다. 이는 비단 개인 수준에서의 문제만이 아니

17 스티브 존스 지음, 김한영 옮김, 『미래와 진화의 열쇠, 이머전스』(김영사, 2004) 참조.

다. 국가도 마찬가지이다. 유럽연합, 동남아국가연합, 상하이협력기구가 그 대표적인 사례이다. 아프리카연합, 남미연합도 본격적인 통합 작업에 착수했다. 이를 현실주의적 측면에서 해석하면, 지구촌의 생존환경이 홉스가 말한 자연 상태－만인에 대한 만인의 투쟁 상태－에 가까워지고 있다는 방증이라고 할 수 있다. 자유의 확대는 필히 자유경쟁의 확대를 수반하게 되고 이는 개인에서 국가에 이르기까지 모든 단위에 적용되게 될 것이기 때문이다. 자유가 부여한 치열한 경쟁에서 살아남기 위해서는 힘을 키워야 하고, 힘을 키우는 방법 중에 가장 손쉬운 것이 바로 합종연횡인 것이다. 자유주의적 해석은 다를 것이다. 지역통합은 유사한 생활습관을 가진 개인이나 국가끼리 교류를 증대시킬 것이고, 이는 배타적인 이익 외에도 교류를 통한 교감, 행복 증진으로 평화를 보장하게 될 것이라 할 것이다. 현실주의적 시각이건, 자유주의적 시각이건, 분명한 것은 교류와 소통의 시대에 통합은 대세라는 것이다. 상호교류와 통합이 회원국 상호발전에 기여하게 된다는 것은 현실이다. 단지 우려되는 것은 국가사회, 지역사회의 소통과 교류의 활성화가 반드시 개인의 소통과 교류의 활성화를 의미하지는 않는다는 점이다. 오히려 사회 부속품이 된 개인은 더 소외되고 고독해질지도 모른다.

열세 번째 강의

경쟁 만능에서 따뜻한 이웃으로

– 다문화와 외국인 120만 명 시대

조현미(경북대학교 지리학과 교수)

세계화의 진행과 다문화사회의 도래

인구와 자본, 상품, 문화의 초국가적인 이동은 교통수단 및 정보통신의 발달과 함께 날로 가속화되어 가고 있다. 국경을 초월한 활발한 인적교류는 서로 다른 문화적·사회적 배경을 가진 집단 간의 교류를 가져오게 되었고, 특정지역 내의 이민족의 유입은 기존의 지역 경관과 지역 주민의 정체성의 변화에도 크게 영향을 미치게 되었다. 즉, 전 세계적으로 확대된 상호관계 속에서 복잡하게 연계되어 끊임없이 변화하고 있는 한, 국가 내의 특정지역은 더 이상 고립된 실체가 아니다. 이제, 초국가적인 차원에서 역동적으로 변화해가는 한 부분으로서 인식해야 한다.

국내에도 외국인 노동자가 88올림픽을 전후하여 급증하여, 한때 사회문제적인 시각에서 중요한 이슈로서 대두되기도 하였다. 최근에는 외국인 노동자 문제와 함께 더욱 주목을 받기 시작한 것이 국제결혼이주여성의 증가이다. 출입국·외국인정책본부의 국내체류 외국인 현황 발표 자료에 의하면, 2010년 9월 현재 단기체류 외국인을 포함한 체류 외국인이 약 124만 명에 이르고 있다. 그러나 그들을 향한 우리 사회의 시선은 여전히 많은 부분이 왜곡되어 있다.

오랜 역사를 통하여 '단일민족'이라는 믿음을 유지해온 한국 사회에서 산업 현장에서뿐 아니라 지역공동체의 구성원으로서, 그리고 가족의 일원으로서 자리 잡게 된 다양한 국적을 가진 이주자가 증가한 현실, 우리는 이를 한편으로는 국제화시대에 발맞춘 결과로서 당연한 사실로 받아들이면서도 다른 한편으로는 미처 그들을 우리의 일원으로서 받아들일 수 있는 충분한 준비를 하지 못한 까닭에 조급함과 당혹감을 느끼고 있다.

다문화사회와 다문화주의

다문화사회란, 다양한 문화적 배경을 가진 민족 집단들이 하나의 국가 혹은 지역사회에 함께 거주함으로서 형성되는 사회를 의미한다. 또, 이질적인 문화로서 주변화 되어 있는 여성 문화, 소수파 문화, 비서양 문화 등과 같은 여러 유형의 소수민족집단의 문화를 주류 문화의 제도권 안으로 수용하자는 입장을 다문화주의라고 한다.[1] 언어, 문화, 종교 등의 차이를 가지고 있는 인종/민족 집단들이 처한 경제적, 정치적 격차라는 구조적인 불평등을 방치하게 되면, 차별 당하고 있는 사람들 간의 불만이 증대해 사회불안이 발생할 가능성이 커진다. 그러므로 오히려 각 민족 집단들의 다양성을 있는 그대로 인정해가면서 사회통합이 이루어지도록 하기 위하여 다문화주의가 발생하게 된 것이다. 즉, 다문화주의는 국내의 이문화, 이언어 집단의 불만을 받아들여 국가의 분열이 발생하지 않도록 하기 위한,

1 그런데 여성가족부가 '다문화가족 지원 정책법안'에서 제시한 우리나라의 다문화가족에 대한 정의로는 "합법적으로 체류하고 있는 결혼이민자와 외국인 근로자가 대한민국국민과 혼인, 혈연, 입양 등으로 결합하여 이룬 가족과 귀화자 가족을 포함하며, 출신국이 다른 외국인 간의 결혼에 의한 가족과 영주권자 가족은 제외한다."라고 되어 있다. 이는 우리나라의 다문화정책의 대상은 어떠한 형태로든 우리 국적을 취득한, 혹은 취득할 의사가 있는 자에 한정되어 있음을 의미한다(조현미, 2008).

국민국가로서 살아남기 위한, 하나의 국민통합정책 이데올로기라고 할 수 있다. 미국과 캐나다와 같은 대표적인 다문화국가들의 경우, 각 국가에서 주류집단이라고 할 수 있는 앵글로 색슨 계통 백인들이 자신들의 문화만을 고집하며 소수민족의 문화를 배척하고 차등화 한 점이 사회통합에 걸림돌이 되었고, 그러한 걸림돌을 해결하기 위한 수단으로서 다문화주의를 채택했다고 볼 수도 있다(문경희, 2006). 국가적 차원의 다문화주의의 채택은 집단 간의 구조적인 불평등을 방치하게 되면 피차별 집단 구성원의 불만을 증대시켜 사회불안을 발생시키게 될 우려가 있으므로 국가의 분열이 발생하지 않도록 각 민족 집단의 다양성을 있는 그대로 인정해가면서 어떻게든 사회통합이 이루어지도록 하고자 하는, 국민국가로서 살아남기 위한 국민통합 정책 이데올로기라고 할 수 있는 것이다(関根, 1994). 즉, 다문화주의의 채택은 민족주의가 기반하고 있는 민족국가 내의 동질성이 종교적·문화적·인종적, 그리고 민족적 다양성을 특징으로 하는 현대사회에서 이미 그 적실성을 상실했다(곽준혁, 2007)는 판단 아래, 다양한 문화와 집단의 평화적 공존의 틀을 제공해주는 정치적 원칙으로서 대두했으며, 그 의도와 방법에 대해 많은 비판이 있음에도 불구하고 현 시대의 불가피한 선택일 수밖에 없는 것이다.

이처럼, 다민족·다문화사회에 있어서 통합이라 함은 국민국가는 1언어·1문화·1민족으로 성립되어야 한다는 '동화주의'에 근거한 국민통합정책을 부정한다. 다문화정책은 국민 전체를 대상으로 그들에게 우선 사회의 인구 구성의 다양화와, 소수민족집단이 안고 있는 사회, 경제, 정치상의 곤란을 인식시키고, 이문화나 이언어에 대한 관용성을 키울 필요가 있다. 나아가 사회제도나 조직을 변경해야 할 필요성을 국민들에게 이해시켜야 한다.[2] 또한 이러한 제도적인 변경은 특

2 공적기관(행정기관, 사법기관, 병원, 학교 등)에서의 통역 설치나 언어직원의 배치를 법적으로 의무화하며, 학교에서의 소수민족언어의 필수화, 2언어 · 다언어 교육의 실시, 비시민을 공무원으로 등용하는 등의 사회제도나 조직의 제도적인 변경이 요구된다.

정 민족 집단만을 위한 정책이 아니라 주류집단을 포함한 모든 국민을 대상으로 하는 정책임을 국민들에게 주지시킬 필요가 있다.

아무리 사회적으로 다문화주의를 채용하고 있다 하더라도, 주류사회와의 상호작용이 없다면 개개의 소수집단은 어쩔 수 없이 폐쇄적이 되고 배타주의를 채용하게 되어, 결과적으로 분리적이고 분열적인 경향이 촉진될 것이다. 따라서 부정적인 다문화주의를 막기 위해서는 사회적 레벨이나 커뮤니티 레벨 및 개인 레벨에 있어서의 균형 잡힌 다문화주의를 보급하는 것이 이상적이다.

한국의 다문화주의와 현황

우리나라는 한반도의 지정학적인 특성상 오래전부터 중국과 일본을 비롯한 주변국가와의 다양한 인적교류가 있어왔다. 현대에는 취업 혹은 결혼 등을 목적으로 한 해외로의 이주는 물론, 국내로의 이주도 끊임없이 이루어져왔다. 특히 88올림픽을 전후하여 주로 동남아 여러 국가들로부터 취업을 위하여 입국한 외국인 노동자의 증가로 인하여 국내의 외국인 거주자가 급증하게 되었다.[3] 하지만 이들은 법적으로 국내에서의 정주가 허용되지 않았기 때문에 외국인 노동자 문제는 인권 침해나 차별, 노동시장의 인력 수급이라는 차원에서 주로 다루어졌다.

국제결혼이주자의 증대는 이와는 다른 성격을 가지고 있다. 국제결혼이주자는 “한국인의 배우자로서 국적을 획득하고 정주하게 될 것이며, 국제결혼가정에서 태어난 아동은 한국 국민으로 살아가야 하기 때문에, 이들의 사회통합 문제는 일정 기간이 지나면 본국으로 귀환해야 하는 외국인 노동자와는 전혀 다른

3 법무부 출입국 · 외국인정책본부의 조사에 의하면, 2010년 9월 현재 국내 체류 외국인은 약 124만 명이다. 국적별로는 중국이 약 59만 명으로 가장 많고, 그 다음으로 미국이 13만 명, 베트남 9.9만 명, 일본 4.7만 명, 필리핀 4.6만 명의 순으로 나타났다. 시기별로는 2000년 49만 명에서 매년 급증해 2007년 8월에 100만 명을 돌파했으며, 이러한 증가 추세는 앞으로도 계속될 것으로 보인다. 한편, 124만 명 중 13.8%가 불법체류자이다.

차원에서 받아들여지기 시작한 것"이다(한국여성정책연구원, 2007). 즉, 정책적인 관점에서의 다문화가정에 대한 관심은 다양한 국가 출신의 외국인 이주자가, 그리고 그 가정에서 태어난 자녀들이 한국 국민으로서 함께 더불어 살아가야 하는 시대가 도래한 현실, 그리고 이에 대한 자각과 그들과의 조화로운 생활을 위한 대응 방안의 필요성에서 유래했다고 볼 수 있다. 농촌지역의 지속적인 인구 유출과 노령화 및 저출산 문제를 고민해온 지방자치단체가 앞 다투어 국제결혼가정과 그 자녀들을 위한 정책지원사업의 필요성을 주장하고, 중앙정부에서도 최근 들어 여성가족부, 보건복지부, 행정자치부, 교육부, 문화관광부 등 다수의 부처에서 국제결혼가정을 위한 상담, 한글 교육, 자녀 교육 등 다양한 사업과 프로그램을 서둘러 도입하고 있다는 점에서도 그러한 사실을 알 수 있으며, 이 문제의 긴급성과 심각성을 유추할 수 있다.

결국, 한국에서의 다문화주의는 서로 다른 문화와 가치관을 가지고 있는 다양한 민족들이 서로의 차이를 인정하고 존중하면서 더불어 살아가고자 하는 이념이라기보다는 조화로운 한국인 사회를 지향하는 동화주의적인 양상을 띠고 있음을 부정할 수 없다.

외국인 정책에서 나타나는 포용과 배제

복지국가의 개입은 포용과 배제의 이분법적인 구조를 만들어낸다. 재한 외국인 정책에 의한 국가의 개입은 정책의 범주에 포용되는 개인과 배제되는 개인을 동시에 생산한다. 외국으로부터 유입되는 인력은 고급 전문 인력과 미숙련 노동자로 구별된다. 출신국도 전자는 북미, 일본 등 선진국이 주류를 이루는 반면, 후자는 필리핀, 베트남, 인도네시아, 스리랑카 등 동남아시아의 후진국이 대부분을 차지하고 있다. 그런데 고급 전문 인력 외국인에게는 정부가 영주권 혹은 국적 취득 신청에 우선권을 부여하는 등 법적·제도적 개선을 통한 한국사회로의 포용을 추진하는 반면에, 미숙련 노동자들은 외국인 노동자 정책에 의해 정주화가 차단되어 있다. 초기의 외국인 노동자 도입 정책인 산업연수생제도는 끊임없는 송출 비리와 인권 침해로 인한 사회적 문제를 야기하였고, 이를 보완하기 위하여 고용허가제가 도입되었다. 그럼에도 불구하고, 외국인 노동자의 경제적 기대와 그들에 대한 법적 제한의 충돌은 직장에서 이탈하여 스스로 배제를 선택하는 불법체류자를 양산하는 결과를 초래했다.

법적인 보호망에서 배제된 불법체류자들은 직장 상실과 강제추방의 위험을 회피하기 위해 그들 간의 사적 연결망을 더욱 더 강화하려는 경향이 있다. 그에 따라 공적으로 포용된 당사자가 형성하는 사회적 연결망은 배제된 당사자가 형성하는 사회적 연결망과는 다를 수밖에 없다. 자연히 양자의 삶의 양식에는 커다란 격차가 발생하게 되지만, 포용에서 배제로의 빈번한 전회는 포용된 당사자들에게도 공적제도에 대한 신뢰감의 약화로 인해 사적 신뢰의 연결망이 강화될 가능성이 높음을 암시한다.

결혼이주여성의 경우는 더욱 복잡하다. 주로 농촌의 노총각과 도시의 경제적·사회적으로 중하층 계층의 남성들이 국제결혼을 선택하면서, 결혼이주는 경제적 빈곤에서 탈출하려는 후진국의 여성들에게 새로운 삶과 경제적 기회를 잡기 위한 기회로 작동하게 되었다. 동기가 어떠하였든, 혼인이라는 특수한 과정을 통해 가정을 이루고 있는 결혼이주여성들은 중앙정부의 정책에 포용되어야만 한다.[4] 하

4 중앙정부의 정책 가운데, 예를 들어, 국적 취득 관련 사항에서도 배제의 형태가 나타난다. 현행 국적법 상으로는 한국인과 혼인했다 하더라도 바로 한국 국적을 취득할 수는 없다. 혼인한 상태로 국내에 2년 이상 계속하여 거주하거나 결혼한 지 3년이 경과했다 하더라도 혼인한 상태로 국내에서 1년 이상 거주해야만 귀화 허가를 받을 수 있다. 이렇게 국적 취득에 소요되는 시간을 단축시키는 방안으로 법무부는 4단계의 한국어 교육과 한국 사회 이해 교육을 받으면 외국인 이주민들의 한국 귀화 필기시험이 면제되는 '사회통합프로그램'을 2009년 1월 1일부터 실시하고 있다. 하지만 교육 시간이 100시간에 불과하다는 점과 교육 장소에 접근하기가 어렵다는 점 등의 문제로 인하여 한국어가 서툴면서 교통이 불편한 지역에 거주하고 있는 다수의 결혼이주여성들은 오히려 사회통합에서 배제될 수밖에 없다.

지만 그들이 일정한 조건을 갖추어 내국인의 지위를 합법적으로 획득했다 하더라도 배제된 제3자로서, 그들 자녀가 공교육제도 안에서 받는 구조적 차별이 사회질서 해체의 위험으로 불거지기 전까지, 그들은 중앙정부로부터 철저히 외면당하였다. 국가는 그들을 정책적 배려의 대상에서 배제하였다. 정부는 그들의 내국인으로의 수용을 한국 사회에의 동화를 전제하는 것으로 받아들였고, 적응과정 상의 문제는 가족이 해결하여야 할 사적인 과제로 간주하였다.

2006년 하반기부터 정부가 본격적으로 실시하기 시작한 결혼이주여성 정책[5]의 동기는 그들의 자녀가 받는 구조적 차별과 인권 침해가 파리와 호주에서 일어났던 것 같은 '인종 폭동'을 일으킬 수도 있다는 사회적 불안에서 비롯되었다고 볼 수 있다. 그런 가운데, 결혼이주여성은 가족 해체, 나아가 지역사회 해체의 유발 요인으로 간주되는 경향마저 보였다. 그들은 어머니, 부인 등 가정 내 역할에 충실한 경우에 한하여 정부에 의해 보호 받고 교육 받으며, 복지 지원을 받을 수 있는 대상이 된다. 즉, 결혼이주여성은 가족관계를 유지하는 한, 법적·사회적 제도 안으로 포용되지만, 결혼과 가족관계를 벗어나면 배제되는, 제한적인 포용정책의 대상인 것이다.

이러한 자민족 중심주의적인 다문화정책은 결국 당사자의 요구와 관심을 공공과제로서 정책에 반영시키려 노력하기보다는 이들을 통제대상으로 관리하는 데 치중하는 결과를 초래하였으며, 결혼이주여성들은 시부모·남편·자녀 등 가족 구성적 맥락, 가족관계에 종속되는 경우에만 보장 받을 수 있는 제한적 시민권을 부여 받게 되었다. 남편과의 모순적 계급관계, 정체성 혼란, 성차별 등 당사자가 일상생활에서 체험하는 사회적, 문화적 갈등이나 대도시와 농촌과 같은 지

5 이제까지의 산발적이고 형식적인, 그리고 보이기 위한 일회성 행사로 끝나 버리는 다문화지원이라는 문제점을 해결하기 위하여 정부는 2006년 4월 26일에 범정부적 차원의 종합대책을 확정해서 보도했다. 이른바 4 · 26 대책은 여성결혼이민자에 대한 차별과 복지 사각지대 해소를 통한 사회통합과 열린 다문화사회 실현에 주안점을 두고 있다고 보고서는 전한다(조현미, 2009).

역사회의 공간적 맥락은 이 경우에 무시되었다.

더욱이 경험적인 연구에 따르면, 정책의 당사자가 인식하는 위험은 정책결정자가 인식하는 위험과는 다르다. 수많은 결혼이주여성들이 위장결혼이나 가출을 통해 가정으로부터 스스로 이탈하고 있는 현상은 기존의 정책이나 법제도, 지역사회가 이들 당사자에게 배제를 강요하고 있음을 암시한다. 이들은 지역사회에 통합되고자 하지만 여전히 지역사회에서 이방인, 주변인으로 간주되고, 공공활동에 부분적으로만 참여할 것이 허용된다. 이들에게는 다른 외국인 노동자들과는 달리 공적 신뢰나 사적 신뢰가 형성될 기회조차 주어지지 않았으며, 많은 경우 지금도 그러하다. 심지어 한국인의 아내라는 역할은 전통적인 가족문화가 강요하는 폐쇄적인 관습으로 인해 다른 외국인들과의 접촉을 막는 장애물로 작동하며, 그들의 정체성의 기초를 이루던 자국의 문화는 일상생활에서도 일방적으로 무시된다. 이주여성은 과거 자신의 생활세계를 구성하던 가치, 습관, 관습, 문화 등을 공유하는 자국민들과의 교류를 차단 당한 채 홀로 가족의 섬에 갇혀 있다. 이렇듯 고립된 존재가 된 상황은 그들의 심리상태에도 강한 영향을 미친다.

다문화사회와 사회적 인식

한국인의 세계화 정도와 외국인에 대한 인식 2008년 한국종합사회조사(KGSS)[6]에 따르면, 한국인은 자신이 거주하고 있는 시, 구, 군에 대해서는 친밀

6 『한국종합사회조사』(KGSS: Korean General Social Survey)는 성균관대학교 서베이리서치센터(Survey Research Center)가 매년 실시하는 전국표본조사로서, 한국인의 주요 가치 및 태도, 속성, 행동 방식, 일상생활 양태 등을 체계적으로 조사한다. KGSS의 표본은 '전국의 가구 거주 만 18세 이상 성인 남녀'를 모집단으로 해서 다단계지역 집락표본추출법(multi-stage area probability sampling)으로 추출되며, 현지조사는 전국의 표본 가구들을 200명 이상의 조사원들이 직접 방문하여 일대일로 심층 면접하는 방식으로 이루어진다.(출처: 한국종합사회조사 홈페이지[http://kgss.skku.edu])

감을 느끼고 있으며, 국가에 대해서는 자신의 지역보다 더 강한 친밀감을 느끼고 있지만, 우리나라와 인접한 동아시아 국가들에 대해서는 그다지 친밀감을 느끼지 못하고 있는 것으로 나타났다.

표 1. 지역에 대한 친밀감 정도 (%)

지역	아주 친밀하다	다소 친밀하다	별로 친밀하지 않다	전혀 친밀하지 않다	선택할 수 없음
구/시/군	24.5	53.6	19.1	2.3	0.5
한국	34.7	53.0	11.1	0.7	0.5
동아시아	3.5	36.4	46.9	11.5	1.5

자료: 2008년 한국종합사회조사(KGSS), 총수 1508명.

표 2. 외국인에 대한 수용 정도 (%)

	수용태도	일본인	대만인	중국인	동남 아시아인	미국/캐나다인	유럽인
직장동료	그렇다	80.3	78.9	77.0	76.6	82.4	81.2
	아니다	19.3	20.6	22.3	22.6	17.0	18.1
	모르겠다	0.4	0.5	0.7	0.7	0.6	0.7
이웃	그렇다	84.8	82.3	80.8	79.9	85.5	84.1
	아니다	14.4	16.7	18.1	18.9	13.5	14.7
	모르겠다	0.7	1.0	1.0	1.2	1.1	1.2
결혼에 의한 친척	그렇다	66.5	61.4	60.3	59.0	66.2	65.2
	아니다	33.6	37.8	38.9	39.9	32.9	33.8
	모르겠다	0.4	0.7	0.9	1.1	0.9	1.1

자료: 2008년 한국종합사회조사, 총수 1507명.
문항 예시: "귀하께서는 일본인을 함께 일하는 동료로 받아들이겠습니까?"

또한 외국인에 대한 수용 정도를 볼 때 자신과 직접적으로 접촉할 가능성이 많아질수록 수용도가 낮아지는 경향이 보였다. 즉, 자신과의 관계가 깊어질수록, 직접적인 대면 기회가 많아질수록 외국인에 대한 호감도는 떨어졌다. 이는 출신국에 따라서도 다르게 나타났는데, 전반적으로 일본, 미국, 캐나다, 유럽인 등 이른바 선진국에 대한 수용 의사는 대만, 중국, 동남아시아인에 비해 상대적으로 높았다.

우리민족은 세계에 유례가 없는 '단일민족'이라고 한다. 따지고 보면, 이웃의 일본조차 아이누인과 오키나와인이라는 이민족이 섞여있으면서도 단일민족이라 주장하고 있는 것을 볼 때, 한국인은 순수한 단일민족이라 할 수도 있겠다. 하지만 우리 모두가 한 조상의 혈통을 이어받아 지금의 한민족을 이루게 된 것이라고 누구도 의심치 않는다고는 볼 수 없음에도 불구하고, 우리는 하나라는 강한 공동체의식을 가지고 있다. 이러한 민족공동체의식은 우리나라의 역사적 사건과 남북으로 분단된 정치적 상황 등의 요인들로 인하여 의도적으로 강화돼온 점도 있지만, 공통된 사회적 경험을 통해서 구성된, 우리 스스로에게 의미를 부여해 만들어진 것이라는 점에서 상상의 공동체를 전제한다. 베네딕트 앤더슨(2002)의 주장처럼, 경험을 통하여 구성된 역사적 공동체라고 상상되는 제한된 의미의 민족은 그로 인해 한정된 경계를 가지고 있어 그 경계 너머의 다른 민족을 포함하지 않으며, 따라서 자신의 민족을 인류와 동일시하지는 않는다. 결국, 우리민족, 우리나라라는 의식은 우리와 다른 타자를 수용하고자 하지 않는 배타적인 행태로 나타나게 된다. 그런데 그러한 배타적인 행태 속에 다시 타민족과 타국가에 대한 평가척도가 우리의 기준에 의해 만들어져 있으며, 그 척도는 경제적 헤게모니를 가진 국가의 순위와 크게 어긋나지 않는다.

KGSS에서 조사한 내용 중에는 외국인 노동자와 결혼이주여성에 관한 항목이 있다. 이들이 증가하기를 바라는가, 감소하기를 바라는가에 관한 질문에 대해, 변화 없기를 바란다는 응답을 제외하고 볼 때, 응답자의 절반 가까이가 감소하기를 바라고 있었다.

표 3. 외국인 노동자, 결혼이주여성 증가에 대한 태도 (%)

	외국인 노동자	결혼이주여성
매우 증가하기를 바람	2.2	2.0
다소 증가하기를 바람	17.7	19.6
변화 없기를 바람	27.1	29.0
다소 감소하기를 바람	38.8	36.2
매우 감소하기를 바람	11.1	10.0
모르겠음	3.0	3.2

자료: 2008년 한국종합사회조사(KGSS), 총수 1507명.

앞서도 언급한 바와 같이, 이미 국내 체류 외국인은 120만 명을 초과하였고, 그들의 체류형태도 다양하다. 그만큼 국내 어디에서나 외국인과 쉽게 접할 수 있으며, '내 이웃'과 '내 친척', '내 가족' 안에서도 외국인을 찾을 수 있다. 그럼에도 불구하고 우리는 그들의 존재를 인정하고자 하지 않으며, 그들이 증가하는 것을 꺼려하고 있다. 외국인 노동자와 결혼이주여성의 출신국이 대부분 아시아라는 점에서 〈표 2〉에서 나타난 바와 같이, 출신국에 따른 배제와 함께, 경제적·사회적 지위와 성적인 차이에 의한 배제를 하고 있다. 결국, 우리 곁에 많은 타자가 공존하고 있음에도 불구하고, 우리 속에 그들을 공동체로 수용하고자 하는 포용력은 부족하다는 점을 확인할 수 있다.

다문화가정에 대한 사회적 인식 국내 체류 외국인 중에서 특히 정책적인 배려의 주요대상은 국제결혼 이주여성과 그 가족을 포함한 다문화가족이다. 그런데 정책적인 배려의 대상이라 하더라도 이는 어디까지나 우리 사회의 구성원으로서 적합한 양질의 시민을 육성하고자 하는 동화주의 정책의 성격이 강하다. 이것이 과연 그들의 입장을 충분히 고려한 배려인지는 의문의 여지가 있다.

결혼이주여성들은 출신국에 따라 그들이 몸에 익히고 있는 문화가 다르지만,

그들이 정착한 지역의 특성에 따라서도 이국의 문화를 수용하는 정도에는 차이가 있다. 즉, 이주여성의 출신국과 거주 지역 혹은 환경에 따라 두 문화의 접촉 양상은 다르게 나타난다. 일반적으로 보수적인 사회에서 주류문화 속으로 들어오는 경우에는 새로운 문화요소를 받아들이기가 쉽지 않을 것이므로 그러한 지역에서는 동화주의적인 태도가 강하게 나타날 것이 예상된다. 며느리는 중국 혹은 베트남인이라 하더라도 손자에게는 반드시 한국 아이들과 꼭 같이 자라도록 하고자 하는 시부모는 며느리가 손자 앞에서 그들의 모국어로 이야기하는 것을 달가워하지 않는다. 이러한 경향은 구성원 간의 접촉 빈도가 높은 촌락공동체에서 더욱 강하게 나타난다.

가족들의 보수적인 태도는 자녀들이 학교나 친구관계에서 현실적으로 부딪힐 문제들에 대한 염려에서 비롯된 것일 수도 있지만, 한국어도 제대로 하지 못하는 상태에서 아이에게 자신의 모국어를 마음 놓고 사용하지 못하는 어머니에게서 자란 아이들은 자연히 언어발달이나 사회성이 뒤떨어질 수밖에 없다. 아이의 언어발달 상의 지체는 성장 과정에 그대로 연결된다. 그런데 중요한 것은 이러한 동화주의적인 태도에는 한국 문화가 중국이나 베트남의 문화보다 우월하다는 의식이 내재하고 있다는 사실이며, 그 우월의식 속에는 자신의 가족이 된 이주여성의 출신국에 대한 비하가 동반된다는 사실이다.

사례 1.

수업이 끝날 때쯤이면 엄마는 학교 운동장 그네에 앉아 아들을 기다린다. 친구들은 민형이에게 "네 엄마는 왜 저렇게 검어?" "왜 동물을 닮았어?"라고 말한다. 담임선생님은 "어린 마음에 어떤 상처를 받을지 걱정"이라고 했다. 요즘 민형이는 엄마에게 "뚱뚱해서 싫어!" "바보!"라는 말을 자주 한다.

한국에 결혼해서 온 지 11년째인 또 다른 필리핀 여성 지나(40세) 씨. 그녀는 초등학교 5학년이 된 아들의 '변화'에 어쩔 줄을 모른다. 요즘 부쩍 대들고

"바보!"라고 고함을 질러대는 것이다. 어릴 때는 순하기만 했던 아이였다. 왜 그러는지 알고 싶지만, 아들은 엄마와 말을 하려고도 하지 않는다.

– 『조선일보』, 2008년 5월 5일자에서 인용 –

사례 2.

나뿐만 아니라 외국인 엄마들은 유치원에 아이를 보낼 때쯤 되면 아이로부터 "엄마 발음이 이상해."라는 말을 듣게 돼요. 또 아이가 궁금한 것을 물어봐도 모르는 것이 많아서 제대로 답을 못해 줄 때마다 아이는 '우리 엄마는 아무것도 모르는 바보'라고 생각하는 것 같아요. 사실은 엄마가 바보가 아니고 외국인이다 보니 한국어와 문화에 대해 잘 모르는 것일 뿐인데 말이에요.

– 말레이시아 출신 결혼 7년차 여성(32세), 원진숙(2009)에서 인용 –

민형이의 사례에서와 같이, 남들과 다른 엄마의 모습과 그를 지적하며 비하하는 친구들의 태도를 접하게 되는 많은 다문화가정의 자녀들은 학교생활과 교우관계에서 갈등과 부조화를 느끼게 된다. 고학년이 되면서 엄마의 모습뿐 아니라 한국 사회와 한국의 교육 내용에 대해서 무지한 엄마에 대한 실망과 연민은 무시나 반항으로서 표출되기도 한다.

2001년도 다문화가정 자녀의 초등학교 미진학 또는 중도탈락률은 9.4%, 중학교 미진학 또는 중도탈락률은 17.5%(일반학생의 중학교 미진학 또는 중도탈락률 1.1%)에 이르렀다(오성배, 2005)는 점만으로도 다문화가정이 안고 있는 많은 문제점을 단적으로 파악할 수 있다.[7] 그런데 이러한 문제점을 다문화가정의 구성원들에게 그 책임을 모두 돌릴 수는 없다. 엄마가 백인이었다면, 그리고 엄마가 영

7 중앙일보(2008년 7월 16일자)의 조사에서는 다문화가정 자녀들이 학교를 중퇴하는 이유로서 '생계비 때문에'가 전체 46명 응답자 중 29명(58.7%)으로 가장 많았고, 그 다음이 '놀림 받기 싫어서' 16명(34.8%), '선생님이 미워서'가 3명(6.5%), 기타 2명(4.4%) 순이었다.

어가 능통하고 선진국의 문물에 대해서 잘 알고 있는데 한국의 교육과정에 대해서는 무지했다면, 주변의 시선은 달라졌을 것이고, 자녀들의 부적응 문제도 나타나지 않았을지 모른다. 그렇다면, 다문화가정 자녀들의 부적응에 대한 책임은 누구에게 있는 것일지 '우리' 스스로에게 물어보아야 할 것이다.

경쟁 만능에서 따뜻한 이웃으로

이제 전국 어디서나 외국인들을 쉽게 볼 수 있게 되었다. 그리고 그 외국인들의 피부색과 출신국에 따라 우리가 그들과 만나게 되는 장소가 달라지고 있다. 경기도 일원의 수도권에는 한국인들도 집중되어 있지만 그만큼 외국인의 수도 많다. 인구가 많은 곳에 외국인 수가 많은 것은 글로벌시대에 당연한 현상이라 하겠지만, 대도시와 농촌 혹은 도시 내의 번화가와 공단지역이라는 지역의 특성에 따라 마주치는 외국인의 피부색과 출신국가, 체류유형이 달라진다. 이 역시 세계화의 당연한 귀결로서, 인구의 초국가적 이동이 선진국으로부터의 엘리트계층과 후진국의 단순 노동력의 이동으로 양분화되어 공간적으로 나타나는 결과라고 볼 수 있다. 또한 대학에서도 금발의 여대생뿐 아니라 히잡을 착용한 여대생과 마주칠 수 있으며, 국제기관에서의 활동을 꿈꾸는 인도인 학생도 만날 수 있다.

그런데 아시아권의 외국인들은 버스를 타면 한국인들의 시선이 따갑다고 하며 대화중에는 어색한 한국어로 "정말이에요.", "거짓말 아니에요."를 반복하고, 그들의 이름을 알려주기를 꺼려하면서도 한국인들과의 대화를 즐긴다. 하지만 비아시아권의 외국인들은 자신들의 언어, 영어로만 대화하기를 원하면서도 대화의 기회조차 잘 주지 않는다. 그들은 당당하다.

경쟁만능시대에 조금이라도 다른 사람보다 앞서가고자 발버둥치는 사회에서 그래도 우리는 우리민족과 관련된 사항에는 온 힘을 다하여 응원하고 결집하는 공동체의식을 가지고 있다. 그런데 '우리'와, '우리의 공동체'에 속하지 않는 타인에 대한 구분이 뚜렷하면서도 그 경계의 기준이 모호하다. 아시아권의 외국인과 비아시아권의 외국인에 대한 기준에 차이가 있으며, 이는 사회적 포용과 배제로서 확연하게 드러난다. '우리'라는 공동체가 공통된 사회적 경험을 통해서 구성된 것이라면, 그 사회적 경험의 범위를 확대시킬 필요가 있다. 우리 안의 타인을 차별하는 것이 아니라 서로 차이를 존중하는 사회가 진정한 다문화사회이다.

참고문헌

구견서, 2003,「다문화주의의 이론적 체계」,『현상과 인식』90.

곽준혁, 2007,「다문화 공존과 사회적 통합」,『대한정치학회보』15(2).

문경희, 2006,「국제결혼 이주여성을 계기로 살펴보는 다문화주의와 한국의 다문화 현상」,『21세기 정치학회보』16(3).

베네딕트 앤더슨 저, 2002,『상상의 공동체－민족주의의 기원과 전파에 대한 성찰』, 윤형숙 역, 나남출판.

오성배, 2005,「코시안 아동의 성장과 환경에 관한 사례 연구」,『한국교육』32(3).

조현미, 2008,「고령군의 다문화 지원 현황과 과제」,『한국지역지리학회지』14(4).

조현미, 2009,「일본의 다문화 공생 정책을 사례로 본 사회통합 정책의 과제」,『한국지역지리학회지』15(4).

한국여성정책연구원, 2007,『한국 사회의 다민족·다문화 지향성에 대한 조사 연구』, 경제·인문사회연구회 협동연구총서 07-19-02.

関根政美(1994),『エスニシティの政治社会学』, 名古屋大学出版会.